대만의 대학 교육

이념과 개혁

오늘의 대만 총서 I

臺灣 大學 教育

대만의 대학교육

이념과 개혁

황쥔지에 黃俊傑 지음

임대근 | 공유식 | 박성림 옮김

HU:iNE

대만의 대학교육
이념과 개혁

목 차

머리말

20세기 마지막 10년 동안 해협을 사이에 둔 양안兩岸: 중국과 대만, 옮긴이의 대학들 모두가 교육개혁 운동을 경험했다. 그 거센 풍랑의 파고 속에서 대학 교양교육의 개혁은 매우 중요하고도 핵심적인 문제였다. 교양교육 개혁의 폭과 깊이는 21세기 양안 고등교육의 내용과 질을 결정할 것이며, 그 영향 또한 크고 깊다고 아니할 수 없기 때문이다.

이 책에 수록한 논문들은 대체로 1999년 『대학 교양교육의 이념과 실천』(大學通識教育的理念與實踐)[1]을 출판한 이후 최근 2년 동안 새로 집필한 것들이다. 각 장은 단편논문 형식으로 구성돼 있는데, 대학 교양교육 토론회에서 발표한 뒤 수정과 보완을 거쳐 수록했다. 이 책은 크게 세 부

1) 台北: 通識教育學會, 1999(정체자본); 武漢: 華中師範大學出版社, 2001.(간체자본)

분, 11장으로 구성돼 있다.

제1부는 모두 4장으로 주로 대학 교양교육의 이념과 시각을 논의했다. 우선 고대 중국의 유가 전통에서 출발하여 '전인교육'의 함의를 생각해 보고 이를 대만의 맥락과 연결 지어 교육이 인간의 소질을 향상할 수 있는지 그 가능성을 논의해 보고자 했다. 나아가 어떠한 교육이라도 반드시 학생의 마음의 각성이 근본적인 목적이 돼야 한다고 강조했다. 대학은 자기 '소외'를 통해 직업훈련소 또는 국가 의지의 도구가 돼서는 안 되며, 진리의 추구를 목표로 하는 지식 공동체이어야 함을 주장했다.

제2부는 '경험과 참조'를 다루고 있다. 대만 교육의 구체적인 상황과 개혁의 경험에서부터 이른바 '산학협력'의 물결에 이르기까지 대학과 산업의 관계를 논의하고 오늘날 대학 의학교육의 개혁 가운데 교양교육의 중요성을 논의했다.

제3부는 전망을 다루었다. 21세기 직업 교육에 대한 전인교육의 의미를 논의하고 대학 교양교육이 21세기 시민을 양성할 수 있다는 중요성을 분석했으며, 21세기 과학기술의 시대에 인문적 의제와 인문 교육의 패러다임 전환 문제도 살펴보았다.

전체적으로 이 책에 실린 글들은 최근 몇 해 동안 대만의 대학 교양교육의 개혁 과정 가운데 대체로 주목을 끌었던 의제들이며 그 의제들에 대한 나의 반성도 담아내고 있다.

'지식경제'가 생산방식의 주류로 번창하고 있고, 고등교육은 불가불 구조전환을 꾀해야 하는 21세기에 양안의 대학들은 교양교육을 날로 더욱 중요하게 여기고 있다. 그러나 각자 직면한 도전들은 같으면서도 다르다. 대체로 대만 대학의 교양교육은 20년 가까운 세월 동안 추진돼 오면서 다수의 대학 종사자들 사이에 공통된 인식을 끌어낸 상태다. 최근 10

여 년 간 민주화 물결은 대학의 학술적 자유와 교육과정의 자주성이라는 새로운 공간을 열어주었다. 그러나 대만의 대학들은 새롭게 캠퍼스를 건설하고 교육과정을 자율화할 수 있는 환경 속에서 어떻게 진일보하게 교양교육의 함의를 심화할 수 있을까 하는 도전에 직면해 있다. 바꾸어 말하면, 이는 교육과정의 설계와 계획, 교육방법의 변화를 통해 대학 교육의 질적 수준을 향상시킬 수 있는가 하는 문제인 것이다. 이것이 바로 대만의 대학 교육 종사자들에게 주어진 새로운 과제다. 대만과 비교하여 대륙의 대학들은 교양교육의 보급이라는 문제에 직면해 있다. 20여 년 동안의 개혁 개방을 거친 뒤 대륙의 대학들은 최근 교육의 수준을 높이자고 주창하기에 여념이 없어 보인다. 교육 수준의 향상은 다각적인 방향으로 전개되고 있는데, 그 가운데 특히 '대학의 이념'에 대한 주장과 실천은 가장 핵심적이라 할 수 있다. 또한 교양교육은 대학 이념의 핵심적인 부분이기도 하다. 따라서 교양 교육을 보급하고 깊이를 추구하는 일은 오늘날 대학의 중요한 임무다. 우리가 이런 문제들에 대해 충분한 신념과 관심을 가진다면 21세기 새로운 시대에는 대학 교육이 더욱 높고 찬란하게 고등교육의 새로운 기상을 열어젖히게 될 것이다.

황쥔지에(黃俊傑)
2002년 정월
대만대학에서

臺灣 大學 教育

제 1 부
대학교육의 이념과 시각

제1장
유가적 관점에서 본 전인교육의 함의

1. 머리말

전인교육은 오늘날 동·서양 교육가들의 공통된 목표이자 예부터 내려오는 '영원한 향수'(鄕愁)다. 멀리 2천 년 전 『장자』(莊子)의 「천하」(天下) 편에는 벌써 "옛 사람의 온전함이 보이지 않는다."(不見古人之全)거나 "도술은 천하를 분열시킬 것이다"(道術將爲天下裂)는 등의 탄식이 나타난다. 20세기에 이르러 지식 분업이 더욱 세밀화하면서 각 학문 분야는 마치 "눈과 귀, 코, 입은 모두 밝으나 서로 통하지 않는"(耳目鼻口, 皆有所明, 不能相通: 『莊子·天下』) 상황이 날로 가중되고 있어 이른바 '전인교육'은 더욱 멀고도 실현하기 어려운 이상이 되어 가고 있다. 20세기 첫 30년 동안 과학자들과 철학자들은 이른바 과학의 통일 운동을 위해 노력하기도 했다. 그들은 있는 힘을 다해 각 과학의 통일된 원리를 찾아내려고 애썼지만 특별한 성과를 거두지는 못했다. 20세기 중국의 지식계에서 '전인교육'의 이상을 가장 분명하게 설명한 사람은 왕국유(王國維, 1877~1929)였다. 왕국유는 1906년(청淸 광서光緒 32년)에 「교육의 종지를 논함」(論教育之宗旨)이라는 글에서 인간은 지(知), 정(情), 의(意)의 종합체라는 탁월한 견해를 제시했다. 그에게 있어 교육은 바로 그러한 종합체를 만들어가는 일이었던 것이다.

왕국유가 제기한 '전인교육'의 정의에는 현대적인 함의가 매우 분명하게 들어있다. 그러나 그의 정의에는 적어도 다음과 같은 두 가지 결함이 잠재돼 있음도 부인할 수는 없다.

(1) 지, 정, 의를 종합하고 심신합일을 내함으로 하는 '전인교육'은 단지 인간의 내재적 통일성에만 관심을 가져서 인간과 세계(자연세계와 문화세계를 아우른다)의 관계를 다소 소홀히 하게 된다. (2) 왕국유의 '전인교육'에 관한 정의는 인간을 주체로서만 간주하는데 착안하여 인간 존재의 초월적 층위의 문제를 돌아보지 못한다. 전체적으로 우리는 왕국유의 교육관은 '내재적'(intra) 관점을 보여주고 있으며 '내·외부의 상호작용적'(inter) 측면은 부족하다고 말할 수 있다.

이 장의 논의는 근대식 전인교육관의 부족한 점을 살펴보고 이를 보충하고자 한다. 고전 유학(특히 맹자학)의 입장에서 '전인교육'의 새로운 함의를 제기하고 유가적 관점의 '전인교육'을 분석하고자 한다. 이는 다음과 같이 상호 연관되고 삼투되는 세 개의 층위로 구성된다.

(1) 신심일여(身心一如): 인간의 영혼과 신체는 단절돼 있지 않고 일관되며, 둘로 나누어진 관계가 아니라 합일의 관계다. (2) 성기성물불이(成己成物不二): 인간과 자연세계, 문화세계는 하나의 일체이다. 자신의 복지만을 돌보는 이기주의자가 돼서도 안 되고, 세계를 돌보기 위해 개인을

버리는 이타주의자여서도 안 된다. 자아의 창조는 세계의 무대로 향해 있어야 한다. (3) 천인합일(天人合一): 인간의 존재는 고독한 개체도 아니며 조물주가 조종하는 비주체적인 개인도 아니다. 인간은 '매우 뛰어난' 초월적 지향을 가진 생명체다. 고전 유가의 관점에서 보면 모든 교육은 반드시 이와 같은 세 종류의 인간의 실존적 층위에서 그 목표를 펼쳐나가야 한다. 이를 '전인교육'이라 한다.

2. '전인교육'의 첫 번째 방향: '신심일여'

고대 유가의 관점에서 보면 '전인교육'의 첫 번째 측면은 피교육자의 마음과 몸의 통일을 통해 '원융무애'(圓融無礙: 아무런 장애 없이 원만함)의 경지에 이르게 하는 것이다. 더욱 중요하게는, 고대 유가는 대체로 인간이 반드시 '이심섭신'(以心攝身: 마음으로써 몸을 보양함)하기 위해서는 자아 수양과 교육과정을 통해 피교육자의 '몸'이 '마음'에서 우러나는 지도와 삼투 과정을 겪게 될 것이라 여겼다. 이러한 주장은 다음과 같은 두 가지 문제를 야기한다.

(1) '마음'이 과연 '몸'을 지배할 수 있는가? 이 문제는 가치관의 창조체로서 '마음'의 보편적 필연성과 연관돼 있다. 이는 전인교육의 이론적 기초다.

(2) '마음'은 어떻게 '몸'을 지배하는가? 이 문제는 인간의 수양 문제와 연관돼 있다. 이는 전인교육의 실제 방법이다.

우리는 맹자(孟子)와 그 후학의 이론을 중심으로 위의 두 문제를 논의해 볼 수 있다.

(2:1) 첫 번째 문제와 관련하여 선진(先秦) 유가는 모두 다음과 같이 생

각한다. '마음'이 '몸'을 지배하는 까닭은 그 주요한 원인이 인간의 '마음'이 스스로 가치를 판단할 수 있는 능력을 가지고 있으며, 그러한 능력은 선천적이고 생래적이며 외부에서 주어진 것이 아닌, 보편성과 필연성을 지니고 있기 때문이다. 이런 관점을 가장 깊이 있게 파고든 이들이 바로 맹자와 그 후학들이었다. 맹자는 '대체'(大體)로서의 '마음'이 '사고'(思) 능력을 가지고 있다고 보았고, '소체'(小體)로서의 이목구비는 '사고' 능력을 결여하고 있다고 보았다. 맹자는 모든 가치관은 마음에서 비롯된다고 설명한다.

"인의예지는 바깥에서 나에게 들어온 것이 아니요 내가 본래부터 가지고 있던 것이다"(仁義禮智, 非由外爍我也, 我固有之也.: 『孟子 · 告子上』)라고 하거나 "군자의 본성인 인의예지는 마음에 뿌리를 둔다"(君子所性, 仁義禮智根於心: 『孟子 · 盡心上』)고 하는 말들이 모두 이와 관련된다. 인간 가치의식의 기원으로서 '마음'은 보편적 필연성을 가지고 있는데 맹자 사상에서 말하는 '마음'은 '이치'(理)와 동질적인 것이다. 그런 의미에서 '마음'은 초월성을 가지고 있으며 인간은 일단 그 생명 가운데 있는 '마음'의 최후의 본질을 장악하고 나면 우주의 대변화의 근원으로 뛰어들 수 있게 된다.

즉 맹자가 말한 "그 마음을 다한다는 것은 본성을 다한다는 것과 같고, 본성을 다한다는 것은 곧 하늘의 뜻을 아는 것과 같다"(盡其心者, 如其性也. 如其性, 則知天矣.: 『孟子 · 盡心上』)고 한 경지에 이르게 되는 것이다. 맹자의 '마음'은 경험 세계의 사물이 아니며, 초월성을 가지고 있고, 우주의 최후의 실체와 동질이기 때문에 '마음' 이외의 사물에 대한 우선성을 가지고 있어서 '마음'이 '기운'(氣)을 통제한다는 맹자의 명제가 성립할 수 있는 것이다.

1973년에 출토된 백서(帛書) 『오행편』(五行篇)에는 '마음'의 우선성이 더욱 상세하게 묘사돼 있다. 『오행편』의 작가는 '마음'이 가치의식("마음이란 인의를 즐거워하는 것이다": 心也者, 悅仁義者也)을 지니고 있기 때문에 가장 고귀하며 임금의 자리에 마땅히 오를 수 있고, 이목구비나 수족 등의 기관을 부릴 수 있다고 보았다. 이는 바로 『맹자』의 「고자 상」편에 나오는 '대체'와 '소체'설에 대한 가장 훌륭한 해석이다.

이후 순자(荀子)가 제시한 '마음'을 '천군'(天君)이라 여기는 사상도 역시 맹자에게서 그 모태를 찾을 수 있다. 즉 '마음'의 우선성을 고수하는 점에서는(『荀子 · 天論 · 11』) 맹자와 순자의 생명관이 서로 소통하는 면이 있다. 또한 '마음'의 우선성을 긍정하면서 '기운'의 운행은 반드시 '마음'의 통솔을 받아야한다고 봄으로써 '기운'과 '마음'의 통일을 이룩하고자 했다.

공맹을 비롯하여 다른 고대 유학자들도 교육을 논하면서 가장 먼저 피교육자에게 '마음'의 가치와 자각을 일깨울 것을 강조하였으며, '마음'의 가치판단 능력을 길러냄으로써 '마음'이 '몸'을 지배한다는 이론적 기초를 수립했던 것이다.

(2:2) 두 번째 문제에 관해서 고대 유가는 '존심'(存心)이나 '양성'(養性) 등과 같은 여러 수양론을 내세웠다. 이를 통해 '몸'에 대한 '마음'의 지배 방법을 완성하였던 것이다. 맹자는 이와 같은 수양론을 가장 철저하게 논술하고 있다. 맹자에게 있어 인간은 자연적 존재일 뿐 아니라 도덕적 존재이기도 했다. 맹자는 공손추(公孫丑)와의 토론에서 비록 "기운은 몸에 충만한 것"(氣, 體之充也)이라 말했지만 이 말은 단지 그의 토론의 시작점이었을 뿐이다. 맹자가 중요하게 여겼던 점은 인간의 원시생명('몸')을 덕성에 부여한 내용이었다. 그는 이렇게 말하고 있다.

> 군자의 본성인 인의예지는 마음에 뿌리를 둔다. 그것이 겉으로 드러나면 문득 얼굴에도 드러나고 등에도 드러나서 온몸에 뻗치게 되

> 니 온몸이 말하지 않아도 알게 된다.(君子所性, 仁義禮智根於心. 其生色也, 睟然見於面, 盎於背, 施於四體, 四體不言而喩.)

우리는 이 말이 맹자가 주장했던 '마음'의 우선성과 이성으로써 원시 생명을 전환시키고, 생리적 의미에서의 '기운'("기운은 몸에 충만함이다")을 인문 이성의 내용을 갖춘 '호연지기'로 전환시킨 것임을 알 수 있다. 이로써 맹자의 '양기'(養氣)는 곧 '양심'(養心)이며, 여기에서 '마음'은 인지적 마음이 아니라 도덕적 마음임을 알 수 있다. 그런 의미에서 '마음' 혹은 '호연지기'는 자연물로서의 '모양'(形)과 동등할 수는 없는 것이다. 맹자의 이러한 '기운'(특히 '호연지기')과 '모양'을 분명히 구별하는 사고, 더불어 그와 유사하게 '대체'와 '소체'를 구분하는 사고는 단지 표현법이 다른 것뿐이다.

『맹자』「고자 상」 편에는 다음과 같은 말이 나온다.

> 눈이나 귀 같은 기관은 생각을 할 수 없고, 외물에 가리워져 있다. 외물과 외물이 오가면서 이들을 잡아당기고 있을 뿐이다. 마음의 기관은 곧 생각하니 생각하면 얻음이 있고 생각하지 않으면 얻음이 없다.(耳目之官不思, 而蔽於物, 物交物, 則引之而已矣. 心之官則思, 思則得之, 不思則不得也.)

맹자의 비유다. 맹자의 '모양'은 '눈이나 귀 같은 기관'(耳目之官)에 가까운 자연물이며 사변 능력을 갖추지 못하고 있고, '호연지기'는 인문화 되고 사변 능력을 갖춘 '기운'임을 알 수 있다.

맹자가 제기한 '마음'이 '몸'을 다스린다는 수양론은 '존심'과 '양기' 등의 개념을 통해 전개됐으며 신체를 통해, '천형'(踐形)이라는 표현으로 드러났다. 맹자는 이로써 모든 내외와 주객의 경계를 허물었던 것이다. 맹자의 후학이 『오행편』에서 제기한 수양론은 두 가지 개념, 즉 '생각'(思)과 '신독'(愼獨)에 집중돼 있다. 도덕적 실천 속에서 형체의 역할과 의미에 대하여는 분석이 많지 않지만 이 또한 맹자 후학들의 유심론적인 사상적 경향을 일부 반영하고 있음을 알 수 있다. 『오행편』의 '생각'은 맹자의 '대체', '소체' 설인 "눈과 귀 같은 기관은 생각하지 않으나 마음의 기관은 생각한다"(『孟子 · 告子上』)는 표현으로 발전됐다.

맹자의 후학들의 사상 속에서 오행(인仁 · 의義 · 예禮 · 지智 · 성聖)은 모두 '생각'에 기원을 두고 있다. 이러한 관점은 물론 맹자학의 정통 입장이다. 『맹자』 「고자 상」에 기록된 맹자와 공손추의 '대체', '소체'에 관한 문답에서 맹자는 앞서 눈과 귀의 비유에 뒤이어 이렇게 말한다.

> 이는 하늘이 우리에게 준 바이니 먼저 그 큰 것을 세우면 그 작은 것이 빼앗을 수는 없다. 이것이 큰 사람이 됨일 뿐이다.(此天之所與我者, 先立乎其大者, 則其小者弗能奪也. 此為大人而已矣.)

'대체'로서의 '마음의 기관'과 '소체'로서의 '이목구비'의 가장 큰 차이는 '생각'할 수 있는 능력 여부에 달려 있다. 또한 맹자는 "인의예지는 바깥에서 나에게 들어온 것이 아니요 내가 본래부터 가지고 있던 것인데 생각을 하지 않을 따름"이라고 말했다. 맹자는 '생각'만이 인의예지와 같은 '사단'(四端)의 가치에 대한 자각을 이끌어낼 수 있으며 원시 생명의 이성화를 완성할 수 있다고 보았다.

또한 맹자와 그 후학들이 제기한 '신독' 개념은 또 다른 수양론이다. 맹자의 학설은 비록 안팎의 중요함을 모두 제기하였지만 결국은 '심학'으로 귀결되곤 한다. 이른바 “구하면 얻을 것이요, 버리면 잃을 것이다. 구함이 얻음에 유익한 것은 그 구함이 나에게 있기 때문이다”(求則得之, 舍則失之, 是求有益於得也, 求在我者也)라고 하거나 “만물이 모두 나에게 갖추어져 있다. 나를 돌아보고 성실하면 그보다 더 큰 즐거움이 없으리라”(萬物皆備於我矣. 反省而誠, 樂莫大焉: 『孟子 · 盡心上』)고 한 말들은 모두 자기 성찰의 중요성을 강조하고 있다. 그러나 맹자는 ‘신독’이라는 말을 직접 쓰지는 않았다. 『오행편』에서 ‘신독’이라는 말이 제시된 것은 맹자가 제기한 심학의 새로운 발전이라고 볼 수 있다.

유가 사상에서의 ‘신독’은 시공을 초월하는 것이 아니며 그 덕성의 함의와 성실한 마음을 강조하는 것이다. 이는 윤리적 층위의 일이다. 『순자』(荀子) 「불구」(不苟) 편에서 순자는 성실한 마음(誠心)을 ‘신독’의 한 부분이라고 여겼으며, 이는 『대학』(大學), 『중용』(中庸)과도 같은 맥락을 이루고 있다. 주자가 편집한 『대학』의 제6장 및 『중용』의 제1장의 사유 맥락과 『오행편』 「경칠」(經七)의 내심전일(內心專一)이라는 표현으로 ‘신독’을 해석한 것은 매우 유사한 취지였다. 결론적으로 『대학』과 『중용』, 『예기』(禮記)의 「예기」(禮器), 『오행편』은 모두 ‘신독’을 중요하게 여기고 있다. 이상의 설명이 곧 유가의 이상에 나타난 ‘온전한 인간’의 첫 번째 측면이다. 이러한 인간은 ‘존심’과 ‘양기’, ‘신독’, ‘생각’ 등의 실제적인 수양을 통해 ‘이심섭신’과 ‘신심일여’의 경지에 이르게 되는 것이다.

3. ‘전인교육’의 두 번째 측면: ‘성기성물불이’(成己成物不二)

유가의 관점에서 보면 ‘전인교육’의 두 번째 측면은 ‘성기성물불이’(成

己成物不二: 자신을 완성하고 외계를 완성하는 것은 다른 일이 아님)이다. (1) 이른바 '성기성물불이'란 교육의 목적이 '자아의 변화'를 통해서 '세계의 변화'를 완성됨을 가리킨다. 그 핵심은 인간으로서 주체를 삼아 세계를 변화시킨다는 데 있다. (2) '전인교육'에서 '성기성물불이'라는 이 측면은 '개인과 사회의 연속성'이라는 이론적 기초 위에 수립된다. (3) 이 이론적 기초 위에서 유가는 개인 '마음'의 수양이 사회의 모든 구성원을 향해 점차로 '확충'되어야 한다고 주장한다. 그러한 '확충'이 가능한 까닭은 개인의 내재적 특성이 곧 사회의 공통된 과업임을 의미한다. 이제 이 세 가지 논점을 더 구체적으로 논의해 보도록 하자.

(3:1) 유가는 개인의 주체적 수립을 일관되게 주장해 왔으며 이는 모든 전제이기도 하다. 공자든 맹자든 모두 군중과 개인 사이에는 연속성이 있다고 보았고 '개인'의 도덕 주체가 일단 수립되고 나면 곧 '사회'적 영역의 제반 일들을 변화시킬 수 있다고 여겼다. 그래서 공자는 일찍이 "자신을 세우고자 하면 남을 세우고, 자신이 이르고자 하면 남을 이르게 한다."(己立而立人, 己達而達人)고 말하였다. 이는 어떤 도덕적 당위일 뿐 아니라 근본적으로는 실제적인 필요이기도 하다. 개인이 "매일 자신을 이기고 예로 돌아간다"(一日克己復禮)면 "천하가 인으로 귀결될 것"(天下歸仁: 『論語·顏淵』)이기 때문이다. 공자는 '자신을 수양함'(修己)과 '다른 사람을 편안케 함'(安人) 사이에 필연적인 인과관계가 존재한다고 보았다. 또한 '자기 수양'이라는 원인은 반드시 '타인 안위'의 결과를 낳는다고 보았다. 이것이 바로 이른바 '성기성물불이'의 구체적인 함의다.

(3:2) 이러한 '성기성물불이'의 교육관은 "개인과 사회는 연속체"라는 관점 위에 수립된 것이다. 맹자는 공자의 가르침을 계승하여 '개인'과 '사회'가 단절돼 있지 않으며 연속적인 관계라는 사실을 주장했다. 맹자가

"사람마다 어버이를 어버이답게 하고 어른을 어른답게 여기면 천하가 태평해질 것이다"(人人親其親, 長其長而天下平: 『孟子 · 離婁上 · 11』)라 말한 것도 그 때문이다. 맹자는 또한 '개인'의 도덕 수양이 '사회'의 교화에 영향을 미친다고 보았다. "순임금이 어버이 섬기는 도리를 다하자 고수(순임금의 아버지)가 즐거워하였다. 고수가 즐거워하자 천하가 변화하였고, 고수의 즐거움으로 천하의 아비와 자식됨이 정하여졌다"(舜盡事親之道而瞽瞍底豫, 瞽瞍底豫而天下化, 瞽瞍底豫而天下之為父子者定: 『孟子 · 離婁上 · 28』)고 한 말도 이와 다르지 않다.

맹자가 공자와 같은 생각을 했다는 점은 분명하다. '개인'의 도덕 수양이 극에 이르면 '사회'의 전체적인 도덕 발전에 영향을 미치게 되고 심지어는 "천하가 크게 기뻐하여 자신에게 돌아올 것"(天下大悅而將歸己: 『孟子 · 離婁上 · 28』)이기 때문이다. 이러한 군중과 자아 간의 연속적 관계 속에서 공맹 사상의 '개인'은 순수 사회학적 의미에서 '사회'에 적대되는 '개인'으로 볼 수는 없는 것이다. 또한 '개인'의 '마음'을 순수 심리학적 의미에서 '심리상태'라고 간주할 수는 없다. 그것은 덕성과 자주적 능력을 갖춘 '개인'이다. '개인'의 '마음'은 사회적 삶에 있어 자신의 측은지심을 충만하게 하지 않을 수 없는 도덕심이다. 그리하여 '개인'의 생명은 '사회'의 집단적 생명 속으로 도약하게 되고 그와 더불어 공생(共生), 공감(共感)하게 되며 이러한 '도덕 공동체' 상태에서 '개인'의 생명의 의미는 더욱 분명히 드러나서 고독한 존재로 남지 않게 된다.

(3:3) 그렇다면 어떻게 '성기'로부터 '성물'로 나아갈 수 있는가? 선진 유가는 사람들이 저마다 그 안에 선한 싹을 가지고 있어서 이와 같은 내재적인 선한 싹을 '확충'해 나간다면 세계에 대한 전화를 완성할 수 있다고 보았다. 맹자는 이러한 관점을 가장 투철하게 표현하고 있다. 맹자가

말하는 삶에는 '불인인지심'(不忍人之心)을 갖추어야 하는데 이러한 도덕심은 '측은지심'(惻隱之心)과 '수오지심'(羞惡之心), '사양지심'(辭讓之心), '시비지심'(是非之心) 등 그가 말하는 '사단'(四端)이 들어 있다. 맹자는 이렇게 말한다.

"무릇 나에게 있는 사단을 모두 확충할 줄 안다면, 마치 불이 타오르기 시작하고 샘물이 솟아나기 시작하는 것과 같을 것이다. 실로 그것을 확충할 수 있다면, 사해를 지킴에도 충분할 것이며, 실로 그것을 확충하지 못하면 부모를 섬기기에도 부족할 것이다."(凡有四端於我者, 知皆擴而充之矣, 若火之始然, 泉之始達. 苟能充之, 足以保四海 ; 苟不充之, 不足以事父母.: 『孟子 · 公孫丑上 · 6』)

여기서 맹자가 말하는 '확충'이라는 개념은 여러 측면에서 설명할 수 있다. '천인관계'(天人關係)라는 측면에서 '확충'의 노력은 인간이 인간 자신에 대한 사고를 통해 자연의 이치에 대해 깨닫는 것을 의미한다. 이른바 "그 마음을 다한다는 것은 그 본성을 안다는 것이다. 그 본성을 안다는 것은 곧 하늘을 안다는 것이다"(盡其心者, 知其性矣. 知其性, 則知天也: 『孟子 · 盡心上 · 1』)[1]라는 말은 바로 '확충'의 노력을 통해서 천인합일의 경지로 나아감을 일컫는 것이다. 또한 인간의 정신과 신체의 관계라는 측면에서는, 맹자는 정신의 수양을 통해 부단히 외부로 '확충'함을 통해 외재의 모습을 구현하고 심지어 변화시킴을 의미한다. 맹자의 이른바 "모양과 형색은 타고난 것이다. 오로지 성인만이 모양과 형색을 그대로 형과 색은 천성이다. 오로지 성인이 되어야만 그 모양을 그대로 지킬 수 있다."(孟子

1) 여기서 저자는 원문의 "盡其心者, 知其性矣."를 "如其心者, 如其性矣."로 쓰고 있으나 옮긴이가 이를 바로 잡았다.(옮긴이)

所謂形色, 天性也 ; 惟聖人, 然後可以踐形: 『孟子 · 盡心上 · 38』)고 한 말에서 '천형'(踐形)이란 곧 '확충'을 통해 심신일여의 경지로 나아감을 가리키는 말이다. 맹자의 사상에서는 심신 사이에, 천인 사이에 연속적 관계가 구성돼 있으며, 군중과 자신 사이도 일종의 연속체가 형성돼 있다. 맹자의 논의 가운데, '개인'과 '사회'는 결코 서로 간섭할 수 없는 두 범주가 아니다. 오히려 그들은 상호 연관된 범주로서 전자가 근본이라면, 후자는 그 확장인 것이다.

4. '전인교육'의 세 번째 측면: 천인합일

고대 유가가 정의하는 '전인교육'의 세 번째 측면은 천인합일이다. (1) 이른바 '천인합일'이란 완전한 '전인교육'이 인간의 지 · 정 · 의의 통합을 완성할 뿐 아니라, 인간의 초월적 수준까지 끌고 올라감으로써 인간의 삶이 단지 생물적 의미의 존재인 것만이 아니며 우주의 대변화와 함께 동궤적으로 상호작용하는 것임을 의미한다. (2) 유가의 견해에 따르면 '천인합일'이 가능한 까닭은 (a) 사람들은 저마다 보편적이고 동질적인 선량한 천성을 가지고 있기 때문이며 (b) 도덕의 요구가 실제로 우주의 필연이기 때문이다. 이어서 우리가 이 두 가지 논점을 논의할 수 있는 까닭이다.

(1) 이른바 '천인합일'이라는 말은 『장자』(莊子)에서 보인다. 그러나 고대 중국 사상가, 특히 유가와 도가는 모두 이 경지에 이르는 가치를 공유했다. 맹자는 그 경지를 가장 분명하게 말하고 있다. 맹자의 이상에 보이는 '자아'의 생명은 그 주체성과 사회성 뿐 아니라 초월성까지도 가지고 있다. 인간은 양기(養氣)의 노력을 통해 '지심지성'(知心知性)함으로써

우주 대변화의 근원으로 도약할 수 있다.(이른바 "盡其心者, 知其性也. 知其性, 則知天矣"라고 한 말과 같다.) 또한 우주의 가장 최종적 실체(ultimate reality)와도 동궤적으로 상호작용한다. 맹자 사상에서 인간의 '초월성'이라는 개념은 실제로 두 가지 측면의 의미를 가지고 있다. 하나는 인간의 내재적 선한 본성으로 이른바 '사단지심'(四端之心)으로서 누구나 가지고 있는 것이다. 또 하나는 인간의 내재적 선한 싹이 그 우주론의 근원을 가지고 있음을 가리킨다. 또한 인성의 실제적 근원은 천명이라는 것이다. 인간의 삶에 대한 맹자의 견해는 중국 문화의 '내재와 초월'이라는 기본적인 성격 속에 구체적으로 나타나 있다.

(2:a) '천인합일' 상태의 정합적인 인격을 완성할 수 있는 까닭으로서 첫 번째 근본적인 기초는 사람들이 누구나 '양지'(良知)와 '양능'(良能), 그리고 '사단'을 가지고 있기 때문이다. 맹자가 『맹자 · 진심상』(孟子 · 盡心上)에서 말하는 배우지 않고도 할 수 있고, 근심하지 않아도 알 수 있는 것은 선천성의 선량한 품성이라는 견해는 사람들마다 선량한 천성을 태어나면서부터 가지고 있고 그것은 구체적으로 '사단'으로 표현됨을 알려준다. 누구나 생래적으로 가지고 있는 이러한 선량한 천성은 반드시 때때로 존양(存養)되어야 하며 '발묘조장'(揠苗助長: 『孟子 · 公孫丑 · 2』)돼서는 안 되며 해침을 당해서는 더더욱 안 된다. 맹자는 인간이 만일 적당히 길러질 수 있다면 이러한 선한 싹이 곧 자연스럽게 성장해서 무럭무럭 자라날 수 있다고 보았다.

(2:b) '천인합일'이 가능한 두 번째 이유는 인간의 도덕적 요구가 우주의 필연이기 때문이다. 그 이론적 기초는 '연속성'이라는 고대 유가의 중요한 명제 위에서 세워질 수 있었다. 나는 일찍이 이 '연속성'이 다음과 같이 두 가지 함의를 가지고 있다고 해석한 적이 있다.

우선 '개인'으로부터 '정치 사회', 나아가 '우주'로까지 이어지는 것은 연속적이고 단계적인 여정이다. 각 단계는 모두 다음 단계의 기초가 된다. 맹자는 이를 '근본'(本)이라고 불렀다.("천하의 근본은 나라에 있고, 나라의 근본은 집에 있으며, 집의 근본은 자신에게 있다." 天下之本在國, 國之本在家, 家之本在身) 세 단계는 연속적으로 펼쳐지며 단절될 수 없다. 만일 어떤 단계라도 단절된다면 이는 맹자가 보기에는 생명의 결핍 때문이다. '개인'의 충실은 곧 '사회 정치'를 온전케 하는 기초가 된다. '개인'과 '사회 정치'의 복지가 향상되는 것은 모두 그 우주론의 근원이 된다. 한 측면에서 보면, '천명'(天命)은 아래로 '인성'(人性)까지 관통한다. 다른 측면에서 보면, 민심은 정치의 향배이기도 하며 '천명'의 이동을 반영하기도 한다. 맹자 사상에 나타난 이러한 '개인'과 '정치사회', '우주'를 연속적 발전 과정으로 파악하는 특징은 중국 문화의 '천인합일' 혹은 오늘날 학자들이 말하는 '내재적이며 초월적인' 성격으로 구체화되었다. '개인'과 '사회정치', '우주' 등 세 층위 사이에는 상호 삼투적이며 상호 작용하는 관계가 설정된다.

유가의 관점에서 본 '전인교육'의 세 번째 측면은 바로 피교육자의 삶이 초월적 경지로까지 확장됨으로써 인간과 자연 혹은 초자연으로까지 화해(和諧)와 원융(圓融)의 경지로 나아갈 수 있음을 의미한다.

5. 맺음말

결론적으로, 유가가 정의하는 '온전한 인간'은 여러 층위, 여러 측면에서 동태적인 연속체(continuum)를 의미한다. 그것은 '심신의 연속체'(mind-body continuum)이기도 하며 '개인—사회의 연속체'(individual-societal continuum)이기도 할뿐 아니라 더욱이는 '천인 공동구성의 연속체'(home-cosmic continuum)이기도 하다.

유가의 의미에서 '온전한 인간'은 반드시 근대 서구 문명의 세 가지 요소를 거부해야만 한다. 첫째는 데카르트(René Descartes, 1596~1650)의 세계관이다. 특히 그가 주체와 객체를 이분하고 마음과 대상을 이분하는 세계에 대한 구상이 그러하다. 둘째는 근대 서구 정치사회철학에 나타난 '개인'과 '사회'를 대립적인 양극 상태로 보는 견해다. 세 번째는 인력으로 자연을 이길 수 있다는 '파우스트 정신'(Faustian spirit)이다.

요약하자면, 유가의 '전인교육'이 기르고 창조한 인간은 데카르트 식의 관찰자도 아니며 토마스 홉스(Thomas Hobbes, 1588~1679)가 말하는 기계적인 사회정치 세계 속에서 "오염되고 야만적이며 단명하는"(nasty, brutish, and short) 삶으로서의 이기적 인간도 아니다. 하늘을 향해 "하늘보다 더욱 높아지고자 하는" 파우스트(Faust)는 더욱 아니다. 유가의 가르침에서 '온전한 인간'이란 심신이 융합되고, 안팎이 모두 빛나며, 근원을 갖춘, 우주 대변화의 흐름 속에서 정신적 교류를 실천하는 인간이다.

제2장 교육적 측면에서 본 '인간 소질'의 향상 문제

1. 머리말

앞서 제1장에서는 고대 유가의 관점에서 '전인교육'의 함의를 논의했다. 여기서는 그 기초 위에서 교육적 측면에서 오늘날 대만이 당면한 인간 소질의 향상 방법에 관한 문제를 논의하고자 한다. 이 장은 다음과 같이 모두 다섯 부분으로 이뤄져 있다.

제1절에서는 우선 '인간 소질'이라는 말에서 '인간'이 범주적 혹은 추상적 의미에서의 '인간'이 아님을 밝히고 오늘날 대만 사회가 당면한 구체적이고 특수한 사회적, 정치적, 경제적 맥락에서의 '인간'임을 논의하고자 한다. 제2절에서는 오늘날 대만의 인간 소질의 근본적인 문제가 '자아'(self)의 '탈맥락화'(de-contextualization)에 있음을 논의하고 대만의 많은 혼란상이 이로부터 비롯됐음을 논의하고자 한다. 제3절은 최근 50년 간

대만 교육이 '인간 소질'의 향상에 있어 큰 효과를 거두지 못한 원인을 살펴보고, 그것을 교육의 '도구화'와 교육 내용의 '공동화'(空洞化) 등 두 가지 현상에서 찾아보고자 하였다. 제4절은 "어떻게 교육을 통해 인간의 소질을 향상할 것인가"라는 질문에 대하여 '자아'의 '주체성' 수립과 '자아'와 '타자' 사이의 '상호주체성'의 수립이 21세기 대만 교육 개혁의 중요한 방향임을 주장하고자 한다. 제5절에서는 전체적인 논의를 종합하고자 한다.

이 장에서의 논의를 전개하기 전에 나는 우선 이른바 '인간의 본질'이라는 이 논제를 좀 더 분명하게 정리하고자 한다. 황광궈(黃光國)는 「'인간의 소질'을 논함」(論"人的素質")이라는 글에서 심리학적 측면에서 이른바 '인간의 소질'을 다음과 같이 밝히고 있다.

그에 따르면 '인간의 소질'이란 개인 인격의 구조 가운데 후천적인 교육이나 자아 수련을 통해 바뀌어갈 수 있는 중요한 층위로서 그 층위들은 개인의 삶의 질적 수준과 연관될 뿐 아니라 개인이 사회생활에 적응하는 데에도 영향을 미치게 된다. 개인이 천부적 혹은 유전적으로 얻게 된 특질은 비록 '인간의 소질'과 관계가 없는 것은 아니지만, 개인의 의지로 통제할 수 있는 것도 아니다. '인간'에 대한 존중에 기초한, 이러한 인격적 특질은 이 논의의 범주에 속하지 않는다.

황광궈는 '인간의 소질'에 관한 중요한 표지를 다음과 같이 여섯 가지로 귀납하고 있다. (1) 자율적인 도덕심 (2) 적응적 인지 및 행위 능력 (3) 수월성을 추구하는 동기 (4) 균형된 가치 체계 (5) 온전한 자아 규약 시스템 (6) 활달한 인생관.[1] 그가 제기한 바, '인간의 소질'을 결정하는 지표

1) 黃光國,「論"人的素質"」,『人的素質論文集』, 台北: 法鼓人文社會學院, 1999, 16~24쪽.

로서 이 여섯 항목은 물론 어떠한 사회에서도 우수한 '인간'이라면 반드시 갖추어야 할 미덕으로서 그 보편성과 적응성을 이야기 할 수 있을 것이다.

그러나 이렇게 정의된 '인간'은 보편적 의미에서 범주로서의 인간이다. 그것은 마치 맹자(孟子: 371~289B.C.?)가 말하는 바, "무릇 같은 부류는 대개 서로 비슷하다"(凡同類者, 舉相似也: 『孟子 · 告子上 · 7』)거나, 혹은 『묵자 · 소취』(墨子 · 小取)에서 말하는 "취한 것들을 분류하고, 나눈 것들을 분류한다"(以類取, 以類予)고 할 때의 '부류'(類)와도 같은 개념이다. '범주' 혹은 '부류'로서 이해되는 '인간'은 추상적이며 기타 '종류'(類屬: 동물이나 식물 등)와는 구분되는 '인간'이다. 이런 의미에서의 '인간'은 직관적 형식이지 실천적이거나 이해의 대상이 아니다. 마치 마르크스(Karl Marx, 1818~1883)가 포이에르바하(Ludwig Feuerbach, 1804~1872)를 비판하면서 이데올로기와 생활의 관계를 말한 바와 같이, 즉 문제를 관찰하는 "전제는 인간이지만, 그러나 세계와 격리돼 있거나 군중에게서 독립된 상태의 존재로서 어떤 상상적 인간은 아니다"[2]라고 말한 바와 같다. 구체적이고 특수한 시 · 공적 맥락 혹은 조건 하에서의 '인간'만이 우리가 논의하고자 하는 '인간의 소질'로서의 '인간'이며, 그럴 경우에만 현실적 의의를 갖게 될 것이다. 따라서 나는 이 장에서 '인간의 소질'을 분석함에 있어 오늘날 대만 사회의 맥락 속에 위치한 '인간'이라는 문제로부터 출발하고자 한다.

2) 馬克斯, 「德意志意識型態」, 『馬克斯恩格斯選集』 第一卷, 北京: 中央中央馬恩列斯著作編譯局, 1972, 31쪽.

2. 오늘날 대만 사회 맥락에서 '인간의 소질'의 근본적 문제: 현상과 해석

1) 현상

1987년 7월 계엄령이 해제된 뒤 11년 동안 대만이 겪어온 정치적 민주화와 자유화는 역사적으로 깊은 의미를 갖는 것이었다. 그러나 그 10여 년 동안 대만 사회 질서의 심각한 혼란이 매우 우려스러운 지경까지 이른 것 또한 사실이다. 1998년의 마지막 3개월 동안은 두렵고 놀라운 사건들이 질식할 것만 같은 사회 분위기 속에서 하루도 빠짐없이 계속됐다. 나는 여기서 네 가지 사례만을 언급해 보고자 한다.

1998년 10월 11일 타이베이현(台北縣) 린커우시앙(林口鄉) 린씨 부부 살해 사건의 범인은 그 외아들인 것으로 밝혀졌다. 부모가 자주 여러 사람들 앞에서 자신을 꾸짖은데 불만을 품고 벌인 일이었다. 아들은 부모를 살해한 뒤 보험금을 타내려고 계획을 세웠을 뿐 아니라, 심지어 빈소에 앉아 부의금까지 받아 챙겼다. 사건을 조사하던 경찰은 아들이 외부인과 연계하여 친부모를 살해했다는 사실을 밝혀냈다. 인성의 참혹한 파괴가 참으로 이해할 수 없는 지경에 이른 것이다. 10월 14일 오후, 검찰관이 가족과 함께 반치아오현(板橋縣) 장의소에서 부검을 실시한 결과를 법의학자가 밝힌 데 따르면, 상흔을 관찰한 결과 아버지는 57군데나 자상을 입었고, 어머니는 52군데나 칼에 맞은 것으로 밝혀졌다. 흉악한 아들은 심지어 일부러 아버지의 손가락을 세 개나 자른 것으로 드러났다.[3)]

---

3) 『中國時報』, 1998.10.13. 제5판 및 10.15. 제8판 보도.

1998년 9월에는 가오시웅현(高雄縣)에서 37세 여성 티안(田) 씨가 남편과 자식을 버리고 가출한 뒤 천(陳) 모씨, 황(黃) 모씨 등과 잇달아 살림을 차려 모두 다섯 아이를 낳은 사건이 알려졌다. 아이들의 운명은 가혹했다. 그 중 두 명은 10여 만 위안을 받고 다른 집안으로 입양되었고, 한 아이는 조산 상태에서 병원에 유기되어 행방조차 묘연한 상태가 됐다. 더욱 잔인한 일은, 돈이 부족해지자 가장 어린 1남 1녀를 35만 위안에 내다 판 것이었다.[4]

1998년 10월 30일 밤에는 대만대학 법학과 2학년 학생인 장(張) 모군이 타이베이시 시먼딩(西門町)의 한 술집 계단에서 여성인 이안(顏) 모씨의 핸드백을 빼앗고 성희롱을 한 혐의로 경찰에 체포됐다. 장군은 사건 발생 이후 후회한다는 심정을 밝혔다. 범행 동기를 살펴보니 핸드폰 살 돈이 부족하여 벌린 일이며, 성희롱을 한 적은 없다는 주장이 나왔다. 완화(萬華) 파출소는 조사를 벌인 뒤 강도, 상해, 희롱 등의 혐의로 장군을 송치했다.[5]

1998년 12월 22일에는 대만 포모사플라스틱(Formosa Plastics)이 캄보디아에서 수은 오염 사건을 일으켜 현지 주민들이 시아누크빌을 떠나는 사건이 발생했다. 12월 23일에는 캄보디아 정부가 수도 프놈펜에서 중장비를 시아누크빌로 들여와 대만에서 온 3천 톤의 쓰레기를 싣기 위해 준비하고 있었다. 타 지역에서 지원 차 투입된 200여 명의 군경도 현장에 도착해 정비 업무를 시작함으로써 반대 시위가 다시 일어나지 않도록 예방하는 조치를 취했다. 그러나 캄보디아 행정 책임자가 포모사플라스틱

4)『中國時報』, 1998.10.15. 제8판 보도.
5)『中國時報』, 1998.11.1. 제8판 보도.

의 폐기물을 대만으로 운반하겠다는 방안에 대하여 가오시웅현장인 위정시안(余政憲)은 이미 '수출'된 화학 폐기물을 다시 런우공장(仁武廠)으로 되가져오는 것을 반대하며, 주허우촌(竹後村) 주민들도 이를 반대한다고 밝혔다. 그러나 포모사플라스틱의 관계자는 만일 어쩔 수 없이 가져와야 한다면 런우공장 일대에 적치하겠다고 밝혔다.[6)]

이와 같은 네 가지 사건에 대한 보도는 최근에 일어난 대만의 여러 비정상적 사건들 가운데 소수의 사례들에 불과하다. 포스트 계엄 시기로 들어선 대만 사회에는 비정상적 사건들이 남발되고 있다. 2천 년 전 맹자가 일찍이 춘추시대(春秋時代: B.C.722~464)를 두고 "세상에 도가 쇠락하고 사설과 폭행이 난무하니 신하가 임금을 죽이는 경우도 있고 자식이 아비를 죽이는 경우도 있다"(世衰道微, 邪說暴行有作, 臣弑其君者有之, 子弑其父者有之: 『孟子 · 滕文公下 · 9』)고 한 적이 있는데 이는 오늘날 최근 10년 간 대만 사회를 묘사하는 말로도 손색이 없을 정도다.

첫 번째는 아들이 외부인과 공모하여 양친을 살해한 사건이다. 두 번째는 어머니가 자신의 친자녀들을 팔아 돈을 번 사건이다. 이 두 사건은 윤리를 저버린 참극이라 아니할 수 없다. 부모와 자식 간의 윤리가 파괴된 것이다. 세 번째는 대학생이 물욕을 이기지 못하고 지능적 범죄를 저지른 사건이다. 네 번째는 대만 사람들이 이웃을 낭떠러지를 몰아 "자신이 하고 싶지 않은 바를 다른 이에게 미루어버린"(己所不欲, 施之於人) 사건이다. 이 네 사건은 모두 오늘날 대만의 인성이 어떻게 악화되었으며, 또한 '인간의 소질'이 얼마나 저열해졌는지를 잘 보여준다.

6) 『中國時報』, 1998.12.23. 제9판 보도.

2) 해석

아아, 누구를 위해 이런 일이 벌어지며, 누가 이런 일을 하는 것인가? 이는 우리가 비애와 탄식을 넘어서 냉정하게 숙고해야 하는 문제다. 나는 오늘날 대만에서 '인간의 소질'이 땅에 떨어진 원인이 분명 한 두 가지 때문은 아니라고 생각한다. 정치인들은 내부 투쟁에만 골몰하고 정의에는 무관심하며 사회 전반에는 자신의 이익만을 중시하는 풍조들이 모두 그 원인일 것이다. 그러나 그 심층적인 요인은 대만인의 '자아'가 일종의 '탈맥락화'된 '자아'이기 때문이다. 대만 사회의 혼란상과 인간의 소질이 갈수록 떨어지는 이유는 (1) "자아의 탈맥락화"와 (2) "여러 측면에서 자아의 충돌"이라는 두 가지가 근본적인 병의 뿌리라 할 수 있다.

(1) 나는 여기서 이른바 "자아의 탈맥락화"를 다음 두 가지 함의로 다루고자 한다.

(a) 오늘날 대만 사람의 '자아'는 "타인－나"의 상호 작용의 맥락에서 일탈되어 사회 속에서 고립된 채, 더 이상 풍부한 상호 관계를 유지하는 사회적 맥락 속에서 살아가지 못하는 '개체'일 뿐이다. 그래서 이러한 "타인－나"가 상호 작용하는 맥락 속에서 일탈한 '개체'는 단지 자신의 눈앞의 이익에만 관심을 둘 뿐이며, 특히 생물학적 측면의 식욕과 성욕 등의 욕구에만 정신을 쏟는다. 얼마 전 가오시웅(高雄) 시장으로 당선된 시에창팅(謝長廷)은 10여 년 동안 대만에서 사회 운동을 펼쳐온 인물이다. 그가 일찍이 이런 말을 한 적이 있다.

> 초기 대만에는 린위안(林園)이나 가오시웅(高雄) 위원(魚塭), 5·20 농민 운동 등과 같은 많은 피해자들의 항쟁 활동이 있었다. 이는 모

> 두 생물적 본능의 반응에 속하는 것이었다. 물론 참여자 가운데 일부는 피해자가 아닌 학자와 학생들도 있었으나 극히 찾아보기 어려웠고, 대다수는 모두 생물적 본능으로서 자력 구제를 위한 것이었다.[7)]

이른바 '생물적 본능'의 반응이라는 것은 곧 탈맥락화된 대만인들의 '자아'의 중요한 특징이다.

이렇게 고립된 '자아'는 단지 물질적 추구와 자신의 눈앞의 이익이라는 가치만을 중시하기 때문에 필연적으로 극히 비정상적인 '자아중심주의'를 추구하게 되어 있다. 최근 대만의 범죄 형태가 갈수록 흉포하고 잔인해지는 것은 모두 이러한 비정상적인 '자아 중심주의'와 연관이 있다. 최근 리우방여우(劉邦友)의 관저와 팡바오팡(方保芳) 성형외과에서의 집단 총기 난사 사건이나, 펑완루(彭婉如) 사건, 바이샤오이안(白曉燕) 사건, 황리이안(黃麗燕) 모자 3인의 살인 사건, 린빙훙(林秉宏) 어린이 살인 사건 등 심각한 사건들이 연이어 발생한 것이 그 사례들이다. 대만 범죄학자들의 최근 연구 보고는 대만의 유형별 범죄는 다른 나라에 비해 상대적으로 적게 발생하고 있지만 유독 살인 사건만큼은 그 비율이 매우 높아서 10만 명당 6.8건을 기록하고 있다. 이는 미국에 버금가는 세계 2위의 수치다.[8)] 대만에서 살인 사건의 비율이 높은 까닭은 대만 사회의 '자아'가 비정상적임을 구체적으로 설명해 준다. 자신의 눈앞의 생물적 욕구만을 채우고자 하기 때문에 아들이 돈을 위해 부모에게 칼을 휘두르고 어머니가 돈을 위해 자녀를 내다 팔며 대학생은 돈을 위해 절도를 하는 일들이 벌어진

---

7) 謝長廷,「台灣的國會文化」,『自立晚報』, 1995.4.28., 제23판.「本土副刊」.
8)『中國時報』, 1997.11.23., 제1판 보도.

다. 그 인과관계를 보면 어쩌면 당연한 이치고 일어날 수밖에 없는 일인 것이다.

대만인들의 이러한 비정상적인 '자아 중심주의'는 심지어 종교 신앙의 측면에서도 나타난다. 많은 사람들이 금전의 봉헌을 통해 즉각적인 기복(祈福)으로 교환하고자 하며, 또 어떤 이들은 즉시적인 계시를 추구하기도 한다. 예를 들면, 대만 기독교장로회의 한 지도자는 선교 과정 중에 직면한 어려움을 이렇게 토로한다.[9)]

> 대만 사회가 날로 다원화, 공리화(功利化), 물질화, 자아 본위화되는 충격 속에서 신도들의 신앙과 교회의 형태, 그리고 선교의 모델과 내용에도 모두 변화가 생겨났다. 일반적인 신도들은 점점 전통적인 교훈이나 경배의 방식, 도덕적 규범들에는 흥미를 잃고 있어서 이른바 주류 교회의 발전이 어려움에 직면하게 됐다. 어떤 교회들은 자연과 초이성, 혹은 영혼의 종교적 체험을 열렬히 추구하면서 전통과 체계적인 이지적 교육을 가벼이 생각한다. 그럼에도 많은 신도들을 불러 모으고 있다. 이렇게 '영적 은혜'를 추구하면서 짧은 찬송가 혹은 '찬미 경배' 모델을 활용하는 교회들은 뜨거운 활력을 보여주기도 했다. 그러나 우리 교회가 서기 2000년의 복음 운동을 추진했음에도 교회의 성장이 어려움에 직면한 것은 오늘날 전체 사회 혹은 민심이 무력감과 패배감으로 가득 차 있어서 끊이지 않는 역량의 '성령'을 더욱 갈망하고 있다. 물론 주관적 경험이나 초자연적 체험을 지나치게 강

9) 楊啟泰,「長老教會第42屆總會通常年會總幹事報告全文」,『台灣教會公報』2252期, 1995.4.30., 제1판.

조하는 신앙 지도자의 권위는 필경 전통 장로교회의 생활과 교훈과 는 마찰을 일으키게 되고 어떤 교회들은 이로 인해 분열되기도 하고 일부 신도들은 장로교회를 떠나기까지 한다.

이러한 어려움은 사실상 대만 지역의 각 종교들마다 모두 나타나는 현상이다. 대만인의 '자아중심' 심리와 대만인의 '자아'는 곧 '타인―나'가 상호작용의 맥락 속에서 궤도를 이탈한 '자아'임을 구체적으로 보여주는 것이다.

(b) 다음으로 오늘날 대만 사람들의 '자아'는 '인간―자연'의 상호 작용의 맥락 속에서 일탈한 '자아'이다. 이러한 '자아'는 대자연과 단절되어서 대자연과 어떠한 정서적 교류도 없이 항상 긴장과 대립 상태에만 놓여 있게 된다. 최근 반세기 동안 대만의 경제 발전 속도는 매우 눈부셔서 이를 두고 '경제의 기적'(economic miracle)이라고들 불렀다. 그러나 그 50년 동안 대만의 '경제의 기적'은 '인간 중심주의'(anthropocentrism)를 철학적 기초로 삼아 전개됐다. 광복 이후 대만의 경제 정책 입안자들은 시간적, 공간적 압박 아래서 '발전의 시화'를 최고의 지도 원칙으로 떠받들었다. 과연 경제는 고속 성장했고, 전후 30년도 채 되지 않아 대만 경제의 구조적 전환을 완성할 수 있었다. 그러나 그 결과로 대자연은 과도하게 피폐해졌고 대만의 경제적 성취는 공기오염, 수질오염, 토양오염…… 등과 같은 심각한 대가와 맞바꾸게 됐다. 광복 초기에는 삼림을 인위적으로 파괴하거나 벌목했고, 최근 20년 동안에는 산비탈을 과도하게 개발하고 물과 흙을 보존하는 작업을 소홀히 하였다. 이는 모두 대만의 '인간'이 이미 '인간―자연'의 상호 작용 맥락에서 일탈했음을 보여주는 사례들이다. 자연에 대하여 인간이 거리낌 없는 착취를 가할 때, 대자연은 그에 대해 반격하

기 시작한다. 최근 대만 각지에서 일어난 재난들, 예컨대 매년 태풍의 습격으로 인해 토석류가 발생하여 촌락을 덮치고 타이베이 린컨다쥔(林肯大郡)에서는 흙이 붕괴되어 사람을 매몰시킨 사건 등이 모두 이를 분명히 보여준다.

(2) 지금까지 살펴본 대만의 '자아의 탈맥락화' 이외에도 오늘날 대만의 '인간'의 소질이 하락하게 된 원인을 제공한 것은 인간의 '자아'의 여러 층위 사이에 존재하는 긴장과 충돌의 관계 때문이기도 하다. 이는 특히 다음과 같이 두 가지 유형으로 나뉘어 나타난다.

(a) '자아'의 정치적 지향과 경제적 지향 사이의 충돌이다. 인간의 일상생활은 매우 복잡하고 다층적이다. 인간은 '정치적 인간'(Homo politicus)일 뿐 아니라 '경제적 인간'(Homo economicus)이기도 하다. 그러나 이 두 가지 층위가 대만의 구체적이고 특수한 시·공간적 맥락에서는 자주 충돌을 조성하기도 한다. 예를 들면, 외국에 이익을 투자하는 수많은 자본가들과 고위 정치권력의 작동에 참여하는 인사들 사이에서, 대만과 다른 국가 사이에 이익의 충돌이 발생할 경우, 그 대만의 자본가들의 '자아'는 '정치적 인간'과 '경제적 인간'의 충돌을 벗어나기 어렵다.

(b) '자아'의 정치적 층위와 사회적 층위 사이의 충돌이다. 광복 이후 대만 사회의 성적(省籍) 문제는 결혼, 학연, 직장 등의 경로를 거쳐 이미 상당한 정도로 치유됐다. 그러나 최근 10여 년 동안 정치의 변화로 인해 여야 정치 지도자들이 이 문제를 자주 문제화함으로써 점차 대만 사회를 양분하는 날선 칼이 되고 있다. 예리한 칼날로 인해 많은 대만 사람들은 '정치적 자아'와 '사회적 자아'가 충돌하는 상태까지 이르게 됐다. 최근 날로 열기를 더해 가는 선거 속에서 성적이 다른 부부들은 정치적 입장이 달라지면서 불가피하게 갈등을 유발하고 있는 것들이 그 예이다.

결론적으로 오늘날 대만의 사회적, 정치적 혼란을 불러일으킨 원인은 한두 가지가 아니지만 기본적으로는 '인간의 소질'이 하락한데 따른 것이다. 또한 '인간의 소질'의 하락은 인간의 '자아'가 '타인과 자아의 상호작용' 및 '인간과 자연의 상호작용'의 맥락에서 궤도를 벗어났고, 그 여러 측면이 정치적 혹은 사회적 변화와 맞닥뜨리게 되면서 항상 긴장과 충돌의 상태에 처하게 된 것이다.

3. 대만의 교육과 '인간의 소질'

이러한 분석에 뒤이어 우리는 다음과 같이 묻지 않을 수 없다. 최근 5년 동안 대만의 교육이 급속하게 확장됐음에도 어찌하여 '인간의 소질'은 향상되지 못하는 것인가?

우선 광복 이후 대만 교육의 발전을 살펴보자. 통계 수치에 따르면 대만 전역의 문맹률은 1952년의 42.1%에서 1994년의 5.8%로 낮아졌다. 대만의 전체 인구 가운데 중등 교육을 받은 인구의 비율은 1952년의 8.8%에서 1994의 52.6%로 높아졌다.[10)] 1968~1969학년도부터 9년제 의무교육을 실시한 이래 교육의 보급은 더욱 급속하게 발전했다. 학교 수가 증가하면서 교육의 보급도 더욱 속도를 낼 수 있었다. 1950~1951학년도에는 전국적으로 각 급 학교의 총수가 1504곳이어서 평균적으로 1천㎢당 41.8개 학교에 불과했으나, 1988~89학년도에는 그 총수가 6940곳으

10) Council for Economic Planning and Development, R.O.C., *Taiwan Statistical Data Book* (1996), Table 2-46, 11쪽.

로 늘어 1천㎢당 186.30개교를 기록했다.[11] 그러나 전후 대만의 교육이 양적으로 급속하게 팽창했으나 '인간의 소질'이 효과적으로 개선되지는 못했다. 국립대학의 엘리트 대학원생이 이성 문제로 살인을 저지르고, 법학과 학생은 핸드폰을 사기 위해 절도를 저지르는 사건이 일어나는 까닭이 무엇인가? 바꿔 말하면, 대만의 교육이 '가공(架空)'에 의해 자아의 '소외'를 만들어 냈기 때문이다.

대만의 교육이 교육을 완성하지 못하는 까닭은 그 교육의 목적 때문인가? 이른바 "세척 두께 얼음은 하루 이틀 추위로 만들어진 게 아니다"는 속담이 있는 것처럼, 거기에는 적어도 다음과 같이 두 가지 이유가 복합적으로 작용하고 있다.

(1) 대만의 교육은 고도의 도구화적 성격을 가지고 있기 때문이다. 최근 100여 년간(특히 최근 50년간은 더더욱) 대만의 교육은 줄곧 수많은 교육 이외의 임무를 부여받았다. 그 임무는 모두 공리적 특성이 강한 것들이었다. 특히 다음과 같은 측면은 더욱 그러했다.

(a) 학력주의의 득세: 대만의 각급 교육은 학력주의와 진학률의 깃발을 걸고 각 급 학교가 모두 진학을 위한 학원 식 교육이나 학위를 취득하기 위한 공간으로 변해 버렸다. 그 폐해는 학생들은 실제 문제를 해결하지 못하는 시험기계가 되어 버리는 상황으로 나타났다. 리위안저(李遠哲)는 이 문제에 대해 다음과 같이 정교하게 분석한 바 있다.[12]

> 오늘날 교육제도의 가장 근본적인 병인은 우리 사회가 지나치게

11) 『中華民國教育統計』, 臺北: 教育部, 1990, 8쪽.
12) 李遠哲, 「有關台灣教育改革的一些看法」, 『科技報導』 1995.7.15., 제30판.

'학력'을 중시한다는 데 있다. '학력'이 교육 이념의 실천과 발전을 능가하고 있다. 이는 개인이 가져야 할 교육 자원으로서 고등학교나 대학에 입학하는 데에도 영향을 미치고 있다. 또한 단지 한 차례 시험 성적만으로 입학의 근거로 삼게 된다. 이와 같은 "1회 시험으로 당락을 결정하는" 제도는 각 급 학교가 교육의 목표를 단지 "진학 시험 준비"로만 설정하도록 만들고 말았다. 현대적 교육 이념을 실천할 방법은 찾기 어려우며 심지어는 학생의 지능 훈련조차도 왜곡되고 말았다. 시험과 교육이 제도가 요구하는 답안만을 중시하는 결과로 인해, 학생들은 진학 시험에서 더욱 좋은 성적을 목표로 삼기 때문에 일찍부터 악성 과외를 시작하고 주입식 답안 기술로 인해 호기심과 창조력은 심각하게 훼손되고 있다. 저마다 시험에서의 '성적'과 '등수'만을 따지고 있으니 가슴을 열어젖힌 사고와 시각을 길러낼 방법은 아예 자리 잡지도 못하는 것이다. 이러한 교육은 젊은이들의 심신의 건강을 해칠 뿐 아니라, 더욱 안타깝게도 진학주의의 깃발 아래 횡행하는 '좋은 수업'이라는 것이 반드시 '풍부한 학식'을 의미하지는 않는다는 점이다. 학생들은 단지 '시험지 위의 문제'를 해결하는 능력만을 강요당하기 때문에 실제 문제를 해결할 수 있는 참된 재능을 훈련받지 못한다.

더욱 심각한 것은 학력주의가 길러낸 학생들은 식견과 포부가 부족할 뿐 아니라 도덕성마저도 결여돼 있다는 점이다. 그들의 '자아'는 '탈맥락화 된 자아'가 되어 버렸기 때문에 그냥 자생적인 발전보다도 못한 상태가 되었다.

(b) 경제와 정치에 대한 교육의 봉사: 광복 이후 권위주의 정치 체제 하

에서 각급 교육은 경제정책과 정치적 목표를 실현하기 위한 임무를 부여받았다. 이는 누구나 다 아는 일이어서 자세히 설명할 필요도 없다. 1950년대의 교육은 '대륙을 다시 공격하기 위한' 준비에 치우쳤으며, 1960~70년대에는 경제 발전에 부합해야 했다. 특히 1970년대 교육은 과학기술 인재를 육성하는데 중점을 두었다. 수십 년 동안 대만의 교육은 기본적으로 정치적, 경제적 목표를 완수하기 위한 도구였다.

1987년 계엄령이 해제되고 대만이 민주화에 매진하기 시작한 이후, 교육 분야의 자주성도 날로 증가했다. 이는 만족할만한 새로운 발전이었다. 그러나 교육 분야가 정치적 목표를 완수해야 한다는 주장은 여전히 줄어들지 않았다. 예를 들면, 신문 지상에 대문짝만한 광고를 실어 집권 당국이 현행 체제의 교육 내용을 폐지해야 한다고 주장한 사람이 있었다. 그는 "대만 본토의 입장에 서서 대만의 미래를 사고해야 한다"고 주장했다. 왜냐하면, "오늘날 대만 사회의 모든 혼란상의 주요한 원인 가운데 하나는" 50년 이래 지속돼 온 현행 교육 체제 때문이며, "이러한 교육의 나쁜 결과가 결국 광범위하고도 뿌리 깊게 사회 구석구석까지 파고들었다"는 것이다.[13] 이와 같이 정치적 요구와 과거 대만의 계엄 체제 하에서의 교육에 대한 요구가 정치적 목표를 위해 이바지해야 한다는 생각은 본질적으로 차이가 없다. 그것이 '전인교육'이라는 목표를 훼손했음은 모두 마찬가지이기 때문이다.

(2) 교육 내용의 공동화: 앞서 말한 학력주의와 도구주의의 폐해는 대만의 각급 교육 내용의 대부분을 실용적 지식으로 채워 넣고, 학생들이 가치 판단이나 도덕 판단을 할 수 있는 내용들은 극히 적은 상황이다. 대

13) 『自立早報』, 1987.6.12., 제1판 광고.

만 학생들은 많은 지식을 배우지만 사실 그들의 삶과는 무관한 것들이며, 또한 그들의 심신에 영향을 미치지도 못한다. 이런 상황은 고등교육에서 더욱 심각하게 나타난다. 현대 대만의 고등교육은 한 측면에서 학문의 전문화와 분업화로 인해 특정한 기술이나 지식의 전수를 목표로 한다. '사실'과 '가치'가 양분된 결과는 현대 젊은이들을 지식만 있고 지혜는 없는 신인류로 만들어내고 있다. 그들은 특히 안심입명(安心立命)을 위한 필수적인 교양의 기초조차도 결핍된 상태가 되었다. 또 다른 측면에서는, 현대사회가 날로 산업화하고 개인주의화하면서 젊은이들과 전체 사회 사이의 연계가 날로 박약해지고 있다. 이로 인해 '지식활동'과 '실천 활동'이 분화하고 있는 상태다. 이렇게 '지'(知), '행'(行)이 분리되어 각자의 길을 걷게 됨으로써 오늘날 젊은이들은 자아의 소외, 이른바 '뿌리를 잃어버린 난초'가 되어가고 있다. 이 같은 배경에서 어떻게 '지'와 '행'의 분열을 치유하고 '지식'과 '실천'이 소통되고, 나아가 개인과 사회가 상호 소통케 할 수 있을 것인가? 이것이 바로 오늘날 대만 교육계 인사들이 소리 높여서 "규제를 풀라"고 외치고 있는 상황과 관계있는 것이다. 이는 단지 구호를 넘어서서 우리가 반드시 심사숙고해야 하는 과제다.

4. 교육 개혁을 통한 '인간 소질'의 향상

그렇다면 어떻게 교육을 통해 대만에서 '인간 소질'을 향상시킬 수 있을 것인가?

이 문제에 대해서는 대체로 두 가지 방법을 말할 수 있을 것이다. (1) 형식적 경로: 각종 활동을 통한 계도의 방법으로 '인간 소질'의 향상을 호소하는 것이다. (2) 실질적 경로: 교육의 실질적인 내용의 변화를 통해 새로운 시대 학생들의 가치관을 양성하는 것이다. 전자는 떠들썩할 수는 있으나 큰 효과는 없을 것으로 보인다. 후자는 오랜 시간을 필요로 하기 때문에 그 효과가 더딜 것이다. 그러나 이 방법이 올바르게 시행할 수는 있을 것이다.

(1) 이른바 '형식의 경로'란 사실 바로 과거 수십 년 동안 관방(官方)이 주창한 방법이다. 과거에 정부 수장은 늘 도처에 다니면서 강연을 하면서 '도덕정비운동'(道德重整運動) 같은 류의 캠페인을 추진하자고 호소했다. 그들이 주장한 방안 가운데에는 『논어』(論語)를 실천하거나 민주의식을 해설하는 책들을 편찬하거나 여러 포상 제도를 만드는 것 등이었다. 그 의도 자체는 매우 고심한 흔적이 역력하지만, 제기된 방안들은 모두 '도덕정비'라는 목표를 내걸고 있어서 맹자가 말한 이른바 '연목구어'(緣木求魚) 혹은 '후필유재'(後必有災)의 성격을 갖고 있다 아니할 수 없다. 오늘날 대만 사회의 도덕 붕괴는 눈이 있는 사람이면 누구나 볼 수 있는 사실이다. 그러나 그 흥망성쇠의 길은 결코 정치인들이 제기하는 이른바 '도덕정비운동'이나 정신 개조를 통한 국민 교화에 있는 것이 아니다. 오히려 그러한 고위 정치인들과 거물 경제인들이 먼저 나서 자신의 '도덕'을 '정비'하여 자신의 영혼부터 개조해야 할 것이다. 왜냐하면 오늘날 대만 사회는 급속도로 부패하고 있는데, 그 근본 원인은 국민의 타락이 아니라 고위 정치인과 경제인들의 부패에 있기 때문이다. 여러 해 전, 남부 지역의 어떤 경제인이 "실력을 보여주기 위해서" 천 석에 이르는 연회를 베풀고 800만 위안을 펑펑 쓴 사건을 보라. 각급 공무원들이 너도나도 "흔쾌히 연회에 참석"해서는 그 경제인을 의리 있는 사람이고 추켜세웠다. 중앙에서 민의를 대표하는 의원들은 혼사를 치르면서 천 석이 넘는 연회를

베풀고 최고 행정수반이 기꺼이 연회에 참석하는 일들은 모두 부패한 사회 풍조를 보여준다. 이보다 더 심할 수는 없을 것이다! 이와 같은 오늘날 대만 사회의 도덕적 부패는 모두 고위 정치인들과 경제인들의 후안무치에서 비롯된 것이다. 증국번(曾國藩)은 일찍이 "풍속의 깊이는 어디에서 오는가? 그것은 한 두 사람 때문에 비롯된다"고 말한 바 있다. 이 말은 오늘날 대만에서 가장 그럴 듯한 증빙을 얻게 됐다. 이제 이와 같이 사회 풍조를 부패하게 하는 인물들이 나서서 국민들에게 '정신의 개혁'이라느니 하는 말들을 무슨 구호처럼 쉽게 흘리는 일들은 없어져야 할 것이다.

(2) 이른바 '실질적 경로'라 함은 교육의 실질적 내용을 통한 개혁이며, 이는 대만 교육을 더욱 건강하게 하는 새로운 피라고 말할 수 있다. 그 구체적인 방법은 다음과 같이 두 가지가 있다.

(a) 새로운 교육 내용으로써 피교육자 '자아'의 주체를 구성하고 심화하여야 한다. 앞서 분석한대로 '인간 소질'의 하락은 그 근본원인이 '자아'의 탈맥락화와 '자아'의 다층위적 충돌에 있다고 볼 수 있다. 이렇게 된 까닭은 대만인의 '자아'가 생물적 층위의 욕망의 만족에 머물러 있기 때문이다. 이러한 '자아'는 결코 역사와 문화의 전승에 깊이 침잠해 있는 '자아'가 아니다.

계엄령의 해제와 급속한 민주화 발전에 따라 최근 대만은 민주개혁의 과정에 처해 있다. 권력 투쟁은 날로 격렬해지고 있어서 정신이 없을 정도다. 그렇다고 마땅히 지지할만한 대상이 있는 것도 아니다. 또한 사회 경제의 발전은 가치관의 혼란을 더욱 가중시키고 있어서 많은 사람들의 행위가 갈수록 왜곡되고 있다. 아버지를 죽이는 자식이 있는가 하면, 아내를 죽이는 남편도 나타났다. 이 같은 사회 혼란은 일일이 열거하기도 어렵고, 민심은 흉흉하고 안정되지 못하고 있다.

이와 같은 시대의 병폐를 구성하는 원인은 한두 가지가 아니어서 매우 복잡하다. 그러나 그 가운데 중요한 한 가지는 이 시대의 인간이 보편적으로 역사의식이 결여돼 있어 단지 '현재'라는 시간과 공간만을 생각하고 살아가기 때문이다. 이들은 '과거'의 역사적 시·공간에서 살아가지 않는다. 그들이 '과거'와 '현재', '미래'에 뿌리를 박고 살아가리라는 점에는 조금의 희망조차 없는 상황이다. 이런 인간을 두고 철학자 마르쿠제(Herbert Marcuse, 1896~1979)는 '일차원적 인간'(One-dimensional man)이라고 말한 바 있다. 그들이 단지 목전의 '현재'에서만 살아가는 것은 그들이 "한 왕조가 있었는지 위진 시대가 있었는지조차 모르기"(不知有漢, 無論魏晉) 때문이다. 역사의식과 시간관념의 이중 결핍으로 인해 이 시대에 많은 사람들은 도량이 작아졌고 안목도 짧아졌다. 오늘날 우리 사회는 각 분야와 업계마다 '급행선'을 타려고하는 사람들만 있을 뿐이다. 단지 순간의 이익만을 구하는 사회로서 긴 안목의 이익은 돌아보지 못하고 있다. 오늘 정당에 가입하는 사람들은 내일 있을 중앙상임위원(中常委)에 선출되려는 것이다. 이들은 당선에 실패하면 또 다른 정당을 만든다. 말재주로 사람들의 환심을 사는 이들은 단시간 안에 최소한의 노력으로 최대한의 사회적 명망을 얻으려고 한다. 이런 일들은 하도 많아서 일일이 말하기도 어려울 정도다. 그 주된 원인은 바로 이런 사람들이 청소년 시절 교육에서 역사교육을 받지 못한 채 그들 자신의 삶의 문제를 사고하는 시간의 깊이를 가져 보지 못했기 때문이다. 이로써 자신도 모르게 목전의 얕은 이익만을 탐내는 포로가 되고 말았던 것이다.

이러한 고민의 시대에 태어나 역사교육(특히 문화사교육)을 통해 '인간 소질'의 향상 기능을 하도록 하는 까닭은 역사교육이 우리 다음 세대에게 더욱 두터운 역사의식을 심어줌으로써 시대의 병폐를 치유하고 그들이 근본과 뿌리, 시간관념의 깊이를 가질 수 있는 시대의 젊은이가 되도록 하기 위함이다. 역사교육은 다음 세대 젊은이들을 '일차원적 인간'으로 버려두는 것이 아니라 개체로서 자신의 삶과 민족문화의 생명이 함께 공존할 수 있도록 하고, 사회 집단과 공영할 수 있도록 할 것이다. 또한 시대 변화의 흐름 속에서 청년들이 다시는 방향을 잃고 떠돌지 않도록 도울 것이다. 인간의 영혼은 산업화한 사회일수록 역사 지식의 주입을 더욱 갈망하게 된다.

지금까지는 단지 역사교육만을 예로 들었지만 교육내용의 변화를 통해 '자아'의 주체성을 더욱 심화하는 시간의식에 대한 교육이나 그와 유사한 교육 개혁들은 같은 방식으로 이야기될 수 있으니 더 장황하게 서술할 필요는 없겠다.

일단 '자아 주체성'이 수립되면 지식 청년들이 사회 혹은 정치 영역에서 건강한 상호작용을 하게 되고, '인지 활동'과 '실천 활동'이 분열된 상처를 치유하게 될 것이다. 나는 이른바 '지식 청년의 주체성'이란 개념이 두 가지 함의를 가지고 있다고 본다. 하나는 '주—종'의 대립 하에서의 '주체성'이며, 다른 하나는 '주—객'의 대립 하에서 '주체성'이다. 전자는 대학 지식 청년문화가 분명하게도 '주'와 '종'으로 구분돼 있음을 가리킨다. 청년들은 인생의 황금기에 지식의 증강을 주로 삼고 그 나머지는 부차적인 것으로 여겨야 한다. 이러한 구분선을 분명하게 긋는다면, 지식 청년들은 그 경계를 명확히 할 수 있고 사안의 선후와 본말을 잘 구분할 수 있다. 이른바 '주객대립' 하에서의 '주체성'은 지식청년문화에 대하여 상대적으로 일컫는 기타 유형의 문화로서, 지식 청년들은 자아를 충실히 하는 것을 우선으로 삼아야 함을 가리킨다. 이는 객체를 위주로 하지 말아야 한다는 뜻으로 구호로 사고를 대신한다든가 활동으로 지식에 대한 추구를 대신한다든가 정치나 사회 활동의 부속물이나 장식품으로 전락하는 것들이 모두 그러하다.

'주—종'의 대립적 의미에서 '주체성'이든 '주—객' 대립 하의 '주체성'이든 오늘날 지식 청년들에게 있어서는 둘 다 소홀히 할 수 없는 중요성을 가지고 있다. 사회 · 경제 · 정치 구조의 급속한 전환에 따라 대만은 이미 다원화된 사회 형태로 진입했다. 다원화 사회에서 여러 활동 영역(경제, 교육, 정치 등)은 더 이상 독립적으로 존재하지 않을 뿐 아니라 그들 자신의 영향력을 다른 영역 속으로 넓혀가기 위해 힘을 다하고 있다. 다원화 사회에서 상대적으로 소수자라 할 수 있는 지식 청년들은 반드시 자신의 '주체성'을 장악하여야만 이리저리 휩쓸림으로써 다른 세력이나 영역의 도구로 전락하지 않을 수 있다.

(b) 다음으로 새로운 시대 대만의 교육 내용은 반드시 '자아와 타자', '인간과 자연' 사이의 '상호 주체성'을 강조해야만 한다. 다시 말하면 미래 대만 교육의 내용은 반드시 다양한 새로운 교육 내용을 통하여 학생들에게 다음과 같은 점을 깊이 체득하도록 해야 한다. 즉, 사람들은 저마다 '자아와 타자'의 밀접한 상호작용의 관계망과 가치체계 속에 놓여 있으며, '자아'의 의의와 가치는 이러한 관계망과 맥락 위에서만 드러나고 빛날 수 있다는 점이다. 같은 이치로 대만의 교육 내용도 예컨대 환경보호 등과 같은 점들을 대폭 강화하여 피교육자가 인간과 대자연의 밀접한 관계를 체득하고 인간이 대자연을 과도하게 착취해서는 안 된다는 사실을 강조할 필요가 있다.

이상과 같이 교육적 측면에서 '인간 소질'의 상승을 논의해 보았다. 그 핵심은 형식적인 주장에 그치지 않고 실질적인 교육 내용을 근본적으로 조정하여 삶 속에서 그 결과를 만들어 낼 수 있어야 한다는 점이다.

5. 맺음말

"대만은 만신창이가 된 우리의 어머니다. 그러나 우리는 어머니와 더불어 영원히 함께할 것이며, 영원히 헤어지지 않을 것이다!"[14] 1997년 5월 24일 한 군중 선언의 맺음말이다. 그러나 그것은 오늘날 대만인들의 영혼의 깊은 외침이기도 하다. 이 글은 바로 그러한 외침으로부터 터져 나온 반성의 소리다.

대만 사회는 만신창이가 되어 인간의 질적 수준이 날로 하락하고 있어 심히 우려스러운 게 사실이다. 그러나 또 다른 면에서 대만은 여전히 생기발랄하며 생명력으로 가득 차 있다. 우리는 이제 이러한 새로운 활력을 어떻게 짓밟지 않고 21세기 대만에 새로운 생명을 가져다주는 수원으로 삼을 것인지 고민해야 한다. 우리는 어떻게 오늘날 대만의 상처를 치유하고 대만의 좌절을 위로하며 대만의 건강한 미래를 이끌 수 있을 것인가? 그것이야말로 우리 각자가 깊이 고민해야할 도전이다.

14) 1997년 5월 24일, '대만과 함께 새로운 날로'(陪臺灣到天明) 활동 선언, 『中時晩報』 1997.5.25., 제3판.

제3장 전문 윤리·도덕 교육을 위한 공통 기초: 마음의 각성

1. 머리말

우리는 앞서 교육의 경로를 통해 인간 소질을 향상할 수 있는 가능성을 살펴보았다. 이러한 생각은 부득불 오늘날 교육에서 윤리교육과 도덕교육이라는 양대 문제와 관련된다. 오늘날 양안의 교육 상황에 있어 전문 윤리교육과 도덕교육의 단계를 대학 교양 교육의 측면에서 살펴보는 일은 가장 중요할 뿐더러, 또한 가장 향상을 꾀하기 어려운 영역이다. 이러한 교육 영역의 실천이 어려운 원인은 매우 많지만 가장 근본적인 핵심은 전문 윤리·도덕교육 과정의 실천이 순수한 지식적, 객관적 교육 활동만이 아니기 때문이다. 그것은 윤리 혹은 도덕 이념의 구체적인 삶 속에서의 실천 문제다. 다시 말하면 전문 윤리·도덕 교육과정은 반드시 '지식 활동'과 '실천 활동'을 아울러야 하며 둘을 하나로 융합해야만 하는 것이다. 윤리·도덕 교육이 깊은 의미를 지니는 까닭이 바로 여기에 있으며, 또한 심각하게 도전받는 까닭 또한 여기에 있다.

여기서는 다음과 같은 주장을 제시하고자 한다. 바로 전문 윤리·도덕 교육의 공통된 기초는 피교육자의 마음의 각성을 통해서만 가능하다는 점이다. 이러한 논지를 논증하기 위하여 제2절에서는 우선 전문 윤리·도덕교육의 두 가지 경로를 살펴보고자 한다. 그 하나는 형식적 경로로서, 이는 단지 기술을 강조함으로써 그 교육적 기능이 단기적이며 지식의 축적을 통해 개선된다고 여긴다. 본질적 경로는 마음의 각성을 통해 수행하는 윤리·도덕 교육으로서 그 영향은 심신을 아우르게 되며 오랜 시간을 유지할 수 있을 뿐 아니라 객관적 상황에 의해 바뀌지도 않는다. 제3절에서는 보편과 특수라는 두 가지 층위에서 전문 윤리·도덕 교육이 반드시 '마음의 각성'을 기초로 삼아야 하는 이유를 논증한다. 제4절에서는 두 가지 가능성과 의문에 대하여 대답하고자 한다. 즉 "마음의 각성을 윤리·도덕 교육의 기초로 삼아야 하는 것은 사실 일종의 환원주의의 오류를 범하는 것이 아닌가"하는 질문은 우리의 교육적 주장을 오해하는 것이다. 또한 "마음의 각성을 논하는 이들은 일종의 총체론의 오류를 범하고 있다"고 말하는 사람들은 사실 아직 오늘날 대만 교육 개혁의 핵심 문제를 파악하지 못하고 있는 것이다. 제5절은 한 걸음 더 나아가 마음의 각성을 불러일으키는 두 가지 교육방법을 논술하고자 한다. 그 하나는 전범에 대한 학습이고 또 다른 하나는 고전에 대한 연구와 독해다. 제6절에서는 앞의 논의들을 종합하여 결론을 맺고자 한다.

2. 전문 윤리·도덕 교육의 두 가지 경로

윤리·도덕 교육은 언제나 세계 교육사의 근본적인 이상이었다. 공자(孔子, B.C. 551~479)는 제자들에게 여러 차례에 걸쳐서 "군자다운 선비가 되어야지 소인 같은 선비는 되지 말기"(君子儒, 勿為小人儒: 『論語·雍也』)를 위해 힘쓰라고 가르쳤으며, "지식이 경지에 다다른다 하더라도 어짊으로써 그것을 지키지 못하면, 설령 얻음이 있다 해도 반드시 잃게 될 것이다"(知及之, 仁不能守之. 雖得之, 必失之: 『論語·衛靈公』)는 말을 통해 윤리·도덕이 인지의 기초임을 강조했다. 플라톤(Plato, C.; B.C.428~347)의 많은 대화록도 모두 윤리와 도덕의 문제를 둘러싸고 펼쳐졌다. 그러나 윤리와 도덕 교육의 경로에 이르는 길은 제각각으로 하나의 방식에 구속되는 상황은 아니다. 여기에서는 윤리와 도덕 교육에 종사했던 두 가지 가장 대표적인 경로를 다음과 같이 검토하기로 한다. (2:1) 형식적 경로: 교과서나 정치 선언, 혹은 사회 운동 등의 방식으로 윤리와 도덕의 향상을 완성하려고 시도하는 경로다. (2:2) 본질적 경로: 영혼 깊은 곳의 울림과 호응을 통해 피교육자의 각성을 추구하는 방식이다. 이제 이 두 가지 교육의 경로와 그 내용에 대해 논의해 보기로 하자.

(2:1) 형식적 경로: 전문적인 윤리 및 도덕 교육을 수행함에 있어 가장 흔히 볼 수 있는 방법으로서 이는 공식적인 교육 구조 내부의 교과서, 혹은 '문화 부흥 운동' 등과 같이 정부가 추진하는 각종 운동 등을 활용하는 방식이며, 이러한 교육방식은 '형식적 경로'라 할 수 있다.

이러한 '형식적 경로'가 전달하는 윤리와 도덕의 가치는 다음과 같은 두 가지 특징을 갖는다.

(a) 그것은 항상 윤리도덕의 '규격화된' 지식과 연관된다. 즉, 윤리도덕

의 가치를 형식화하고 교조화하며 심지어 구호화하기까지 한다. 윤리도덕의 가치를 형식화해야만 가장 짧은 시간에 효과적으로 교과서 혹은 사회정치 운동을 통해서 전파하고 확산할 수 있기 때문이다. 과거 수십 년 동안 양안의 각급 공식 교육체계는 언제나 교과서를 통해서 예를 들면 충(忠), 효(孝), 인(仁), 애(愛), 신(信), 의(義), 화(和), 평(平), 애국(愛國), 지도자에 대한 충성 등 수많은 교조화 된 윤리 도덕의 가치를 전파해 왔다. 물론 이러한 교육이 전혀 효과가 없다고 말할 수는 없겠지만, 그마저도 미미할 뿐이었다는 사실은 논쟁의 여지가 없을 것이다.

(b) '형식적 경로'는 언제나 관방 기구에 의해 장악된다. 따라서 윤리도덕 교육은 주로 정부의 법령 등의 형태로 제창된다. 과거 50여 년 간 양안 정부는 각종 정치 사회 운동을 추진함으로써 특정한 윤리 혹은 도덕적 가치를 확산하고자 했다. 그러나 그 효과는 두드러지지 않았다. 그럴 수밖에 없었던 원인은 정치 영역에 속한 정부나 정당이 정치의 논리로 권력의 획득과 분배를 그 원칙으로 삼았기 때문이다. 그러한 원칙의 운용과 도덕 영역의 원칙의 운용은 완전히 서로 배치된다. 도덕 영역에서 윤리 혹은 도덕의 가치의 획득은 '주입'이 아니라 '깨달음'을 통해 이뤄지기 때문이다. 윤리 도덕의 가치는 '형식적 경로'를 통한 주입의 방식으로서는 피교육자의 가슴을 파고들기 어렵다.

(2:2) 실질적 경로: 윤리 도덕 교육을 실시하는 두 번째 경로는 '실질적 경로'다. 이른바 '실질적 경로'란 직접적으로 피교육자의 영혼의 깊은 곳에 가치의 자각을 일깨우는 것이다. 이러한 경로를 거쳐 수행하는 윤리 도덕 교육은 다음과 같이 두 가지 특징을 갖는다.

(a) 그것은 형식주의를 버리고 또한 극복한다. 왜냐하면 '실질적 경로'를 거쳐서 전달되는 도덕적 가치는 '깨달음'이지 '주입'이 아니기 때문에

그것은 늘 형식주의의 방식을 버리고 초월하여 직접적으로 피교육자의 영혼의 자각에 호소하게 된다. 이러한 '실질적 경로'는 교과서를 거의, 혹은 아예 쓰지 않으며, 정치적 권위에 따라 위로부터 아래로의 장악이나 지도에 의존하지도 않는다.

중국의 교육 전통에서 유가의 스승들은 늘 이와 같은 '실질적 경로'를 통해 윤리 도덕 교육을 수행했다. 예를 들면, 『논어』 전편에 걸쳐 공자와 그 학생들이 가장 많이 토론했던 윤리적 가치는 '인'(仁)이었다. 『논어』에서 '인'을 말한 곳만 해도 모두 58장(章)에 이르며 '인'이라는 글자는 모두 105번에 걸쳐 나타난다. '인'은 말 그대로 선진(先秦) 공문(孔門)의 가장 핵심적인 도덕적 가치였던 것이다. 그러나 공자가 결코 '인'이라는 덕목을 격식화하거나 형식화, 혹은 이론화하여 추상적인 이념으로 학생들과 토론하지 않았다는 사실에 주의해야 한다. 오히려 공자는 '인'을 논하면서 모두 학생들이 물음을 던지면 구체적인 상황과 특수한 정황에 비추어 그때 그때 가르침을 베풀면서 핵심을 지적하곤 했다. 선진 공문의 교육 방법이 우리에게 전해주는 현대적인 의미는 형식주의를 버리고 넘어서는 교육방법이란 학생의 마음속으로부터 직접적으로 그의 가치의 자각을 불러내야 한다는 점이다.

(b) '실질적 경로'가 수행하는 교육은 경험의 배움이다. 앞서 말한 바와 같이 '실질적 경로'의 윤리 도덕 교육은 형식주의를 버리고 초월해야 하며 피교육자의 구체적인 상황을 잘 파악하여 재능에 따라 교육을 수행함으로써 구체적이고 특수한 상황 가운데 학생의 가치의 자각을 이끌어내야 하는 것이다. 따라서 이러한 도덕 교육은 심신이 직접 체험하는 배움일 수밖에 없다. 이러한 체험의 배움의 도덕 교육을 가장 명징하게 말한 사람은 명말(明末)의 대유학자인 왕수인(王守仁; 王陽明, 1472~1529)이다.

왕양명의 정신적인 역정은 세 차례 전환을 겪었는데 귀주(貴州)의 용장역(龍場驛)에서 '양지'(良知)의 가르침을 깨달은 것이 양명학의 가장 핵심이 되었다. 왕양명은 '양지'라는 가치 이념의 체험과 깨달음의 역정에 대하여 다음과 같이 말하고 있다.

> 내가 '양지'라는 두 글자를 안 것은 용장에 있던 이후였는데, 그 뜻이 드러나질 않아서 다만 그 두 글자에 점을 찍어두고 있다가 학자들에게 말하니 오히려 이런저런 말들만 많았다. 오늘에야 다행히 그 뜻을 알게 되어, 한 마디로 전체를 통찰하게 되었으니 정말로 통쾌하여 나도 모르게 덩실덩실 춤을 추게 되었다. 학자들은 이를 듣고도 또한 얼마간 노력을 기울이는 것도 아끼고 있다. 학문의 머리가 이쯤 된다면, 이미 충분히 뒤떨어진 것이리라. 그러나 배우기를 두려워하는 사람은 곧바로 그것을 담당하기를 기꺼이 여기지 않을 뿐이다.

또 이어서 다음과 같이 말하고 있다.

> 양지에 관한 어떤 말들은 온갖 어려움 속에서 나온 것이라 쉽게 여기서 볼 수 있는 것이 아니다. 이는 본래 학자가 깊이 파고들어야 하는 화두인데, 안타깝게도 그 이치가 파묻힌 지 오래되었다. 공부하는 이가 듣고 보는 것을 가리고 있으면 머리를 둘 곳이 없고 다른 사람과 한 마디도 할 수 없게 된다. 그러나 배우기를 두려워하는 사람이 그것을 쉽게 얻어 단지 빛과 그림자와 같은 노리개로 삼으면 헛

되이 그 앎을 저버릴 뿐이다."[1)]

왕양명의 이와 같은 자술은 가치의 각성을 체험의 배움의 특징을 완전히 다 드러내 보여주고 있는 것이다. '양지'라는 말은 비록 양명학에서 극히 중요한 가치 개념이지만, 그렇다고 텅 빈 개념은 아니다. 그것은 왕양명이 힘써 공부하고 투쟁해 왔던 마음의 역정을 통해 그 구체적인 내함이 드러나고 있다.

여기서 말한 바를 통해 우리는 윤리와 도덕 교육은 '본질적 경로'을 통해서만 피교육자의 인격에 깊고 심원한 영감을 전해 줄 수 있음을 알게 되었다. 이른바 이와 같은 '본질적' 의의에서의 윤리와 도덕 교육은 분명 '마음의 각성'으로써 공동의 기초를 세우게 될 것이다. 이른바 "마음이 어지러우면 『법화경』(法華經)이 나를 읽고, 마음에 깨달음이 있으면 내가 『법화경』을 읽게 된다"(心迷法華轉, 心悟轉法華)는 말과 같이 영혼 깊은 곳에서의 각성이 있어야만, 누구나 자각적으로 자기 행위의 주인이 될 수 있고, 자기 행위의 결과에 대해서도 최종적인 책임을 질 수 있다.

3. '마음의 각성'이 윤리 도덕 교육의 기초가 되는 이유

앞서의 논의에서 우리는 '마음의 각성'은 윤리 도덕 교육의 공통된 기초이며 이를 통해서만 피교육자의 인격 상태에 본질적인 변화가 일어난다고 설명했다. 또한 그러한 변화는 형식적인 교육의 경로를 통한 방법

1) 王陽明, 『傳習錄拾遺』; 陳榮捷, 『王陽明傳習錄詳註集註』, 台北臺灣學生書局, 396쪽.

보다 훨씬 더욱 깊이 있고 효과적이라고 보았다. 이제 우리는 다시 물어야 한다. 왜 '마음의 각성'이 윤리 도덕 교육의 기초인가? 여기에서의 논의는 다음과 같이 두 가지 논점을 제기하고자 한다. (3:1) 보편적 이유: '마음의 각성'은 인간이 인간으로 여겨지는 근본적인 기초이다. (3:2) 특수한 이유: 오늘날 대만의 고등교육이 조성한 '인간의 해체'라는 문제 해결의 관건은 학생의 '마음의 각성'에 있다.

(3:1) 보편적 이유: '마음의 각성'은 전문 윤리 및 도덕 교육의 공통된 기초이다. 즉 인간은 특정한 전문적 인재(예컨대 엔지니어, 의사, 법률가)가 되기 이전에 반드시 보편적 의미에서의 인간일 수밖에 없다. 이른바 '보편적 의미에서의 인간'이란 인도주의(人道主義; 仁道主義)적 인간이다. "사람이란, 어질다는 것"(人者, 仁也; To human to be humane)이기 때문이다. 이러한 '인도', 즉 사람의 도리를 갖춘 사람은 맹자가 말한 바와 같이 인간과 금수(禽獸)의 구별('인금지별'; 人禽之別)을 갖추고 있다. '인금지별'의 근본적인 판단 기준은 바로 인간이 '마음의 각성' 능력을 갖춘 동물이라는 데 있다. 인간은 자신의 마음의 뜻을 불러일으킬 수 있지만, 이를 자율적으로 주재할 수도 있다.

한 걸음 더 나아가 말하자면, 인간은 단지 '마음의 각성'을 통해서만 보편적 의미에서의 인간이 될 수 있으며, 그(그녀)들은 진정으로 전문적인 인재가 될 기초를 갖출 것이다. 또한 그러한 상황에서만 피교육자 개인의 사리를 위해 봉사하는 특수 훈련이 아닌, 전문 교육이 보편적 의미를 가질 수 있을 것이다. 예를 들면, 국립대학의 우수한 인재가 여자 친구를 쫓아다니다가 실험실 정수기에 독극물을 풀어 넣은 사건이나 여학생이 남자친구를 위해 살인을 저지르고 전문지식을 활용하여 염산과 질산의 혼합액으로 시신을 훼손한 사건, 법과대학생이 휴대전화를 사고 싶은 마음에 절도를 저지른 사건, 약학박사가 실험실에서 독약을 제조하여 사회에 위해를 가한 사건 등은 모두 인간이 '마음의 각성'으로 보편적 의미의 인간이 된 이후에만 그(그녀)들이 얻은 전문 지식도 제대로 된 역할을 할 수 있음을 보여준다. 그렇지 않으면, 그들의 전문지식은 끝내 악행을 위한 도구로 쓰일 수밖에 없을 것이다.

(3:2) 특수한 이유: 내가 여기서 '마음의 각성'이 윤리와 도덕 교육의 공통된 기초임을 강조하는 까닭은 특히 대만의 교육문제를 염두에 둔 것이었다. 최근 100년 간 대만의 교육은 상당히 강력한 공리주의 정신으로 충만했었다. 일제점령기(1895~1945)의 교육은 식민 정책의 주도 아래서 일본 제국의 필요에 부합했다. 예컨대 1928년에 설립된 타이베이제국대학(台北帝國大學)은 대만 내 일본인 자녀들의 고등교육 수요에 부합하고 일본 제국주의자들의 남진정책의 필요에 부응하기 위한 것이었다. 1945년, 대만이 광복된 이후 당시 특수하고도 긴장된 정치 및 경제적 정세에 따라 각급 교육은 늘 과다한 정치·경제적 임무를 부여받았고, 피교육자의 특수한 능력을 개발하는데 집중했다. 이를 통해 피교육자를 날로 세분화되는 자본주의의 분업 체계 속에서 나사와도 같은 역할을 발휘할 수 있도록 그 능력을 향상시키는 데 목적이 있었다. 예컨대 1970년대 이후 정부가 적극적으로 추진했던 기술 직업 교육이 부분적으로 특정한 시기에 긍정적인 역할을 할 수 있었던 것은 사실이다. 특히 당시 대만 산업계에 수준 높은 노동력을 제공하고 이로 인해 졸업생들이 즉각적으로 취업 시장에 투입될 수 있었다. 그러나 이러한 직업 기술 교육에는 긍정적인 공헌을 넘어서서 수많은 문제가 잠복돼 있었다. 그 가운데 가장 중요한 것은 피교육자의 주체성을 길러내는 '전인교육'이 소홀하게 됐다는 점이다. 학생의 전문적 소질과 능력을 향상시키는 데에만 몰두하다 보니 교육 내용

이 시시각각 필요에 의해서만 만들어지고 학생들을 '일차원적 인간'(one-dimensional man)으로 만들 수밖에 없었다.

이상과 같은 비판이 성립할 수 있다면, 우리가 지금 대만의 전문 윤리 및 도덕의 공통된 기초로서 '마음의 각성'을 강조하는 것은 매우 중요한 일이라 아니 할 수 없다.

4. '마음의 각성' 론에 대한 물음과 그 답변

상술한 논의는 비록 '마음의 각성'의 중요성을 입증하기는 하지만, 그럼에도 우리는 여전히 두 가지 비판에 직면할 수 있다. 그것은 '마음의 각성'을 잘못 이해하는 것인데, (4:1) '환원론적 오류'(the reductionist fallacy)와 (4:2) '총체론적 오류'(the holistic fallacy)가 그것이다. (4:3) 이 두 가지 물음은 이론과 실천이라는 두 가지 측면에서 진일보하게 정리할 필요가 있다.

(4:1) 이와 같은 의견은 '마음의 각성'이 윤리와 도덕 교육의 기초로서 '환원론적 오류'로 빠질 수밖에 없다는 혐의를 가지고 있다. 왜냐하면 '마음의 각성'론은 모든 세계 활동과 그 문제를 '마음'의 문제로 환원한다고 보기 때문이다. 따라서 '마음'이 일단 각성하면 곧 모든 문제가 단숨에 해결될 수 있다고 간주하는 입장이다. 이는 '마음의 각성'의 논점은 영혼 세계와 현실 세계, 주관 세계와 객관 세계 사이에 거대한 간격이 있음을 소홀히 하는 것으로 간주된다.

질문자는 한 걸음 더 나아가 다음과 같이 물을 수도 있을 것이다. 피교육자의 '마음'과 객관 세계의 여러 구체적인 현상들 사이에는 실제로 '상호 환원불가능성'(mutual irreducibility)이 존재한다고 말이다. 왜냐하면, 사회구조나 정치권력의 운용, 경제 활동 등과 같은 구체적인 현상들은 모두 상당한 정도의 '자율성'(autonomy)을 가지고 있으며, 이러한 현상들의 발생과 변화의 '운용 논리'(modus operandi)와 '마음'의 '운용 논리'는 질적으로 다른 비등가적인 일이라는 것이다. 예를 들면, 정치 분야의 많은 일들이 취하는 '운용의 논리'는 권력을 그 본질로 추구하는 것이며, 그것은 결코 사상 분야의 '마음의 각성'의 파생물이 아니기 때문에 '마음'의 주재를 받지 못한다는 것이다. 중국 역사의 경험은 바로 상술한 견해의 가장 구체적인 예증이다. 수천 년에 걸친 유구한 중국의 역사 속에서 유가는 줄곧 '격군심지비'(格君心之非): 임금의 그릇된 마음을 바로 잡는다)를 문화의 이상으로 내세웠다. 그러나 그러한 이상도 진한(秦漢) 이래 대일통(大一統) 제국의 체제 하에서 전제 정치의 현실을 바로잡지는 못했다. 더 나아가 말하면, 현대의 방대하고도 세밀한 조직을 갖춘 정당이나 정부 관료시스템에서도 개인은 한낱 거대한 구조 속의 나사못에 불과할 뿐이어서 자신의 역할을 발휘하기에 한계가 있다. 따라서 피교육자의 '마음의 각성'을 통해 윤리 및 도덕교육의 목표를 완성하는 것은 비록 한 가지 교육 방법은 될 수 있으나 효과가 지극히 제한적이라는 점이다.

(4:2) 두 번째 질문은 '마음의 각성'론이 모종의 '총체론'(holism)의 기초 위에 세워져서 '마음'의 각성만이 여러 문제들에 대한 전반적이고 철저한 해결을 가져올 수 있다고 보는 것인데, 이는 일조의 '총체론적 오류'라고 할 수 있다. 사실 교육은 점진적이고 누적적인 과정이다. 순자(荀子: 약 298~238B.C.)는 "반걸음을 쌓지 않으면 천리에 이를 수 없다"(不積蹞步, 無以至千里: 『荀子 · 勸學』)고 말했다. 윤리도덕 교육을 비롯한 모든 교육은 점진적인 과정이다. 부분적인 지식(도덕적 추리능력과 윤리적 지식을 포

함하는)을 천천히 쌓아감으로써 전면적인 이해에 도달할 수 있는 것이다.

(4:3) 이와 같은 두 가지 물음은 분명히 오늘날 대만 대학의 전문 윤리 교육과 도덕 교육이 직면한 중요한 문제다. 이들 의견 역시 상당한 근거를 가지고 있다. 그러나 우리의 기본적인 주장, 즉 "전문 윤리·도덕 교육의 공통된 기초는 마음의 각성에 있다"는 주장에 대한 오해는 여전한 것이다.

첫 번째 물음에 대한 우리의 대답은 이렇다. 윤리·도덕 교육의 기초로서 '마음'의 각성은 결코 그것이 곧 '마음' 자체라는 환원주의적 입장을 취하지 않는다. 우리의 기본적인 입장은 '마음의 각성'은 윤리·도덕 교육의 필요조건(Sine qua none)이라는 것이다. 그 조건이 갖추어지면, 전문적인 직업에 종사하더라도 그 편차가 크게 나타나지 않을 것이다. 따라서 우리는 모든 우주 만물이 '마음'의 현현이라고 말하려는 것이 아니다. '마음'의 각성은 피교육자에게 방향성을 세워주고, 그리하여 그들로 하여금 일상생활과 전문 직업에서 가장 기본적인 원칙과 방향을 장악할 수 있도록 하는 것이다.

두 번째 질문에 관한 우리의 답변은 다음과 같다. 오늘날 대만 교육개혁의 기본적인 방향은 제도의 혁신에 있다. 예컨대 총장 선출제의 정비, 교수 초빙의 자율화, 입학시험 제도의 다원화 등이 그 사례들이다. 교육개혁을 위한 각 분야 인사들의 노력에 따라 이런 혁신들은 일정한 성과를 거두었다. 그러나 오늘날 교육 개혁은 피교육자의 '마음'의 내면적 성찰과 각성의 문제를 거의 다루지 못하고 있다. 우리가 교육의 목적이 피교육자의 심지를 북돋우어 자신 스스로가 주인으로서 자신의 삶을 충실히 하는 데 있다는 점에 동의한다면, 교육 개혁 업무는 제도 혁신이라는 범주 안에만 머물러서는 안 될 것이다. 오히려 학생의 자기비판 등과 같은 도덕적 사고 능력을 향상시키는 문제를 더욱 깊이 고민하여야 한다. 그런 문제들의 관건은 역시 피교육자의 '마음'의 각성인 것이다.

따라서 '마음'의 각성을 강조하는 것은 결코 '총체론적 오류'가 아닌, 오늘날 교육 개혁 작업을 보완할 수 있는 이른바, 매우 타당한 논의인 것이다.

5. 전문 윤리·도덕 교육의 실시 방법

'마음의 각성'에 관한 물음에 대해 토론하고 또 그와 관련된 문제들을 밝혀나간 뒤에 우리는 더 나아가 현 단계 대만 내 고등교육의 맥락 가운데 전문 윤리 및 도덕 교육의 실시 방법을 설명해야 할 필요가 있다. 나는 두 가지 구체적으로 실행 가능한 방법을 제기하고자 한다.

(5:1) 전범(典範)의 학습: 오늘날 대만의 대학 전문 윤리·도덕 교육의 가장 근본적인 문제는 대학 캠퍼스 안에 학문과 도덕의 전형이 결핍돼 있다는 데 있다. 대학 캠퍼스에는 여전히 각종 윤리·도덕 교과서와 자료들을 읽는 소리들이 들려오기는 하지만, 이러한 윤리·도덕 이념이 구체화된 학문적 전형과 도덕적 전형은 그다지 많이 접할 수 없는 상황이다. 따라서 '인지 활동'과 '실천 활동'이 심각하게 단절돼 있어서 윤리·도덕 교육은 대학 안에서 마치 '개념의 유희'(intellectual game)와도 같아지고 말았다. 더 이상 심신을 깊이 물들이는 '생명의 학문'이 아닌 것이다. 따라서 학생들의 영혼의 깊은 곳에서 그들의 양지(良知)는 우람한 기개로 우뚝 선 덕을 갖춘 인재들이 되어야 한다고 호소하고 있다.

이러한 각도에서 본다면 전문 윤리·도덕 교육의 실시에 있어 가장 중요한 방법은 "평상시 전형을 접할 수 있도록 하고 전통적 방법에 비추어 보는" 것이다. 이를 통해 윤리·도덕 이념은 학생의 인격과 삶 속에서 구체화되어야 한다.

(5:2) 고전의 연구와 독해: 고전의 연구와 독해는 대학의 교양교육 가운데 가장 중요할 뿐더러 필수불가결한 과정이어야 한다. 나는 최근 우리가 플라톤이나 헤겔, 칸트, 마르크스, 하이데거, 혹은 공자, 맹자, 순자, 노자, 장자, 한비자, 『사기』(史記), 『자치통감』(資治通鑑), 『근사록』(近思錄) 등의 고전 작품들을 중심으로 하는 교양교육을 통해[2] 학생들이 인류문화 사상사에서 가장 중요한 문제를 사고할 때 그 문화적 자산과 시간 의식을 배양해야 한다고 건의한 바 있다. 동양과 서양 문화사에 있어 위대한 고전은 위대한 영혼과 나누는 대화를 담고 있다. 고전에 대한 토론은 교양교육과정의 주요한 내용으로서의 교육방법이다. 그것은 학생들에게 고금을 관통하는 문화의 기본적인 과제를 섭렵하는 사고를 할 수 있도록 도울 뿐 아니라 날로 전문화하고 대화가 결핍되어 가는 대학 캠퍼스에서 교사와 학생들에게 사고의 공통된 기초를 제공해 줄 것이다.

교육방법의 측면에서 우리는 동·서양 문화에서 자주 나타나는 주제 혹은 이른바 '문제의식'을 통해 고전을 선정하고 또한 관련된 자료들을 뽑아냄으로써 교육에 활용할 수 있다. 그와 같은 주제 혹은 '문제의식'은 매우 많다. 가장 중요한 것만 해도 '진'(眞), '선'(善), '미(美)', '자유', '평등', '정의', '화(和)와 동(同)의 변별', '마음과 몸의 관계', '의(義)와 리(利)의 구별', '인간과 짐승의 구별' 등을 들 수 있다. 이와 같은 주제들은 동·서양 고전에서 이미 여러 차례 제기되었으며 성찰되어 왔다. 교사가 거기에 더하여

2) 黃俊傑, 『大學通識教育的理念與實踐』, 台北: 通識教育學會, 1999, 224~229쪽.

좋은 자료를 선택하여 교재를 구성하고, 모듈(module) 방법을 통해 교육을 수행한다면 상당한 교육성과를 얻을 수 있을 것이다. 이른바 '모듈' 방식의 교재 설계란 학생들에게 같은 주제를 둘러싸고 관련된 고전 작품 중 중요한 글을 깊이 읽고 이해하게 함으로써 부분을 통해 전체를 유추할 수 있는 힘을 길러 주는 것이다.

이와 같이 논의한 고전 교육은 학생들의 영혼을 일깨우고 가치를 자각하게 함으로써 직접적이고 긍정적인 역할을 수행할 것이다. 동서고금의 성현들이 남겨준 영혼의 대화야말로 학생들의 가치 판단 능력을 향상시키는 데 더 없이 좋은 재료가 될 것이다.

6. 맺음말

이 장에서는 오늘날 대만의 대학 교육 가운데 전문 윤리 · 도덕 교육의 공통된 기초를 논의하였다. 또 양자는 반드시 학생의 마음의 각성이라는 기초 위에 수립되어야 함을 역설하였다.

우리는 '마음의 각성'론에 대한 긍정적 · 부정적 논거들을 분석하였다. 이를 통해 '마음의 각성'은 사실 모든 전문 윤리 · 도덕 교육의 전제가 되어야 함을 밝혔다. 왜냐하면 영혼이 맑은 사람만이 자신의 주인이 될 수 있기 때문이다. 또한 세계를 향해 당당하게 서야만 자주적인 인간으로서 자신의 특수하고 전문적인 역량을 발휘할 수 있기 때문이다. 그래야만 또 개인의 전문적인 영역에서 윤리를 갖춘 전문가가 될 수 있기 때문이다.

이 장에서의 분석을 통해 우리는 대학 이념의 재건과 부흥이란 바로 대학의 자주성과 주체성을 수립함으로써 대학이 산업 및 정치 영역과의 상호작용 속에서 '자아'를 상실하지 않는 근본적인 방법임을 알 수 있었다. 우리는 신념과 애정을 가지고 21세기 대만의 대학이 지식 공동체로서 그 특질을 더욱 드높이기를 바랄 뿐이다. 이를 통해 사회의 '맑은 흐름', 즉 '청류'(淸流)로서 대학의 역할이 더욱 분명해져서 21세기 대륙과 대만 모두에 새로운 생명력을 불어넣을 수 있기를 바란다.

제4장 지식 공동체로서 대학의 특질

1. 머리말

21세기 대륙과 대만, 즉 양안 사이에는 각 분야에서 세기 전환에 따른 변화가 일어나고 있다. 20세기 마지막 10년 동안 대만의 정치 민주화와 대륙의 경제 개혁개방이라는 역사적 격변은 가장 주목받는 현상들이라 아니할 수 없다. 정치적, 경제적 변화에 따라 대만의 대학들도 적지 않은 충격을 받았고, 숱한 도전에 직면하게 되었다. 우리는 이 책의 1장부터 3장까지 전인교육 이념과 전문 윤리·도덕 교육이라는 이상을 실천함에 있어 대학이 공식적인 장이 되어야 함을 논의했다. 이 장에서는 더 나아가 지식 공동체로서 대학의 기본 특질을 주로 살펴보고자 한다.

역사적인 시각으로 보면, 대학은 지식 창조와 전파의 중심이자 지식인이 응집하는 장소다. 중국의 경우 한(漢) 왕조가 태학(太學)을 설치한 이래, 태학은 언제나 중화제국의 관료를 양성하는 중요한 장소였다. 그러나 '태학생'의 교육과정은 유가의 경전을 읽고 유가의 저항정신의 세례를 흠뻑 받는 것이었다. 중국 지식인이 응집하는 장소로서 태학은 또 언제나 인민을 위해 정의를 신장하며, 부패한 통치자를 비판하는 중요한 거점이기도 했다. 한 왕조 때의 태학은 조정을 비판하면서 두 번에 걸쳐 당고(黨錮)의 화(禍)를 일으켰다. 송(宋) 왕조 때의 태학생들은 구국 운동을 펼쳤고, 이는 5·4 시기 베이징대학을 중심으로 한 청년 애국 운동에 이르기까지 전통적인 중국 역사에서 대학이 발휘했던 주요한 기능이 무엇이었는지를 보여준다. 고대 중국의 태학 교육이 보존하고 발양했던 문화적 이상과 제왕 전제 정치라는 현실 사이에는 늘 긴장된 창조적 관계가 존재했었다.[1] 그러나 산업화와 정치 민주화의 도래로 인해 대학은 전통적인 관료 양성소에서 지식경제의 중요한 공장으로 변모했다. 현대사에서 대학은 언제나 정부의 '두뇌집단'(think tank) 역할을 맡아왔다. 그렇다면 도대체 대학의 가장 중요한 특질은 무엇인가? 21세기의 발전에 따라 대학은 어떤 역할을 담당해야 하는가? 이는 대학 교육에 관심 있는 이들에게는 공통된 질문이 아닐 수 없다.

따라서 이장의 목적은 다음과 같은 세 가지 문제를 분석하고자 하는데 있다.

(1) 대학이 지식을 창조하는 동력은 어디에 있는가?

---

1) 이 점에 대해서는 다음 졸고를 참조. Chun-chieh Huang, "Some Observations and Reflections," in Frederick P. Brandauer and Chun-chieh Huang eds., *Imperial Rulership and Cultural Change in Traditional China*, Seattle: University of Washington Press, 1994, 281~289쪽.

(2) 대학의 지식 공동체는 어떤 특질을 가지고 있는가?

(3) 대학 지식 공동체의 전파자(교사)와 수용자(학생) 관계의 특징은 어떠한가? 또한 대학 내 교사와 학생의 사회적 역할은 무엇인가?

이 장에서는 이와 같은 문제들을 생각함에 있어 우선 산업화와 자본주의화라는 충격 하에서 대학의 소외가 어떠한 유형과 상황으로 전개됐는지를 살핌으로써 대학의 지식 공동체의 특질을 탐구하는 배경으로 삼고자 한다. 또한, 대학의 지식 창조와 전파의 동력에 관한 두 가지 유형과 본질을 탐구하고자 한다. 나아가 본문의 중심 논지로 들어가 지식 공동체로서의 대학이 갖추어야할 '자주성'과 대학이 정치 집단과 확연히 구분되는 특질을 지적하고자 한다. 지식 공동체로서의 대학은 진리를 추구함으로써 그 존재 이유를 부여받게 되고, 진리 추구라는 목표를 완성하기 위하여 대학은 특히 학술적 독립과 학술적 자유를 중시해야만 하기 때문이다. 또한 지식 공동체로서 대학 내 교사와 학생 및 그 사회적 역할에 대해서도 진일보하게 논의할 것이다. 마지막으로 전체적인 논지를 종합하여 결론적인 의견을 밝히고자 한다. 그것은 오늘날 대학의 이념과 실제 사이의 간격이 너무 크기 때문에 대학 이념의 부흥은 지식 공동체로서 대학을 다시 세우는 중요한 전제가 될 것이며, 대학이념의 부흥의 관건은 대학 자주성의 수립에 있음을 주장하고자 한다.

2. 대학 소외의 여러 유형들

지식 공동체로서 대학의 특질과 지식 창조의 유형 및 본질을 논의하기

전에, 먼저 현 단계 대학 '소외'(alienation)의 여러 형태를 살펴보고 아울러 그 원인을 추적해 보도록 하자.

1) 지식의 백화점이 된 대학

자본주의의 생산과 재생산의 과정에서 사회적 분업이 날로 더욱 세밀해졌다. 자본주의 발전의 흐름 속에서 대학의 성격은 점차 진리를 추구하는 지식의 전당으로부터 지식의 백화점으로 왜곡되기 시작했다. 예를 들어 보자. 여러 해 전 대만의 장의업자가 신문 지면에 큰 광고를 실어 대학에 장의학과를 설치하여 업계에서 긴급히 필요로 하는 인재를 양성해 달라고 교육부에 요구한 적이 있었다. 이 사례를 볼 때, 고도로 분업화된 자본주의 경제 구조에서 대학은 언제나 경제 분야의 압력을 받아왔고 지식의 백화점이라는 역할 속으로 빠져들 수밖에 없었다. 자본주의 사회의 각 산업 분야의 필요를 채우기 위해서 해당 분야의 노동 인력을 배출해 달라는 이유 때문이었다.[2)]

대학은 왜 지식의 백화점이 되어 대학의 자기 '소외' 현상을 만들어낼 수밖에 없었는가? 우리가 이런 현상을 대학의 자기 '소외'라고 부르는 까닭은 무엇보다 대학이 일단 자본주의 사회 분업 체계 속에서 지식의 백화점 역할을 함으로써 필연적으로 진리를 추구하는 전당으로서 대학의 기본적인 성격을 벗어던졌고, 이로 인해 더 이상 진리를 탐구하는 존재로서

---

2) 대학과 자본주의 국가의 관계에 대해서는 다음을 참조. Clyde W. Barrow, *Universities and the Capitalist State: Corporate Liberalism and the Reconstruction of American Higher Education, 1894–1928*, Madison: University of Wisconsin Press, 1990.

역할을 하지 못했기 때문이다. 대학이 자본주의 사회의 시녀가 되었다는 점에서 우리는 이를 대학의 '소외'라 부르는 것이다.

2) 국가 이데올로기의 생산 공장이 된 대학

이른바 '국가 이데올로기의 생산 공장이 된 대학'이란 근대 세계 교육사에서 좌파와 우파가 집권하는 정부들이 언제나 각종 기제를 통해 대학에게 국가 이데올로기를 위해 학문을 하고 아울러 그 대변인을 생산해 주기를 요구했기 때문이다.[3] 국가는 대학이 국가 이데올로기를 지속적으로 생산하기를 요구하는데, 이는 공통 필수과목의 설치 등으로 구체화되었다. 예컨대 권위주의 시대의 대만에서는 모든 대학 학생들이 모두 특정한 이데올로기 과정을 수강해야 했다. 또한 국립대학은 당시 정부의 주도 아래 이데올로기 중심의 대학원을 설치해야 했다. 대만의 신정부 민진당民進黨 천수이비안陳水扁이 집권한 2000년 이후의 정부를 가리킴: 옮긴이 는 재정의 긴축을 통해 국립대학 예산을 대폭 삭감하고 있다. 뿐만 아니라 최근 신정부 교육부는 공식적으로 공문을 발송하여 대학이 특정한 학과들을 설치하도록 요구하고 있다. 이는 모두 정치가 대학의 학술적 자유를 간섭하는 최근의 사례들이다. 이런 간섭의 결과는 결국 대학이 국가 이데올로기의 생산 공장으로 전락하도록 할 것이다.

---

3) 그러나 현대 인류학자 클리포드 기어츠(Clifford Geertz)가 말한 대로 어떠한 문화체계도 모두 불가피한 특정한 이데올로기를 가지고 있다. 그러나 학술과 이데올로기의 차이는 바로 다음과 같다. 학술은 이데올로기에 대해 객관적인 이해와 비판을 수행함으로써 이데올로기가 현실을 대면하도록 압박한다는 점이다. Clifford Geertz, *The Interpretation of Cultures*, New York: Basic Books, 1973, chap.8, "Ideology as Cultural System," 193~233쪽, 232~233쪽.

대학 내 공동체가 연구하는 지식은 당연히 동서고금의 이데올로기를 모두 포괄해야 한다. 그렇다면 왜 대학이 국가 이데올로기의 생산 공장이 되는 현상을 두고 자기 '소외'라 부르는 것인가? 이 문제와 관련하여 우리는 대학의 임무로부터 사고를 펼칠 필요가 있다. 앞서 말한 바와 같이, 대학은 진리를 탐구하는 전당이다. 진리는 결코 특정한 권력 집단이나 정권, 또는 이익단체를 위해 봉사해서는 안 된다.[4] '이데올로기'와 '진리'의 차이점은 바로 다음과 같다. '이데올로기'는 통상 특정한 권력의 중심, 정권의 통제자를 위해 봉사함으로써 권력 체계의 합법화를 위한 사상적 기초를 제공한다. 다라서 이런 관점에서 보면, 대학이 일단 국가 이데올로기의 생산 공장이 되면, 대학은 곧 진리를 탐구하는 전당으로서의 기본 성격을 배반하게 되어 있다. 따라서 대학은 결국 자기 '소외'의 비극에 빠져들지 않을 수 없는 것이다.[5] 막스 베버(Max Weber, 1864~1920)는 자신의 유명한 연설 「직업으로서의 학문」에서 교사는 결코 선지자로서의 역할을 해서는 안 된다고 말하고 있다. "오늘날 인간의 운명은 신이 있는지 모르는 상태에서, 또한 선지자가 없는 시대를 살아가고 있다"고 말한다.[6] 대만은 이데올로기라는 신들의 투쟁장이 되었다. 대만의 대학 내 교사와 학생들이 베버의 말을 곱씹어야만 할 이유다.

---

4) 이 점에 대한 깊이 있는 분석은 다음 저서를 참조. José Ortega y Gasset, ed. and translated by Howard Lee Nostrand, *Mission of the University*, New Brunswick and London: Transaction Publishers, 1991, 1992, 47~56쪽.

5) 이데올로기와 각급 교육의 관계에 대한 초보적 연구는 다음을 참조. 陳伯璋 編, 「意識形態與教育」, 台北: 師大書院, 1988, 1993.

6) Max Weber, 錢永祥 編譯, 「學術作為一種志業」, 「韋伯選集(I): 學術與政治」, 台北: 允晨文化實業公司, 1985, 147쪽.

3) 직업훈련센터가 된 대학

대학이 창조하는 지식은 언제나 거대한 부수적 효과를 발휘한다. 그 중 가장 분명한 것은 대학의 졸업생들이 취업을 위한 기본적인 능력을 갖추게 함으로써, 분업화 된 사회 체제에서 자신의 자리를 잘 찾을 수 있도록 도와주는 일이다. 이를 통해 졸업생은 생산과 재생산의 흐름 속에 편입되고 특히 대학 내 여러 인기학과의 부수적 효과는 더욱 뚜렷하다. 그러한 유행 풍조는 수많은 학부모와 대학생의 마음을 사로잡았고, 이에 따라 대학 교육도 직업 훈련으로 변하게 됐으며, 대학은 직업훈련센터와 전혀 다를 바 없게 됐다. 여러 대학의 지도자들도 늘 졸업생의 높은 취업률을 자랑스러워하면서 스스로 대학을 직업훈련센터로 전락시켰다. 이것이 바로 대학 '소외'의 세 번째 유형이다.

대학이 직업훈련센터가 아닌 까닭(혹은 단지 그것만이 아닌 까닭)은 이렇다. 직업훈련센터가 제공하는 교육은 피교육자의 특정한 당면과제나 능력에만 치중하여 그들의 생산 능력을 향상하려고만 하기 때문이다. 그러나 대학 교육의 본질은 이와는 다르다. 직업훈련센터의 교육은 피교육자의 주체적 자각의 문제를 다루지 않지만, 대학 교육의 목적은 피교육자의 주체성을 일깨움으로써 마치 서양 속담에서 말하는 바와 같이 '생각하는 갈대'를 만들어낸다. 그리하여 대학이 스스로를 직업훈련센터로 위치지은 이후에는 사실상 가장 중요한 '주체성을 일깨우는' 교육 기능으로부터 벗어나 스스로 '소외'되고 말았던 것이다. 대학의 자기 소외로 인해 직업훈련센터가 된 위기를 벗어나기 위해서라면 비판적 사고를 중심으로 하

는 인문교육이 매우 중요하다.[7)]

미국의 대학 발전 역사를 보면 직업훈련센터로서의 대학 발전은 대체로 1960년대부터 1980년대 사이에 집중됐다. 클라크 커르(Clark Kerr)는 이 20년 동안 미국의 대학(특히 지역대학)이 급속하게 성장했고, 학생 수도 증가했으며, 학문 또한 날로 전문화되어서 특히 엔지니어나 관리 분야가 매우 빠른 속도로 확장됐다.[8)] 이런 발전이 대학의 직업훈련센터로의 전락 추세를 가속화했다. 이제 우리는 이 문제를 진지하게 마주해야만 한다.

3. 대학의 지식 창조와 전파의 동력: 유형과 본질

근대 이후 대학 '소외'의 주요 유형을 돌아본 이후, 이제 우리는 진리를 탐구하는 전당으로서 대학의 지식 창조와 전파의 동력을 살펴보고자 한다. '대학'이라는 말의 라틴어는 'universitas'로 그 원래 의미는 지식의 다양한 영역 혹은 교사의 학교(universitas facultatum)를 의미했다. 그러나 역사적으로 이 말의 원의에 부합하는 대학은 아직껏 나타나지 않았다. '대학'은 대부분 일군의 사람들의 조합일 뿐이었으며, 12~13세기 유럽에

7) 과학기술이 진보할수록 인문교육 또한 그 중요성이 부각된다. 최근 이러한 명제에 대한 깊이 있는 논증은 다음을 참조. Athanasios Moulakis, *Beyond Utility: Liberal Education for a Technological Age*, Columbia and London: University of Missouri Press, 1994, 특히 제1부, 9~40쪽.

8) Clark Kerr, *The Great Transformation in Higher Education, 1960-1980*, Albany: State University of New York Press, 1991, xii~xiii쪽.

서는 선생과 학생들 간의 조합으로 인식되기 시작했다.[9] 역사적 각도에서 보면, 대학이 지식을 창조하고 전파하는 데에는 적어도 다음과 같은 두 가지 유형이 있어 왔다.

1) 고대형: 지식 수립의 기초로서 도덕적 관심

근대 이전 전통 중국의 교육, 특히 민간의 서원(書院) 교육은 기본적으로 도덕적 관심을 지식 전파와 창조의 동력으로 삼았다. 한(漢) 왕조 이래로 태학(太學)의 선생과 학생들은 덕성과 절개를 서로 권면하면서 조정의 정치에 비판을 가하는 임무를 담당해 왔고, 이는 줄곧 중국 고등교육의 전통이 되어 왔다. 비록 제곡의 전제 왕권이 지속적으로 확대되어서, 특히 송(宋) 왕조(960~1279) 이후 관학(官學)은 점차 관료 양성소로 전락하고, 민간의 서원도 관학화하는 추세를 보여 왔지만, 독서의 목적을 명리(明理)와 자아 수립, 그리고 학생의 '지서달례'(知書達禮)에 두어 온 것은 전통적으로 중국 지식인이 가졌던 학문의 목표였다.

리홍치(李弘祺)는 전통 중국 교육의 목표가 기도통달(器度通達)한 지식인을 길러냄으로써 전제 군왕을 향해 간쟁(諫爭)과 항의, 비판을 제기할 수 있는 인물을 만들겠다는 점 이외에도 더욱이는 보통 평민을 길러냄으로써 폐쇄되고 일원화 된 사회에서 정신과 영혼의 승화를 찾을 수 있도록 만드는 것이라고 말한다. 이러한 교육 기능은 기본적으로 상호 관통되고 있다. 한 편으로는 기존의 폐쇄적이고 전제적인 정치 구조를 인정함으로

---

9) Hastings Rashdall, ed. by F. M. Powicke and A. B. Emden, *The Universities of Europe in the Middle Ages*, Oxford: Oxford University Press, 1895, 1936, 1997, vol.1, 4~5쪽.

써 정치와 사회가 안정을 유지하여 마구잡이로 동요되어서는 안 된다는 점을 인식하는 것이었다. 그러나 또 다른 한 편으로는 정치 구조와 이데올로기가 만들어낸 겹겹의 족쇄 속에서 "천지간에 도망갈 곳 없는", 그야말로 어찌 할 수 없는 상황에서 전통 중국의 피교육자들은 자신의 진정성과 양심을 잃지 않으면서 외재적인 조건의 속박 하에서 자아 해방과 내재적인 심리의 평안과 만족을 추구할 수밖에 없었다.[10)]

2) 근대형: 지식 창조의 동력으로서 공리주의

19세기 말 이후 근대적 대학이 중국에 등장했다. 1895년 티안진(天津)에 북양공학원(北洋工學院)이 설립되고 이어서 1896년에는 베이징에 경사대학당(京師大學堂)이 설립됐다. 이들은 중국에서 가장 이른 근대적 대학이었다. 경사대학당은 1896년 시작된 이후 논쟁이 그치지 않았지만, 구미의 풍조를 받아들여 부강을 추구하였고, 이는 당시 중국 지식인이라면 누구나 가지고 있던 공통된 염원이었다. 경사대학당의 관리에 실제 참여했던 인사들이 대부분 과거제도 출신의 관리들이었으며, 이로 인해 수구파 인사들이 이를 정치 세력화하려고도 했지만, 유신파(維新派) 인사들도 역시 마찬가지로 정치 세력의 도움을 받아들이고 있었다. '신학문'과 '구학문', '중학'(中學)과 '서학'(西學)의 사상 논쟁 과정에서도 유신파는 서학의 가치를 추구하면서도 '중학'의 가치를 완전히 버리지는 않았다. 유신파는 '중체서용'(中體西用)의 공통 의식에 따라 나름의 온전하고 체계적인

10) 李弘祺, 『宋代教育散論』, 台北: 東昇出版事業公司, 1980, 「自序」, 3~4쪽; Thomas H. C. Lee, *Edu-cation in Traditional China: A History*, Leiden: E.J.Brill, 2000.

교육 개혁 방안을 내놓았다. 이를 통해 경사대학당은 신구의 사상과 중국 및 서양의 학술이 한데 어우러지는 조화를 이뤄낼 수 있었고, 나아가 근대 중국에서 국가의 부강을 추구했던 근대적 대학으로 자리 잡을 수 있었다.[11] 이 학교는 경사대학당 시절부터 민국(民國) 이후 베이징대학(北京大學)으로 체제가 개편될 때까지 근대 중국 대학의 가장 선봉에 서 있었다. 특히 1916년 차이위안페이(蔡元培)가 베이징대학에 부임한 이후에는 단호하게 개혁을 수행함으로써 근대 중국 교육과 학술의 중요한 중심이 되었다.[12]

다시, 대만의 근대 고등교육의 역사를 살펴보자. 오늘날 국립대만대학(國立台灣大學)의 전신은 일제 시대 타이베이제국대학(台北帝國大學)으로 1928년 3월에 창립됐다. 개교 초기, 타이베이제국대학은 문정학부(文政學部)와 이농학부(理農學部)를 설치하고 고등농림학교(高等農林學校)의 설립을 취소하는 대신 부속 농림전문부(農林專門部)를 설치했다. 1936년 1월 1일에는 의학부를 증설하고 타이베이의학전문학교(台北醫學專門學校)를 합병했다. 또 1941년 4월에는 타이베이제국대학 예과(預科)를 설치하고 신입생들을 전문적으로 양성하였으며, 문과와 이과를 구분하고 이과는 다시 농류(農類), 공류(工類), 의류(醫類)로 나누고 원래 수업 연한이 3년이었던 것을 2년으로 임시 개편하여 '고등학교'와 같이 졸업 후 제국대학에 승급할 수 있도록 하였다. 1942년에는 이농학부(理農學部)를 이학부와 농학부로 나누었고, 그 이듬해에는 또 공학부를 설치하였다. 1944년에 이르러서는 문정학부와 이·농·공·의학 등 5부로 편제하였다. 문

11) 莊吉發,『京師大學堂』, 台北: 台大文學院, 1970, 142~143쪽.
12) 吳家瑩,『蔡元培與北大校務革新』, 花蓮: 花蓮師範學院, 1992.

정학부 안에는 모두 25개 강좌가 있었으며, 이학부 13개 강좌, 농학부 22개 강좌, 의학부 24개 강좌, 공학부 30강좌가 설치되어 전체 5학부, 17학과, 114강좌 체제가 완비되었다. 기타 부속기관으로는 (1) 부속도서관, (2) 부속 농장, (3) 부속병원, (4) 부속열대의학대학원이 설립되었으며, 열대의학대학원은 스린(士林) 지소와 타이중(台中) 지소, 타이난(台南) 지소 등 세 곳도 설치되었다. 1937년 설립된 '남방인문대학원'(南方人文研究所), '남방자원대학원'(南方資源研究所) 및 1939년 설립된 '열대의학대학원'(熱帶醫學研究所) 등의 대학원은 대만과 중국 대륙의 화남(華南) 지역, 그리고 동남아 각 지역의 자원 개발을 주로 연구했다.[13] 타이베이제국대학은 일제시기에 기본적으로 일본 제국의 식민 정책과 남진정책에 대한 학문 연구를 수행했다. 광복 이후 국립대만대학은 새로운 학과를 설립함으로써 새로운 정부의 경제정책과 밀접한 연관을 가지게 되었다. 요컨대, 대만대학의 이런 역사들은 공리주의라는 모자를 쓴 대학의 현실이 날로 강력한 추세에 직면하고 있음을 보여준다고 하겠다.

3) 대학 본질의 비판

이상과 같이 전통적 대학과 근대적 대학의 성격과 발전을 살펴보는 과정을 통해 우리는 도덕적 관심이나 공리주의를 기초로 한 대학은 모두 부

---

13) 대만대학의 교사(校史)에 대한 초보적 연구들로는 다음을 참조. 黃得時, 「從台北帝國大學設立到國立台灣大學現狀」, 『台灣文獻』 第26~27卷 41期, 1976, 224~245쪽; 吳密察, 「從日本殖民地教育學制發展看台北帝國大學的設立」, 『台灣近代史研究』, 台北: 稻香出版社, 1991; 歐素瑛, 「光復期的國立台灣大學(民國34~38年)」, 『國史館館刊』 復刊 第24期, 1998.6., 51~90쪽.

족한 점이 많을 수밖에 없음을 알게 되었다. 전자가 수립하고자 하는 '도덕적 지식'은 자연 세계에 대한 탐구에 있어서는 부족하며, 후자가 내세우는 부국강병의 목표는 대학이 정치를 위해 봉사함으로써 끝내 지식이 정치에 의해 삼투되거나 심지어 전복될 수밖에 없음을 보여준다. 이로 인해 실제적인 공리의 학문을 수립하는 것은 단기간 안에 특정한 부수적인 효과를 만들어낼 수는 있으나 장기적으로는 전체 사회에 도움이 된다고 할 수는 없다.

대학의 발전 역사에 있어 대학은 비록 다양한 유형이 있어 왔고 또한 다양한 힘들의 충격으로 인해 스스로 '소외'의 길을 걸을 수밖에 없었으나, 그 가장 근본적이고 중요한 본질이 지식의 전당임은 두말할 나위 없다.[14] 대학의 선생과 학생은 지식의 전당으로서 대학의 본질을 지켜가야 한다. 그래야만 대학은 "이지(理智)의 공동체로서, 그 공동체를 통해 전문가와 발견자와 실험자가 자신들의 전문적인 책무를 수행할 수 있을 뿐만 아니라, 상호 교류와 이해의 책임을 인정할 수 있게 되는 것이다. 만일 그들이 스스로 교류를 회복할 수 있다면, 그들은 대학과 협력의 사상가 단체를 만들어낼 수 있을 것이다. 또한 이러한 대학과 단체가 이지의 지도적 역할을 발휘할 수 있고 아울러 그 시대의 사상적 측면에서 적절한 성취를 이루어낼 수 있으리라고 기대되는 것이다."[15]

---

14) 대학의 이러한 본질에 관한 가장 명쾌한 논의는 다음을 참조. Robert Paul Wolff, *The Ideal of the University*, Boston: Beacon Press, 1969, 1970.

15) Robert M. Hutchins, 陸有 詮釋, 『民主社會中教育上的衝突』, 台北: 桂冠圖書公司, 1994, 89쪽.

4. 지식 공동체로서 대학의 특성: '자주성'과 그 함의

앞 절에서의 회고와 비판으로부터 한 걸음 더 나아가 대학의 특성을 사고해 볼 수 있다. 한 마디로 대학은 지식인에 속해 있으며, 지식인을 위해 존재하고, 모든 지식을 통합하는 장소이다. 이러한 정의에 따라 '지식 공동체'로서의 대학은 어떤 특징을 갖고 있는지, 적어도 두 가지 측면에서 다음과 같이 살펴보고자 한다.

1) 자주성

대학은 '자아 입법'(自我立法; self-legislature) 기능을 가지고 있어서 다른 사회 집단이 대신 대학을 위해 입법을 해 주기를 기다리지 않는다. 다시 말하면, 대학은 '자기 주재'의 능력이 있다는 것이다. 이와 같은 '자기 주재'(self-mastery) 능력은 니체(Friedrich Wilhelm Nietzsche, 1844~1900)가 비판한 '노예의 도덕'(Slave's morality) 구성과 강력히 대비된다. 대학은 자주성을 갖추어야만 교사와 학생이 영혼의 자유를 얻을 수 있고 지혜의 넓은 바다에서 노닐 수 있다.[16] 대만은 이민사회로서 수백 년 동안 공리주의 사조가 미만했다. 이는 교육정책의 제정과 대학의 운영에 깊은 영향을 미쳤다. 수많은 대학들이 공리주의 풍조를 좇으면서 자주성이라곤 찾아볼 수 없게 되었다. 대학 이전 단계의 각급 교육들은 기본적으로 진학

16) Peter Graf Kielmansegg, "Freedom of Mind and University Autonomy," in John W. Chapman ed., *The Western University on Trial*, Berkeley and Los Angeles: University of California Press, 1983, 39~45쪽 참조.

준비반이 되어 버렸고, 대학은 직업 훈련소로 전락했다. 많은 대학들이 담당하고 있는 역할은 단지 경제부의 직업훈련센터로서 엔지니어팀이나 의학팀 같은 것들뿐이다. 대학의 존재는 이미 더 이상 학생들의 주체성을 일깨우는 것이 아니며, 그 목적도 교육 자체를 위해 존재하지 않게 되었다. 오히려 진학이나 취업 같은 교육 이외의 목적이 더 강조됨으로써 대만의 많은 대학들은 독특한 스타일을 상실하고 아울러 자본주의의 농신(弄臣) 혹은 정치권력의 종속물이 되고 말았다.

2) 독특성(uniqueness)

지식 공동체(intellectual community)로서 대학은 정치 집단(political community)과는 다른 위치에 놓여 있다. 정치 집단이 "소수가 다수에 복종하는" 원칙만을 준수하고, 정치인들은 선출을 통해 권력을 장악하려는 데만 관심이 있지만, 대학은 진리 추구를 목표로 삼고 있으며, 대학 공동체가 공인하는 진리란 표결을 통해서 결정될 수는 없는 것이다. 지식 공동체의 목표가 진리 추구에 있기 때문에 '학술 독립'과 '학술 자유'를 중요하게 여길 수밖에 없다. 이른바 '학술 독립'이란 학술 영역 내의 다양한 활동이 비학술 영역에서 부당한 간섭을 받지 않아야 함을 의미한다. '학술 독립'의 범위는 기본적으로 지식 창조와 전파와 관련된 다양한 활동에 걸쳐 있다. 예컨대 교수의 연구 과제와 내용은 총장이나 기타 정치 단위, 혹은 교육부로부터 간섭받지 않아야 한다. 그러나 이른바 '독립'이란 상대적인 맥락에서 이야기되는 것으로서, 예컨대 '선생'이라는 개념은 '학생' 개념에 상대적일 수밖에 없다. 따라서 대학에서 '선생' 개념도 '학생'과의 상대적 맥락 속에서만 존재할 수 있으며, 그 맥락 속에서만 '선생'의 역할도

의미를 만들어낼 수 있다. 대학의 '독립'은 또한 대학 이외의 집단들과 상대적인 맥락 위에서만 성립 가능한 것이기도 하다.

한 걸음 더 나아가, '학술 독립'을 이루기 위한 방법은 어떠해야 하는가? 한 마디로 말해, 가장 중요한 방법은 '학술 본위로 돌아가는 것'이다. 대학의 어떠한 정책 혹은 교육 실무라 하더라도 모두 학술로 환원되어야 한다. 학술의 독립과 자주를 지켜내기 위해서는 정치권력이나 자본 권력과도 같은 학술 이외의 힘에 대하여 모두 비판을 가해야만 한다. 또한 '학술 자유'의 개념에서 '자유'란 크게 둘로 나뉠 수 있다. 하나는 '적극적 자유'(positive liberty)로서 이는 "Freedom of…" 식의 자유다. 또 다른 하나는 '소극적 자유'(negative liberty)로서 이는 "Freedom from…" 식의 자유다. 예컨대 "억압으로부터의 자유"(Freedom from being intimidated)와 "정치화로부터의 자유"(Freedom from being politicized) 등을 의미한다. 소극적 측면에서 대학의 선생과 학생은 정치화로부터의 자유, 공포로부터의 자유를 누릴 수 있어야 한다. 그러나 이들은 더욱 '적극적인 자유'를 가져야 하며, 대학 공동체 내에서 중요한 책임을 맡고 있는 교수들은 '적극적 자유'의 옹호와 나아가 자유의 오용 혹은 남용을 예방하는 데까지도 노력해야 한다.[17)]

---

17) 여기서 덧붙여 설명해야 할 점은 대학의 자주성이 어떤 특정한 역사적 상황에서는 오히려 학술의 자유에 위해를 가하기도 했다는 사실이다. 바이런 마샬(Byron K. Marshall)은 일본 동경제국대학과 일본 제국과의 관계를 연구한 결과 러일전쟁(1904~05) 당시 동경제대 교수와 총장이 단결하여 대학에 대한 제국 당국의 간섭에 저항했으나, 1930년대 전쟁 기간에는 역시 다시 제국 당국의 간섭을 받았음에도 동경제대 총장이 많은 교수들을 해직시키고 말았다. 마샬은 그 주요한 원인을 1930년대 제국대학이 이미 자신의 자주성을 갖추었으나 오히려 그것이 학술 자유를 억압하는 결과로 이어졌다고 지적한다. Byron K. Marshall, *Academic Freedom and the Japanese Imperial University, 1868~1939*, Berkeley: University of California Press, 1992, 122~180쪽.

5. 대학 지식 공동체 내의 교사와 학생 관계 및 그 역할

대학의 기본 성질이 지식 공동체임을 논술한 뒤 우리는 한 걸음 더 나아가 대학 지식 공동체 가운데 교사와 학생 관계 및 그 역할을 논의해야만 한다. 우선, 전통 중국 사회에서 교사와 학생 관계는 일종의 종속 관계였으며, '덕업상조'(德業相助)와 '공과상규'(功過相規)를 수행함으로써 학교는 도덕 공동체로서 역할을 담당했다. 그러나 현대 대학의 교사와 학생 관계는 일종의 '권리—의무'에 의해 규정되는 계약 관계이다. 물론 현대 대학의 교사와 학생도 모두 진리 추구를 주업으로 삼는 지식인들로서 사회 순화를 위해 중요한 역할을 담당하고 있다. 이제 이 두 가지 견해에 관해 논의를 펼치고자 한다.

1) 도덕 공동체로서 전통 중국의 학원(學園)

전통 중국 지식 공동체에서 교사와 학생의 관계는 도덕 공동체였다. 『논어·자로』(論語·子路)에서 공자는 "그 몸이 바르면 명령하지 않아도 행하고, 그 몸이 바르지 않으면 설령 명령을 한다 해도 따르지 않는다"(其身正, 不令而行. 其身不正, 雖令不從)고 했다. 이 말은 비록 군주의 정치적 지도가 덕행을 우선해야 함을 일컫고 있지만, 공자와 그 문하에 있던 제자들이 함께 힘써야 했던 도덕적 목표이기도 했다. 공자는 또 "덕을 닦지 못하는 것, 배움을 익히지 못하는 것, 옳음을 듣고도 따르지 못하는 것, 잘못을 고치지 못하는 것, 이들이 나의 근심이다"(德之不修, 學之不講, 聞義不能徙, 不善不能改, 是吾憂也.: 『論語·述而』)고도 했다. 선진(先秦) 시대 공자의 문하에서는 바로 이와 같이 도덕 수양에 힘썼다. 고대 중국의 교육 공동체에서 교사는 바로 도덕의 모범이기도 했다. 『여씨춘추 · 무도』(呂氏春秋 · 誣徒)는 이렇게 말한다.

> 뛰어난 스승의 가르침은 제자들을 편안하게 하고 즐겁게 하며, 너그럽게 하며, 즐기게 하며, 정중하게 하며, 엄격하게 한다. 배움에서 이 여섯 가지를 얻으면 사벽(邪辟)의 도가 끊길 것이며, 예의의 법이 승할 것이다. 배움에서 이 여섯 가지를 얻지 못하면 임금은 신하에게 영을 내리지 못하고, 아비는 아들에게 영을 내리지 못하며, 스승은 제자에게 영을 내리지 못할 것이다. 사람의 마음은 불안하게 여기는 바를 즐거워할 리 없고, 즐거워하지 않는 것에서 는 얻는 바가 있을 수 없다. 이를 하면서 즐거워한다면 현자는 말할 것도 없고, 비록 불초한 사람이라도 오히려 열심히 하게 될 것이다. 일을 하다가 힘들어 한다면 불초자 뿐 아니라 비록 현자라 해도 오래가지 못할 것이다. 사람의 마음에 반하게 되면 곧 학문을 권해야 하는 까닭이 이것이다.

이것이 바로 고대 중국 지식 공동체가 공유했던 바이다. 고대 중국 사회에서 "군자는 스승을 높이고 벗과 친하게"(君子隆師而親友: 『荀子 · 修身』) 지냄으로써 스승을 존경하고 도리를 중하게 여기는 것이 학생들의 행위준칙이었으며, 교사는 학생들의 도덕적 전범이기도 했다. 『순자 · 치사』(荀子 · 致士)에는 다음과 같은 말이 나온다.

> 스승이 되는 길에는 네 가지가 있지만 박학함은 여기에 들지 않는다. 존엄하면서도 삼갈 줄 알면 스승이 될 수 있다. 나이가 들어서도 믿을만하다면 스승이 될 수 있다. 도리를 외면서 남을 업신여기거나

잘못을 저지르지 않는다면 스승이 될 만하다. 사소한 것도 잘 알아 이를 논한다면 스승이 될 만하다. 그러므로 스승이 되는 네 가지 길 중에 박학함은 들지 않는다.

순자(荀子: B.C.약 298~238)가 열거한 네 부류의 스승은 모두 덕행과 수양으로 학생들의 배움의 대상이었다. 기원 후 8세기 "팔대에 걸쳐 쇠락한 문장을 일으킨"(文起八代之衰) 한유(韓愈: 768~824)는 다음과 같이 강력하게 선언했다. "스승이란 성현의 이치를 전하고 학업을 베풀고, 의혹을 풀어주는 사람이다 …… 귀함도 천함도 가리지 않으며 나이가 많고 적음도 가리지 않고, 성현의 이치가 있는 곳에 스승 또한 거기에 있는 것이다."[18] 또한 더 나아가 '스승'과 '도'의 합일을 주장했다. 바로 이러한 교육사의 배경 속에서 남송(南宋)의 대유학자 주자(朱子: 1130~1200)는 백록동서원(白鹿洞書院)을 운영하면서 육구연(陸九淵: 1139~1193)을 초빙하여 이야기를 들었다. "육구연이 군자와 소인을 의(義)와 이(利)로 비유하여 말씀을 베풀자 듣는 이들이 눈물을 흘렸다. 주희는 절실하게 이치에 맞는 배움은 겉으로 드러나지 않는 깊은 마음의 병을 드러낸다고: 옮긴이 생각했다."[19] 이 이야기는 전통 중국의 지식 공동체를 충분히 보여주고도 남음이 있다. 이들이 중요하게 여겼던 것은 도덕 지식이었으며, 따라서 전통 서원에서 스승과 학생이 모두 덕을 갈고 닦기 위해 서로를 격려했던 것이다.

전통 중국의 지식 공동체는 일종의 도덕 공동체로서 교사와 학생 간의

---

18) 韓愈,『朱文公校昌黎先生集』, 四部叢刊初編縮本, 卷12,「師說」, 101~102쪽.
19) 〔元〕托托,『宋史』, 卷434,『儒林列傳』.

관계가 매우 친밀하였으며, 마치 친부모나 형제 같았다. 즉 엄격하기로는 군신(君臣)의 관계에 비유할 수 있지만, 가깝기로는 친구와도 같았던 것이다. 사회의 오륜(五倫) 관계는 부부(夫婦)의 일륜을 제외하고 나머지 사륜은 모두 전통적인 교사와 학생 관계 속에서 그 유사성을 찾을 수 있다. 원시 유가가 교사와 학생(사제) 관계가 상복을 입는 예를 말하면서 '무복'(無服), 즉 상복을 입지 않는다고 규정한 이유가 바로 이 때문이라 할 수 있다. 고명사(高明士)는 이런 상황을 두고 유가가 홀로 추앙받게 된 이후 유교적 사회 윤리는 '친친'(親親: 부모를 부모답게 모시는 일)과 '존존'(尊尊: 윗사람을 윗사람답게 모시는 일)을 주요한 강목으로 하였으며 이 때문에 오륜 역시 부자(父子)의 윤리를 주축으로 펼쳐지지만 사생의 관계 또한 그러했다고 지적하고 있다. 전통 중국에서 스승을 존경하는 일은 또한 천지간의 자연 질서와 정치 질서, 윤리 질서를 강조함을 의미하며, 그 질서들을 반드시 스승의 가르침에 기대어서만 이해할 수 있음을 의미했다.[20] 바꿔 말하면, 사생 관계는 단지 '도'(道)를 결합의 기초로 삼은 것만은 아니며 우주 자연의 합리적 질서를 반영하고 있기도 한 것이다.

2) 일종의 계약 관계로서 근대 대학의 교사와 학생

사회가 점차 산업화 된 이후, 전통적인 친연 관계의 중요성 또한 업연(業緣) 관계로 대체되기 시작했다. 이에 따라 근대 사회에서 대학의 교사와 학생 관계도 점차 모종의 계약 관계로 변화했다. 근대 대만의 대학

20) 高明士, 「傳統社會中的師生關係——群己關的一個縮影」, 『科學發展月刊』, 第18卷 第1期, 1990.1月, 15~28쪽.

지식 공동체에서 교사와 학생은 모두 '대학법'과 그 시행세칙, 그리고 이 두 법령에 근거하여 대학이 정한 규정 등 명확한 법률 규범을 부여받고 있다.

대만대학을 사례로 설명해 보자. 「국립대만대학조직규정」(國立台灣大學組織規程: 1996.3.10. 교육부(85)고(1)자 제85018154호 서한으로 이 규정의 실시를 동의함) 제6장 63조는 "본 대학 학생의 권리와 의무는 대학법, 대학법 시행세칙, 본 규정 및 본 규정이 정한 각급 방법과 규범에 의거한다"고 규정했으며, 제68조는 "본 대학 각급 학생의 자치 조직은 관계 방법에 의거하여 대표를 선출, 출석케 하거나 교무회의(校務會議), 단과대학 및 학과회의, 교무회의(教務會議), 학생사무회의 및 기타 학생의 권익과 관련된 회의에 참관할 수 있다. 단과대학 및 학과회의는 그 조직의 규칙 중에 학생의 출석과 참관 권리를 규정해야 한다"고 규정했다. 이 조항들은 모두 법률적 측면에서 학생과 학교, 학생과 교사의 권리와 의무 관계를 명확하게 규정한 것이다. 전통 중국 서원 교육에서 사제 간의 정이나 도덕을 권면하는 정신은 이미 사라지고 만 것이다.

사실 근대 대학에서 교사와 학생 관계가 법률적 계약 관계로 접어들게 된 것은 세계 각국 대학의 보편적인 변화였다. 미국을 사례로 들더라도 대부분 대학 캠퍼스에서 학생과 교사가 모두 학교 업무 운영에 함께 참여하고 있다. 단지 일부 대학의 학생들만이 투표권을 행사하지 못하고 있을 뿐이다. 예를 들어 보통 공립대학으로서 이사회(Board of Regents)를 가지고 있는 메사추세츠공과대학(Massachusetts Institute of Technology, MIT)는 대학협의회(MIT Corporation)를 구성하여 학교 업무를 처리하고 있다. 학생들은 물론 이 조직에 직접 참여할 수는 없으나 일부분의 구성원을 최근 졸업한 졸업생들에게 배정하여 그 대표 학생들이 사안별로 의견과 견해를 제기하고 있다. 협의회(Corporation)에는 학생과 교사를 포함하는 위원회가 설치돼 있으며, 그 직무는 학교에 영향을 미치는 문제들을 협의회에 보고하는 것이다. 매사추세츠공과대학에는 교수평의회(Faculty Senate)가 설치돼 있지 않다. 교사들은 관할 범위 안에서 정책 결정을 할 수 있으며, 그 범위 밖에서는 행정 당국에 건의를 할 수 있다. 학생자치단체의 특정 대표들은 교수회의에서의 투표권은 가지고 있지 않으나 발언권은 행사할 수 있다. 교수들의 많은 상설위원회는 학생 구성원들을 포함하고 있으며, 학생들은 교수회의에서 문제를 제기함으로써 중요한 건의자 역할을 하고 있다. 존스홉킨스대학(Johns Hopkins University)은 사립대학으로서 이사회(Board of Trustees)가 학교 업무를 관리한다. 매년 졸업을 앞둔 4학년 학생들을 4년 임기의 이사회 구성원으로 피선한다. 이사회는 4인의 젊은 이사들을 영입하여 완전한 투표권과 기타 권리들을 부여한다. 이 학교의 학술위원회(Academic Council)는 인문과 과학, 기술대학 등에 소속된 12인의 교수로 구성된다. 학술위원회와 대학 학장, 부총장은 모든 학술 관련 정책을 결정할 수 있는 권리를 갖는다. 학생위원회(Student Council)가 선출하는 학부 학생들은 교과과정위원회에 참여하는 방식으로 교육정책의 결정 과정에 참여한다. 존스홉킨스대학의 학생들은 또한 대학 학장과 학교 고문위원회에 참여하는 방식으로 학교와 관련된 정책 결정에 참여한다. 학생위원회에서 학생들의 건의가 올라오면 집행위원회(Executive Board)와 학생위원회가 정한 지정인(Council appointees to committees)을 경유한다. 매년 가을에는 학생 만족도를 조사하고, 학기말에는 교과과정과 교수에 대한 평가를 실시한다. 그 밖에도 메릴랜드대학(University of Maryland at College Park)은 메릴랜드 주지사가 임명한 17인으로 구성된 이사회(Board of Regents)가 학교를 관리한다. 이사회 구성원 중 한 명은 학생이며, 학생들에게 직접 영향을 미치는 사안에 대한 투표권을 포함하여 기타 구성원들과 동등한 권리와 특권을 갖는다. 메릴랜드대학 학생평의회(Student Senators)는 학교 정책 발전의 전 과정에 참여하며 어떠한 정책이나 입법에 대해서도 모두 투표권을 갖는다.

상술한 여러 학교들 이외에도 사립 코넬대학(Cornell University) 이사회(Board of Trustees)는 2인의 학생들을 선출하여 완전한 투표권을 부여한다. 교수위원회(Faculty Council of Representatives)에는 학생 대표가 없으나 학생들은 특정 교수위원회 회원으로 참여할 수 있다. 학생의회와 대학원생 및 전문학생의회는 학생들에게 학교 정채 결정에 참여할 수 있는 방법을 제공한다. 로스앤젤레스 캘리포니아대학(University of California, Los Angels) 평의회(Board of Regents)에는 모두 28인의 평의회가 있는데 그 중 1인은 임명된 학생 대표이다. 이는 9개 캘리포니아대학 캠퍼스에서 추천한 신청인을 각 캠퍼스 학생협회, 캘리포니아대학 학생협회가 선출한 위원회의 심사를 거치고, 마지막에는 3인의 후보에 대해서 평의회가 결정하는 방식이다. 평의회가 캘리포니아대학의 시스템을 관리하고 있는 것이다. 한편 사립 듀크대학(Duke University) 이사회(Board of Trustees)에는 3인의 학생 대표가 있다. 그 중 2인은 학부 4학년 마지막 학기 학생들이며 1인은 대학원생으로 임기는 3년이고, 모두 투표권을 가지고 있어 직접적이고 능동적으로 학교 정책 결정에 참여하고 있다. 이 밖에 에모리대학(Emory University) 이사회(Board of Trustees)에는 투표권을 가진 학생이 참여하고 있지 않다. 다만, 3~5인의 학생이 캠퍼스생활위원회(Campus Life Committee)에 투표권 없이 참석할 수 있다. 밴더빌트대학(Vanderbilt University) 이사회(Board of Trust)에도 학생 대표가 없지만, 교내 업무에 대한 학생들의 의견을 반영하기 위하여 동문협회에서 매년 졸업예정자 중 1인을 선출하여 이사회에 참석하도록 한다. 추천 및 당선된 학생의 임기는 차기 이사회부터 시작되며 임기는 2년으로 연임할 수 있다. 첫 번째 당선자는 반드시 9년 이후에야 비로소 다시 입후보할 수 있다. 카네기멜론대학(Carnegie Mellon University) 이사위원회(Trustee Committees)에는 학생이 출석하여 각 사안에 대하여 의견을 제기할 수 있다. 그러나 이사회에서 학교 측 의안에 대해서는 학생이 투표권을 행사할 수는 없다.

이상과 같이 간략하게 소개한 국내외 대학에서 학생들이 교내 업무에 참여할 수 있는 규범을 통해서 우리는 근대 대학이 더 이상 전통 서원과 같이 도덕 공동체가 아님을 알 수 있다. 오히려 근대 대학 캠퍼스의 교사와 학생 관계는 '권리-의무' 관계의 규범으로 인해 일종의 계약관계가 되고 말았다.

그러나 우리가 여기서 더욱 강조해야 할 점은 근대 사회에서 대학의 교사와 학생은 모두 학문 연구의 전문가들이며 그들은 진리를 따르고 추구하기 때문에 사회정치계급(예컨대 농민 계급이나 노동자 계급, 자산계급)이 아니라는 사실이다. 따라서 대학생들은 어떠한 '기득권'(vested interests) 계급이나 단체에 얽매어 있지 않으며 또한 어떠한 정치집단이나 개인의 이익을 위해서 공부를 하는 것도 아니다. 그런 의미에서 우리는 대학 지식공동체 내의 교사와 학생은 사회의 '맑은 물'이라 할 수 있다. 그들은 어떠한 권력이나 경제적 이익에 대해서도 비판적인 태도를 가지고 있기 때문이다.

6. 맺음말

20세기 마지막 10년 동안 세계사의 책장은 매우 빨리 넘어갔다. 대만의 고등교육도 급속하게 확장됐다. 1989년 베를린 장벽의 붕괴, 구소련의 해체, 동유럽 공산권 집단의 와해부터, 아시아에서는 남북한이 대화를 시작했고, 대만은 급속히 민주화되는 등 일련의 정치 변동은 과학 기술의 발전과 세계 경제 판도의 재구성으로 인해 전후 세계사에서 '지구화'(globalization)의 조류가 더욱 넘쳐나게 되었다. 그러나 '지구화'의 조류가 급속도로 발전하는 가운데 '본토화'(localization) 또한 전후 세계의 또 다른 조류로서 함께 발전하고 있다. 두 조류는 변증적, 상호작용적 관계를 구성하고 있다. 20세기 역사가 큰 흐름을 바꾸던 10년 동안 대만의 고등교육 분야는 정치 민주화의 충격 속에서 급속도로 성장했다. 대만의 대학은 그 수가 이미 150곳에 달한다. 미래를 전망해 보면, 세계 각국의 대학들이 경비 부족으로 시달리게 될 것은 큰 흐름이며,[21] 대만의 고등교육도 극도로 엄준한 도전에 직면하고 있다.

21세기 대만의 대학들이 직면한 도전은 국내 학령인구의 감소뿐 아니라 세계무역기구(WTO)에 가입한 뒤 외국 대학들이 대만에 분교를 설립하는 등 경쟁 체제로의 진입으로 나타난다. 또한 엄혹한 도전은 장래 산업 분야와 정치 영역의 압력으로 드러나게 될 것이다. 21세기를 전망해 보면, 이른바 '지식경제'가 전지구적 산업 활동의 주류가 될 것이다. 자본

21) 경비 문제에 있어서는 국내 많은 대학 총장들이 부러워하는 일본의 일부 국립대학들도 어려움을 호소하고 있다. 동경대학의 진임 총장은 책을 써서 대학 재정 문제를 토로하기까지 했다. 有馬郎人,『大學貧乏物語』, 東京: 東京大學出版會, 1996.

주의 생산과 재생산의 과정 속에서 '수직적 분업'이든 '수평적 분업'이든 산업 분야는 모두 진일보하게 고등교육 분야에 산업 분업체계를 위해 사용할 수 있는 인력 자원을 더더욱 요구하게 될 것이다. 이러한 산업계의 요구와 압력에 대하여 대학은 더욱 급속하게 자본주의 사회의 지식 생산 공장으로 전락하게 될 것이다. 또 다른 측면에서 대만 정치의 급속한 민주화는 권력 장악 그룹에게 선거 인수만을 고려할 뿐, 교육적 논리나 교육 자원의 분배 문제를 고려하지 못하도록 할 것이다. 최근 10여 년 동안, 대만의 고등교육 자원은 점차로 중등 및 초등교육 분야로 이전되고 있다는 점이 좋은 예증이다. 헌법이 정한 교육 관련 예산은 전체 예산의 15%보다 낮아서는 안 된다는 규정을 폐지한 것도 또 다른 명백한 예증이다. 이 밖에 정치인들은 선거에서 표를 얻기 위해 강연회를 다니면서 전문대학을 대학으로 '승격'해주겠다고 하고, 대학을 종합대학으로 '개편'해주겠다는 등 호언장담하고 있는데 이 또한 교육 영역에 미친 정치력의 상흔들이라 아니할 수 없다. 대학에 대한 정치적 · 경제적 힘의 영향으로 인해 대학 연구와 교육은 날로 세분화되고 학문들은 서로 멀어져서 더더욱 큰 상처를 받고 있다.[22]

이상의 시각에서 보면, 21세기 대만의 대학이 직면하게 될 중요한 문제 가운데 하나는 어떻게 정확하고 유효하게 경제적 힘(혹은 정치적 힘)과 상호 작용할 것인가 하는 점이다. 나는 이전에 이 문제를 분석하면서 대학과 대만 산업계의 상호 작용이 날로 빈번해지는 특수한 맥락 속에서 대학의 교사와 학생은 과도하게 주체성을 팽창하는 오류를 범해서는 안 된

22) Bruce Wilshire, *The Moral Collapse of the University: Professionalism, Purity, and Alicenation*, Albany: State University of New York Press, 1990, 35~98쪽.

다고 지적한 바 있다. 대학은 더 이상 세상으로 독립된 고고한 상아탑이 아니다. 대학은 사회와 손잡고 공존 공영해야 할 지식의 영역이다. 따라서 대학은 과도하게 주체성을 팽창해서는 안 되며, 대학 바깥의 경제, 사회 등 영역과 유기적인 관계를 끊어서도 안 된다. 그러나 또한, 대학은 주체성 상실의 오류를 범해서도 안 된다. 대학과 산업계의 관계가 긴밀해야 한다는 말은 대학이 그 주체성을 상실해도 좋다는 뜻이 아니다. 오히려 대학은 대학과 경제 분야 간에 깊은 이해를 통해서 협력과 긴장의 복잡한 관계가 존재하고 있음을 알아야 한다. 이러한 복잡한 상호 관계를 긍정적이고 깊이 있게 체득해야만 대학과 산업계는 각자 건강한 발전을 위해 매진할 수 있다. 대학의 측면에서 보면 영리 집단이 아닌 학술 공동체에 대한 자각은 대학 주체성의 적절한 발전을 위한 중요한 전제다.[23] 같은 이치로 대학들이 정치적 힘과 상호작용할 때에도 과도한 대학 주체성의 팽창이나 상실 모두를 경계해야만 한다.

이 장에서는 대학 주체성의 구성이라는 중심 주제를 분석함으로써 오늘날 대학이 정치적 힘과 경제적 힘의 충격 속에서 자기 소외를 겪고 있는 몇 가지 유형, 즉 지식 백화점, 이데올로기 생산 공장, 직업훈련센터 등의 유형을 살펴보았다. 우리는 중국의 전통 대학과 근대 이후의 대학이 같지 않음도 살펴보았다. 전자가 도덕적 관심으로 지식 창조의 기초를 삼았다면, 후자는 공리주의를 동력으로 삼고 있었다. 두 가지 형태의 대학을 분석한 뒤 우리는 또한 대학의 근본적 특징이 지식 공동체에 있음도 살펴보았다. 즉, 대학은 지식인에 속해 있고, 지식인에 의해 통솔되며 지식의 창조를 위해 존재한다. 대학의 지식 공동체적 특징을 보면, 도덕 공

23) 黃俊傑, 「從當前台灣高等教育脈絡論大學與產業界之關係」, 이 책의 제7장을 참조.

동체로서 전통 사회의 대학이 해체된 이후 근대 대학의 교사와 학생 관계는 계약 관계로 변화하였고, 이는 지식 공동체로서 대학의 특성에 일정한 상처를 남긴 현상이었다.

제2부 대학교육의 경험과 참조

제5장 대만의 대학 교양교육 개혁: 과거, 현재, 미래

1. 머리말

1990년대 양안의 고등교육계는 모두 파란만장한 개혁운동을 치렀다. 중국의 대학은 '과학교육을 통한 국가부흥'(科教興國)이라는 모토 하에 소양교육의 제고에 힘을 기울이고 있다. 대만의 고등교육은 정치 민주화 조류에 따라 교육에 관심을 가진 민간 인사들이 시작한 활동을 교육개혁위원회(教育改革委員會: 약칭 教改委, 주임위원은 당시 리위안저李遠哲 중앙연구원장)가 이어받아 1994년 9월 21일부터 1996년 2월 2일까지 약 2년 동안 제도개혁을 적극적으로 추진했다. 그러나 대학입시 다원화, 교육규제 완화 등을 상당한 성과를 거두기도 했지만 부작용도 많았다. 최근 10년 동안 양안의 교육 개혁 중 대학 교양교육의 개혁은 매우 중요한 역할을 했다. 교양교육 혹은 소양교육은 학생의 인생관, 사회정치관 및 우주관의 형성에 직접적으로 관련을 맺고 또한 평생 깊은 영향을 끼치게 되므로, 모든 교육 개혁의 가장 근본적인 기초가 된다. 교양교육은 양안 교육 종사자들의 '영원한 향수'라 할 수 있다. 이들은 태평양의 연어와도 같은 생명의 힘으로 자신의 정신적 고향—전인교육의 이상향—으로 헤엄쳐 돌아왔다.

제4장에서 대학은 지식 공동체라고 강조했지만, 대학이 이러한 특징을 강화하거나 실현하는 주요한 경로는 바로 대학 교양교육을 추동하는 것이다. 이번 장에서는 대만의 대학 교양교육추진 경험을 회고하고, 현 단계 방법과 직면한 문제점, 그리고 21세기 양안 대학 교양교육의 미래 전망을 제시할 것이다.

2. 역사적 회고: 준비기, 발전기, 중흥기

전후(戰後) 50여 년 동안 대만 내 대학 교양교육 추진의 여정은 다음과 같이 대략 세 시기로 구분할 수 있다.

1) 준비기

1950년대 대만의 대학에는 고압적 정치 환경으로 인해 학술적 자유를 누리지 못했다. 1956년7월 미국 기독교회가 설립한 사립동해대학(私立東海大學)이 교육부에 '일반교육'(general education)의 시행을 신청하였으나, 교육부는 '인재교육'(通才教育)으로 바꾸라고 지시했다. 1956년 동해대학은 공식적으로 '인재교육'을 실시하면서 미국의 전문가를 초청하여

지도하도록 했다. 1957년에는 또한 '교육제도설명'을 공포하여 과정 편제의 근거로 삼았다. 1950년대 동해대학의 '인재교육'은 말 그대로 많은 인재를 길러냈고, 이는 대만 대학 내 교양교육의 기원이라 할 수 있다.[1)]

1970년대 들어 대만의 교양교육은 신주(新竹)에 위치한 청화대학(清華大學)에서 성과를 나타냈다. 당시 청화대학은 미국에서 유학하고 돌아온 선쥔산(沈君山) 교수 등이 교양교육 과정을을 적극적으로 추진하여 국내외 저명학자들을 초청하여 수업을 개설했고, 아울러 『인문학개론』(人文學概論)과 『사회과학개론』(社會科學概論) 등의 교재도 편찬하였다. 1981년에는 대만대학 공과대학장을 지낸 우자오중(虞兆中) 교수가 대만대학 총장이 되면서 교양교육의 개설을 적극 추진하였다. 그 결과 1982년 6월 1일 대만대학 제1364차 행정회의는 '인재교육업무추진팀'의 설치를 결의하였다. 그 해 10월 이 팀은 『인재교육추진계획서』(推行通才教育計劃書)를 입안하여 13개 선택과목 개설 계획을 수립하고 4개 인재교육 과목을 개설하였다. 하지만 아쉽게도 당시 정치적 간섭 등 여러 가지 외부요인으로 지속적으로 추진할 수는 없었다.

1) 천순펀(陳舜芬)은 동해대학의 인재교육과 관련한 연구에서 이 대학이 쩡위에눙(曾約農)과 우더야오(吳德耀) 2인의 총장 임기 동안 인재교육과 전문가 교육을 동시에 중시하는 특색을 유지하였다고 말한다. 그에 따르면 모든 학생은 2년 동안 국문(중문)과 영어, 인문과학, 사회과학, 자연과학 등 인재교육 과목을 이수해야 했다. 1970년대 우더야요 총장 퇴임 이후 얼마 뒤, 이 학교 이사회는 여러 가지 이유로 정책을 바꿔 학과와 학생의 양적 확장을 꾀하였고, 야간부를 개설하였다. 또한 미국의 연합이사회는 더 이상 이 대학의 경상비용을 지원하지 않아서 영향력이 감소하였다. 동해대학은 원래 작지만 알찬 학교의 특색을 갖고 있었지만 그 특색이 급속히 사라지고 인재교육도 중단되었다. 陳舜芬, 『東海大學早期實施通才教育』, 저자 직접출판, 1995.3.; 洪銘水, 「全面素質教育的理念與實踐: 以臺灣私立東海大學與紐約市立大學爲例」, 특별 간행원고.

2) 발전기

1980년대 이후 대만은 상당한 경제발전을 이루었다. 한편 경제적 번영과 사회 안정을 기초로 민간에서 시작된 민주화운동은 권위주의 체제를 흔들기 시작하였다. 이러한 역사적 상황은 대만의 대학교육에도 영향을 미쳐 어느 정도 조정이 필요하게 되었다. 1983년 봄, 당시 교육부장관이던 주후이썬(朱匯森)은 중앙연구원 우다여우(吳大猶) 원장을 초빙하여 교육부 직원들에게 강연을 부탁하였다. 우원장은 당시 대학교육을 신랄하게 비판하여 커다란 반향을 불러일으켰다. 또 교육부는 1983년 '대학교양과목기획연구방안팀'을 조직하여 교양교육 문제를 검토하였다.[2] 이 연구팀은 1년간의 연구 끝에 「대학 교양교육 및 교양 교과목에 관한 종합적 건의」(關於大學通識教育及共同科目之綜合建議)라는 보고서를 작성하였다. 1984년 4월 5일, 교육부는 각 공립·사립대학 및 단과대학에 「대학 교양교육 선택과목 실시 요점」(문서번호 臺(73)高字11986號)라는 공문을 발송했다. 그 내용은 각 대학이 '문학과 예술', '역사와 문화', '사회와 철학', '수학과 논리', '물리과학', '생명과학', '응용과학과 기술' 등 7개 분야 내에서 각 선택과목을 개설하고, 교양학점을 4~6학점 할당하라는 요구였다. 이로써 대만 대학에서 교양교육이 전면적으로 실시되었다. 그러나 각 대학의 준비 부족으로 서둘러 시행하다 보니 결국 교양교육의 위기를 초래

2) 연구팀의 위원장은 선쥔산(沈君山)과 리이위안(李亦園)이고 쑨전(孫震), 마오성다오(茅聲燾), 장샤오츠(章孝慈), 둥다청(董大成), 황지안허우(黃堅厚), 황쥔지에(黃俊傑) 등이 위원을 맡았다. 연구팀이 기획한 교양과목범위는 다음과 같이 두가지 부류이다. 1) 교양 선택과목은 모두 4~6학점으로 한다. 2) 공통 필수과목은 모두 26학점이며 국어, 영어, 국부사상(國父思想), 중국통사, 중국현대사이다. 교양필수 선택과목은 2학점으로 한다.

하고 말았다.

이어서 1986년, 칭화대학은 대학 교양교육 세미나를 개최하여 교육부가 「대학 교양교육 선택과목 실시 요점」(大學通識教育選修科目實施要點)을 공포한 뒤 각 대학의 교양교육 추진 상황에 대해 의견을 교환하였다. 이후 교양교육은 점차 각계 인사의 주목을 받게 되었다. 1991년 제4차 전국과학기술회의에서는 "미래 과학기술 발전에 대비하여 대학 과정의 주·부전공과 교양교육, 제2 외국어교육을 강화하는 안건 중 현행 교양교육에 대해 각 대학의 시행 내용이 다르고, 성과도 이상적이지 못하여 다시 기획해야 한다"는 의견이 있었다. 이에 따라 결국 대학 교양교육에 대한 의제가 공식적인 논의 주제가 되었다. 이후 국가과학기술위원회와 교육부는 대학 교양교육과 교수법 개선에 관한 연구를 추진하기 시작하였다.

3) 흥성기

1990년대는 대만의 대학 교양교육이 전면적으로 실시되는 시기였다. 이 시기에 교양교육이 중시된 이유는 여러 가지가 있지만, 주된 원동력은 정치민주화에 있었다. 1987년 7월, 계엄령이 해제되자 "캠퍼스 민주", "교수 자치" 등의 구호가 캠퍼스를 뒤덮기 시작했다. 이러한 추세 속에 교육과정에 대한 제약이 해제되고 민주화로의 진행은 이미 막을 수 없는 흐름이 되었다. 대학의 교양교육 개혁을 중시하는 교수들의 공동 기획에 따라 1984년 4월 14일, 교양교육학회가 공식 창립되었으며 이 학회와 청화대학교이 공동으로 『교양교육계간』(通識教育季刊)이라는 학술지를 창간하였다. 1994년 6월 6일에서 15일까지 교육부는 일본 8개 대학의 교양교육 현황을 시찰하도록 시찰단을 파견하였고 그 결과보고서가 제출되었다.[3] 1995년에는 대법원 대법관 회의에서 '교육부 규정 공통 필수 과목'은 위헌이라는 공식 판결이 내려졌다. 이에 따라 1995학년도부터 각 대학은 교육부 규정 공통 과목을 폐지하는 새로운 정책을 실시하여 학교 공통 및 교양과정을 새롭게 기획하였다. 이어서 교육부는 1995년 6월 8일에서 22일까지 미국에 시찰단을 파견하여 10개 대학의 교양교육 실시 상황을 파악하고 결과보고서를 제출하게 하여 각 대학의 교양교육에 참고하게 하였다.[4] 1996년, 제5차 전국과학기술회의에서는 '교양교육 교재 편찬의 조정과 협력 강화'에 관한 논의를 통해 결론을 도출하여 건의하였다. 국가과학위원회는 교양교육학회에 '대학 교양교육 핵심과정 기획'이라는 연구프로젝트를 의뢰하였고, 리이위안(李亦園), 리우자오한(劉兆漢), 황쥔지에(黃俊傑), 완치차오(萬其超) 등이 이를 수행하였다.

각 대학이 교양교육 개혁을 추진하는 과정에서는 해당 대학 총장의 태도가 가장 큰 역할을 한다. 1997년 5월 30~31일, 교양교육학회 및 사립대학교협의회 공동주최로 열린 '대학 총장 선출 및 대학 관리 풍토 학술세미나'에서 학자들은 대학 총장 선거 풍토 개선과 더불어 교양교육에 대한 중시를 호소하였다. 교육부 고등교육국도 1997년 교양교육학회에 '대학 교양교육 평가 제1단계 연구프로젝트'를 의뢰하였다. 이어서 1999년 이 프로젝트가 종료된 후 교양교육학회는 '대학 교양교육 평가'를 교육부로부터 위탁받아 그 해 10월 전국 58개 대학의 교양교육 평가를 완수하였다.

---

3) 李亦園 · 黃俊傑 · 許榮富 · 陳德華 · 李珮琳, 「日本大學通識教育考察報告」; 黃俊傑, 『大學通識教育的理念與實踐』, 台北: 通識教育學會, 1999, 附錄(二), 313~343쪽에 수록.

4) 黃俊傑 · 萬其超 · 張光正 · 朱建民 · 王福林, 「美國大學通識教育考察報告」; 黃俊傑, 위의 책, 附錄(一), 263~311쪽에 수록.

이러한 대학 교양교육 방문 평가는 1984학년도 전국 각 대학에서 전면적으로 교양교육을 실시한 이래 첫 번째 대규모 방문 평가였다. 전국 각 대학에서 온 평가위원 55명은 두 달 동안 '공립종합대학군', '사립종합대학군', '사범대학군', '단과 및 전문대학군' 등 4개조로 나누어 각각 전국 대학 58곳을 방문 평가하였다. 시기적으로는 1995학년도부터 1997학년도까지 3개 학년도를 평가 범위로 삼았다. 과목 영역으로는 국어, 외국어, 역사, 헌법 및 국가정신, 교양과정 등을 범위로 삼고, 체육이나 교련 등 과정은 배제되었다. 교양교육 평가 기준은 (1) 교양교육 목표의 특색, (2) 조직 및 행정 효율, (3) 교육 및 행정자원 (4) 과정 및 교육 등이 포함되었다.

방문 평가가 종료된 뒤 교양교육학회는 평가 의견을 종합하여 각 대학에 다음과 같이 몇 가지 중요한 사항을 건의하였다.[5)]

(1) 대학 총장 및 담당자는 교양교육이 중요하다는 인식을 갖고 이를 지원해야 한다. 총장은 학교의 최고 정책 결정자로서 교양교육 성패의 열쇠를 쥐고 있다. 각급 담당자는 총장의 리더쉽에 따라 힘을 합해야 성과를 낼 수 있다. 각 대학 총장들은 교양교육에 대하여 좀 더 관심과 노력을 경주해야 하며 이를 위해 교양교육 관련 세미나나 교육에 참가할 것을 건의한다.

(2) 교양교육의 총괄적 개념에 대한 인지를 강화해야 한다. 학교 담당자는 교양교육, 교양과정, 교양과목, 교양과목 교육, 교양교육 평가 등 개념을 충분히 숙지하여야 한다. 학교 교양교육 이념, 목적 등의 차원에서 교양교육을 설계해야 하고, 교육 차원에서 긴밀히 협력하여 성과를 이루

5) 黃俊傑 · 黃坤錦, 『我國大學校院通識教育訪評結果報告』, 台北: 通識教育學會, 1999, 第6章, 235~236쪽.

어야 한다.

(3) 학교 차원에서 '교양교육위원회'를 설립해야 한다. '위원회'는 학교의 교육 및 행정 책임자, 학생회 대표, 교수 대표, 교내·외 전문가 등으로 구성하고, 학교 교양교육을 심의, 추진, 평가한다. 교양교육센터 주임은 집행 책임자도 겸한다. 교양교육센터는 기본 계획, 조정 연락, 과정 설계 및 과정 실행 등의 업무를 담당한다. 교양교육센터는 적어도 학과 또는 단과대학의 위상을 가져야 하며 그에 해당하는 직원 편제와 경비를 할당해야 한다.

(4) 교양과정 교육의 목표를 확립해야 한다. 교양과목의 3대 목표는 '정'(情)의 목표를 최우선으로 하고 그 다음 인지 목표와 기능 목표가 수반된다. 교양과목이 아닌 각 학과 내 전공과목에서도 해당 과목의 주요 학습목표 이외 부수적인 학습목표를 설정하여 전공과목의 교양교육 기능을 목표로 설정할 수 있도록 담당 교수에게 요청해야 한다.

(5) 캠퍼스의 경관과 건축의 '상황교육' 기능을 중시해야 한다. 이는 지역사회와 협력하여 신중하게 기획, 추진해야 한다. 학교 담당자는 교양교육 장소를 선정함에 있어서 신중히 건축을 진행하여 교양교육의 향상을 도와야 한다. 학교는 지역사회와 협력하고 상호지원하여 사회교육적 기능을 발휘해야 한다. 중·장기적으로 명확히 기획하고 이를 기간별로 추진하여 성과를 거둬야 한다.

그 밖에 종합 방문평가 결과, 학회는 교육부에 다음과 같은 건의안을 내놓았다.

가. 대학 교양교육의 교원 교육 방법 확충

이번 대학교양교육 평가 결과, 국내 일반대학은 '교양학과' 혹은 '교양

교육센터'를 설치하고 전임교원을 임명하여 교양과정을 개설한다. 하지만 교양 담당 교원의 교육 방법이 원활하지 않아 연구 성과가 만족할 수준이 되지 않는다. 국가과학위원회의 현행 제도를 본받아 교양교육센터 전임교원들이 연구년이나 방학을 이용하여 국가과학위원회 소속 각 연구센터, 연구 성과가 우수한 대학, 중앙연구원 등에서 연구 실적이 탁월한 학자가 주재하는 프로젝트에 참여하여 그 곳 도서 및 설비를 이용하여 연구를 진행하게 한다. 이 외에도 교육부는 연구 실적이 뛰어난 대학에 프로젝트 위탁 혹은 전담팀 구성 등 방식으로 각 대학의 교양과정 교원양성 고급학위의 기회를 주어 양성 방법을 확대한다.

나. 대학 인문·사회과학 교양과정 교원 양성 계획

대만의 대부분 대학교에 각기 다른 학과가 설치되어 있어 교양 교육 교원이 많이 부족한 실정이다. 대만 대학은 대부분 단과대학의 배경을 갖고 있거나 취업 위주 학과들을 설치하고 있기 때문에 인문·사회과학 분야 교양교육 교원은 특히 더욱 부족하여 대대적인 보강이 필요하다. 교육부는 계획을 수립하여 이러한 교원의 장기적인 양성을 통해 교양교육의 균형 발전을 추구하기를 건의한다.

다. 경비를 충분히 조달하여 각 대학의 '교양교육센터' 혹은 공동교육위원회에 제공, 각급 학교 교양교육 과정 학과 설립과 교육 경험의 교환 및 전승 등 업무 추진

이번 방문평가에서 본 각 대학 교양교육 담당부서들은 경비 부족으로 일반적인 행정업무만 추진하고 있었을 뿐 교육 및 연구업무에는 힘쓰지 못하고 있었다. 각 대학 교양교육 교수들은 관련된 교육방법 등 정보가 부족했고, 또 각 대학 간에 교육 경험을 교류할 수 있는 경로가 부족했다. 이러한 사항들은 모두 교육부의 협력이 필요하며 각 대학도 더 힘껏 추진해야 한다. 외국의 많은 대학들, 예컨대 워싱턴대학(University of Washington), 시러큐스대학(Syracuse University), 텍사스대학(University of Texas), 스탠포드대학(Stanford University), 유씨버클리(U.C. Berkeley), 하버드대학(Harvard University) 등은 모두 교육발전센터 등과 같은 부서를 설치하고 있다. 특히 하버드대학의 더럭복교수학습센터(Derek Bok Center for Teaching and Learning)의 업무 성과는 뛰어나다. 대학의 교양교육 담당부서는 행정 업무 이외에도 교육 보조 기능을 발휘해야 한다.

라. 각 대학 교양교육 참고자료 출판을 보조하여 교육의 질적 향상

교육의 질적 향상을 위하여 교육부는 교양과정 교원들의 교육 참고자료 출판 계획을 프로젝트 형식으로 받아들여야 한다. 이후 심의를 거쳐 우수한 출판물은 출판비 전액, 혹은 일부를 보조한다. 외국 대학들은 교양교육을 추진할 때 모두 대학이 스스로 출판을 하든가 출판사와 협력하여 교양과정의 교육내용(syllabus)이나 교육 참고자료를 출판하여 참조하게 한다. 대만의 각 대학이 교양교육을 추진한 10여 년 동안 교양과정 수는 많이 늘었으나 상대적으로 교재의 수는 그다지 증가하지 않았다. 교양교재의 편찬은 학제 간 연구의 성질을 갖고 있어서 난이도가 꽤 높기 때문에 교육부가 교재의 편집과 출판을 보조할 수 있다.

마. 각 대학에 '교양교육과정상'을 마련하여 교원의 사기를 진작

현재 대만에서는 대학 교원에 대한 포상이 대부분 연구 실적 위주이다. 교육부는 과거에 '우수교원상'을 두어 경력이 오래된 교원을 순서대로 혹은 동료 투표 등의 방식으로 시상하였고 그로 인한 폐단이 많이 발생하였다. 최근에 각 대학에서는 교육상을 두어 교원의 사기를 진작시키고 있으나 대부분 전공과정 교원에 대하여만 실시하고 있다. 교육부는 각 대학에 '교양교육과정 교육 최우수 및 우수상'을 두도록 보조하여 교양교육의 교육 실적을 향상시킬 수 있도록 건의한다.

바. 각 대학의 평가와 총장 선출 시 교양교육 비중을 제고

각 대학의 교양교육 수준은 해당 대학 총장의 태도와 밀접한 관계가 있다. 교육부가 이후 대학평가 시 교양교육을 중요한 평가항목에 포함하도록 건의한다. 특히, 대학총장 선출 시 총장의 교양교육에 대한 인지 및 지원 정도를 고려하여야 한다. 교육부는 교양교육 연수회, 좌담회, 세미나 등을 직접 혹은 위탁 진행하여 각 대학 총장, 각 급 책임자들을 초청, 참여케 하여 서로 연구하도록 해야 한다.

3. 대학 교양교육 개혁에 대한 태도의 변화 과정

1984년부터 대만 대학은 교양교육을 추진하기 시작하여 올해로 17년에 이르고 있다. 세월은 빠르게 흘러, 17년 동안 대만의 고등교육은 많은 일들을 거치며 변화했다. 각계 인사들이 교양교육에 대해 제시한 정의 및 견해는 너무 많아 헤아릴 수도 없다. 필자 역시 10여 년 동안 자신의 견해를 구성할 수 있었다.

1) 교양교육의 정의

필자가 『대학 교양교육의 이념과 실천』(大學通識教育的理念與實踐)이라는 책에서 제시한 바와 같이, 이른바 '교양교육'은 (1)핵심 교육과정과 (2)일반 교육과정이라는 두 가지 단계로 나눌 수 있다.[6] 하지만 전자든 후자든 모두 직접적 혹은 간접적으로 "인간의 주체성 형성을 통해 온전한 인간으로서 자아해방을 완성하고, 인간이 살아가는 인문과 자연 환경에서 상호 주체성 확립"과 같은 교육목표와 관련이 있다. 우리는 '교양교육'이란 인간의 주체성과 객체적 상황이 상호 주체적 관계를 이루는 교육이자, '인간의 각성'을 완성하는 교육이라고 말할 수 있다. 여기서 '주체성'이란, 다음과 같이 두 가지 측면에서 실질적인 의미를 정리할 수 있다.

첫째, '주체성'은 '주'와 '객'이 대응하는 의미에서의 '주체성'이다. 그 구체적 함의는 이렇다. 교육을 받는 자는 하나의 '주체'이다. 상대적으로 교육을 받는 사람 이외의 객관적 상황(예를 들어 문화세계, 사회 · 정치 · 환경 · 자연 세계) 등을 '객체'로 볼 수 있다. 그러나 발생 순서나 그 중요성을 막론하고, '주체'는 '객체'보다 우선한다. 오직 교육을 받는 자만이 우위성을 가질 수 있다. 교양교육이란 인간 주체의식의 각성을 촉진하는 교육이다. 인간이 포부를 가지고 우뚝 서게 하고, 스스로 자신을 다스릴 줄 알며, 인간이 아닌 '객체'의 통제에 굴복하지 않도록 하는 것이다.

둘째, 교양교육에 관한 두 번째 단계의 정의 중 '주체성'이란, '주'와 '부'가 대응하는 의미의 '주체성'이다. 여기에서 '주체'는 교육을 받는 자이며, '객체'는 교육의 실제적 효과를 가리킨다. 예를 들면 부국강병, 경제발전

6) 黃俊傑, 앞의 책, 32~39쪽.

혹은 첨단기술의 발전 등이다. 교육이 창조할 수 있는 실제적 효과 및 그 확대 효과의 경우에도, 교육을 받는 자의 인격 형성과 도덕 복지의 상승이 더욱 본질적 지위를 지니고 있다. 따라서 절대적인 우위성을 갖는다.

'주객대응'이든 '주부대응'이든 위에서 말한 바와 같이 오직 교육을 받는 인간만이 교육 활동의 주체이다. 이러한 관점에서 볼 때, 교양교육은 완전한 인격 형성을 향해 인간의 자아해방을 촉진시키는 교육이라고 할 수 있다.

교양교육의 정의를 이와 같이 정리하고 나면 다음과 같은 사실을 분명하게 알게 된다. 일부 대학이 개설한 몇몇 실용적인 교육과정, 예컨대 '반려동물 보건', '보석감정', '증권입문', '자동차 관리' 등은 교양교육의 목표와는 거리가 멀었다. 이러한 교과들은 일반적인 선택 교육 과목으로서는 가능하지만, 교양교육 교육과정에 편입하기엔 적합하지 않다.

2) 문제제기와 그에 대한 답변

이와 같은 교양교육에 대한 정의, 즉 인간의 주체성에 대한 각성을 목표로 하는 교육이라는 관점은 현 단계 대만의 상황에서 다음과 같은 두 가지 견해와 부딪쳤다.

첫 번째 견해는 산업 발전의 입장에서 제기된 것이다. 그 주장은 대체로 다음과 같다. 21세기 이후 대만에 들이닥친 각종 도전 중, 산업 및 과학은 가장 심각한 문제가 됐다. 대만 경제는 사면초가의 어려움 속에서 시간의 강력한 압박에 놓여있다. 대만은 몇몇 전략적 산업을 신중하게 선택하여 온 힘을 다해 발전 시켜, 대만을 하나의 'APROC의 중심'이자 '첨단기술의 섬'으로 건설해야만 21세기 새로운 세계 질서에서 입지를 확고히 할 수 있다. 또한 이런 과제는 산·관·학이라는 세 주체가 긴밀히 협력할 때 이뤄질 수 있다. 이런 상황의 압박에 따라, 대만 교육의 내용은 국가의 요구를 더욱 잘 받아들여 최대한 조화를 이뤄야 한다. 그래서 교육기관은 산업의 향상과 자동화를 제공함으로써 APROC를 설립하고, WTO 가입 이후 서비스업에 필요한 인력을 제공해야 한다. 또한 성인 연수교육 및 제1전공의 보충 교육을 널리 보급해야 한다. 이러한 주장을 펴는 인사들은 현 단계 대만의 사치스러운 대학 교양교육이 현실에 부합하지 않고 21세기 세계의 큰 흐름을 이해하지 못하고 있다고 여긴다. 이러한 문제제기는 실용주의(pragmatism)적 견해라고 할 수 있다.

두 번째 견해는 교육을 받는 자의 입장에서 제기 된 것이다. 그 주장은 대체로 다음과 같다. 21세기는 후기산업사회(post-industrial society)로 접어들었다. 서비스산업(이른바 3차 산업)의 중요성은 1차 산업과 2차 산업을 뛰어 넘을 것이다. 21세기 후기산업사회에서, 사회적 분업은 더욱 정교하고 엄격하게 구분되어야 한다. 이런 사회에서 적응해 살아가기 위해, 21세기 모든 인간은 20세기 인간보다 더 많은 전문지식을 가지고 있어야 하고, 그래야만 자기 전문 분야의 존엄성을 견고하게 세울 수 있다. 왜냐하면 21세기 개인 인성의 존엄성이란 자신의 전문 직업의 존엄성에서 오는 것이기 때문이다. 따라서 21세기의 교양교육은 '시대착오의 오류'(the anachronistic fallacy)이다. 피교육자에게 아무런 재주도 전해주지 못하는 이러한 교육은 전근대 사회의 "배워서 뛰어나면 벼슬에 나가야 한다"(學而優則仕)는 정형화된 방식으로 함몰되게 하여 권력자만 바라보는 해바라기를 양산할 것이다. 이러한 문제제기를 우리는 '전문가주의'(professionalism)라고 할 수 있다.

상술한 두 가지 견해는 각각 '실용주의'와 '전공주의'로부터 비롯됐다.

두 주장 모두 일정한 근거와 논리를 갖추고 있다. 또한 대만의 현실적 필요와도 많은 부분에서 부합한다. 좀 더 깊은 각도에서 보면, '실용주의' 교육관은 '전공주의' 교육관과 상호 보완 가능한 점이 있다. : 두 가지 모두 교육기관은 기타 분야(예를 들어 국가의 산업적 역량의 향상 혹은 피교육자의 전문 직업 획득)의 발전 촉진을 위해 존재한다고 여기고 있다.

이와 같은 두 가지 태도는 전쟁 이후 50년 동안 대만 교육의 근본적 문제라 할 수 있다. 대만 고등교육의 기본적인 문제는 다음과 같이 최소 두 가지다. 첫째, '교육의 정치화'와 둘째, '교육의 상품화'가 그것이다. '교육의 정치화'란 교육 정책이 직·간접적으로 정치를 위해 시행됐다는 의미이다. '정치 영역'이 '교육 영역'을 완전히 지배하면서 교육기관의 자주성을 함락시켰다. '교육의 상품화'란 투자 수익의 관점에서 볼 때 교육 문제이다. 이러한 입장은 완전히 '인력 계획' 관점을 바탕으로 교육 정책을 수립하고, '교육 영역'을 '경제 영역'화하여 각급 경제를 건설하는 인재를 제공하도록 지지한다. 이와 같은 두 가지 문제점은 상호 작용하여 교육이 정치 혹은 경제의 도구가 되도록 했다.

이러한 배경 아래 우리가 오늘날 교양교육을 제창하는 것은 깊은 의미를 지닌다. 고등교육 그 자체의 입장에서 말하자면, 교양교육은 인간의 각성 혹은 인간의 자아해방을 촉진시키는 교육이라고 할 수 있다. 피교육자가 포부를 가지고 우뚝 서게 하며, 스스로를 다스릴 줄 알며, 하늘을 받들줄 아는 인간이 되는 것이다. 이것이 바로 고전 유가(儒家)에서 말하는 '군자'(君子)의 인격 모델이라 할 수 있다. 다음으로 고등교육과 기타 정치·경제 분야의 상호작용이라는 입장에서 말하자면, 교양교육의 제창과 현실화는 과거 '교육의 정치화'와 '교육의 상품화' 문제를 직면하여 교정하고, 인간을 각성케 하는 영역으로 교육기관의 자주성과 주체성을 재건하도록 하는 것이다.

4. 당면한 도전과 관념의 정리

17년 간의 발전을 거쳐, 대만의 대학 교양교육은 21세기에 새로운 단계로 접어들었다. 지식경제 시대의 도래로 21세기 고등교육은 필연적으로 구조적이고 본질적인 변화를 겪으며 교양교육의 중요성 역시 점점 부각되고 있다. 새로운 세기의 시작점에서 대만의 대학 교양교육은 수많은 도전에 직면해 있다. 그 중 가장 주요한 도전은 이른바 '교내 민주'의 발전에서 오는 도전이다. '교내 민주' 제도가 하나의 조류가 됨에 따라 대만 내 대학들은 여러 가지 일들을 추진함에 있어 '수량적 사유의 함정'에 빠지는 상황을 면치 못하게 되었다. 교양 교육과정의 개설을 포함해 학점 배분 등 교육 정책의 미래지향성에 관한 많은 문제들은 모두 필히 민주적 과정을 거치게 됐다. 각종 위원회, 심지어 교무회의까지 다수결 원칙에 따라 표결 통과된다. 하지만 이에 따른 폐단들로 인해 '교내 민주'는 오히려 학술과 교육의 선진화에 걸림돌이 되고 말았다. 교내 민주화가 폐단을 면치 못하는 주요 원인은 현 단계 대만 내 대학 교수들 중 아직 교육의 본질과 교양교육의 이념을 충분히 이해하지 못한 사람들이 많기 때문이다. 현재 대만의 대학에서 양질의 교양 교육과정이 실행되기 어려운 까닭은 바로 이 때문이다.

오늘날 대만이 직면한 또 다른 도전은 '본토화'에서 비롯됐다. 최근 10여 년간 대만은 빠른 속도로 민주화를 향해 달려왔다. 이 과정에서 소위 '본토화'에 대한 목소리가 여론을 들썩였고, 이러한 추세에 영향을 받은 대학 교수와 학생들은 대만과 관련된 각종 교육과정에 대단히 큰 관심을 가지게 됐다. 하지만 인재 양성을 위한 교양 인문 교육과정, 특히 사고를 유도하는 인문 교육과정에 대한 관심은 적은 편이다. 이른바 이와 같은 '본토화' 추세는 현재 대만 내 대학의 교양교육 추진에 있어 또 다른 도전이라고 할 수 있다.

현 단계 대만 내 대학의 교양교육 추진의 이념 단계를 보면, 다음 몇 가지 관념에 대해 좀 더 깊이 생각하고 정리할 필요가 있다.

1) 공통 교육과정을 교양화하자는 의견

최근 10여 년간 대만의 각 대학에서는 '공통 교육과정의 교양화'에 대한 목소리가 높아지고 있다. 그 기본 내용은 필수 교과인 국어, 영어, 역사 등 과목을 교양교육의 원칙에 맞게 구성함으로써 교양교육의 목표를 달성하도록 하자는 것이다.

하지만 '공통 교육과정 교양화'라는 개념이 등장한 뒤 10여 년간 몇몇 대학의 일부 인사들은공통과목 혹은 교양교육센터의 교육과정만이 교양 교육과정이라고 오해하는 일도 생겼다. 이러한 오해가 시급히 시정되어야 하는 이유는 교양교육이 모든 대학 교육의 중요한 작업이기 때문이다. 공통과목 혹은 교양교육센터에 소속된 소수의 교원으로는 이러한 막중한 임무를 감당할 수 없기 때문에 '공통 교육과정의 교양화'라는 개념에 대한 정리가 필요하다. 이른바 '공통 교육과정의 교양화'의 내용은 수업을 개설한 교원을 가리키는 것이 아니라 교육과정과 수업 자체를 말하는 것이다.

2) 교양교육센터를 '공심화'(空心化)하자는 의견

이 개념은 교양교육센터 혹은 그에 상응하는 행정 단위의 공심화를 뜻한다. 즉 교양 교육과정의 수업을 담당할 전문 교원을 초빙하지 않고 모든 전임교수를 체제 상 전공 계열에 소속케 하는 것이다.

이 개념의 원래 의도는 매우 이상적이었다. 즉 교양교육센터의 공심화를 통해 거쳐 교양교육을 대학의 모든 교수가 함께 분담하도록 하는 방안이다. 하지만 이는 해당 지역 종합대학과 단과대학의 상이한 상황 때문에 실제 적용하는데 문제가 발생했다. 예컨대 국립대만대학에는 10개 단과대학에 80여 개 전공, 2천여 명의 교수가 있다. 이처럼 전공 계열이 다양한 종합대학의 경우라면 교양교육센터의 공심화를 다소 쉽게 추진할 수 있다. 이러한 대학에서는 보통 공통교육위원회를 설치하여 행정 조직 업무를 조정하고 연구, 개발할 수 있기 때문에 교양교육과정을 담당할 전문 교원을 초빙할 필요가 없다. 하지만 단과대학의 경우에는 교양교육 공심화를 실행하기가 매우 어렵다. 대만의 수많은 과학기술대학에는 교양교육과 관련된 인문·사회 과목을 가르칠 교수가 충분하지 않기 때문이다.

3) 교양교육과정을 폐지하고 전공 과정으로 학점을 충당케 하자는 의견

대만의 대학에서 교양교육이 실시된 지 10여 년 동안 교양교육을 반대하는 사람은 매우 소수였지만 몇몇 의견은 주목할 만하다. 그 중 영향력이 큰 의견은 교양 교육과정이 교수로 보나 교육과정의 질로 보나 모두 이상과 동떨어져 있기 때문에 마땅히 이를 폐지하고 학생들에게 다른 단과대학이나 학과의 수업을 듣도록 함으로써 학점을 충당하도록 하자는 의견이다. 이러한 의견을 주장하는 사람들은 학생들이 직접 수업을 선택해 교양교육 학점을 채울 수 있도록 하는 미국 버클리대학의 학점 제도를 예로 들며 다양한 수업을 듣는 것이 지식 습득에 도움이 된다고 주장한다.

이러한 의견은 기본적으로 현재 몇몇 교양 교육과정의 질이 떨어지는 현상에 대한 반대급부이다. 하지만 이같은 의견의 맹점은 대만 고등학교에서 실시하는 '분류 교육'의 배경을 직시하지 못했다는 데에 있다.[7] 대만의 고등학생은 2학년부터 문과와 이과로 나뉘기 때문에 갓 대학교에 진학한 1학년들은 아직 균형적인 지식 기초를 가지지 못해 과목 선택에 어려움을 겪는다. 따라서 이러한 주장을 단기간 내에 대만의 대학에서 전면적으로 실시하기는 어렵다.

4) 사범대학 및 예술대학은 이미 교양교육과정이므로 교양교육이 불필요하다는 의견

교양교육학회의 조사 과정 중 사범대학과 예술대학에서 실시하는 교육과정이 바로 교양교육이기 때문에 이러한 단과대학에서는 교양교육을 중복해서 실시하면 안 된다는 의견이 자주 등장했다. 그러나 이는 사실 교양교육에 대한 일종의 오해이다. 이러한 주장을 하는 사람들은 교양 교육과정과 인문 교육과정이 완전히 동등하다고 생각한다. 사범대학

---

7) 黃俊傑 · 吳展良 · 陳昭瑛, 『分流教育的改革 : 理論、實踐與對策』, 台北: 教育改革審議委員會, 1996 참조.

과 예술대학의 전공 교육과정이 인문 교과 위주이기 때문에 교양교육이 필요 없다고 여기는 것이다. 하지만 이 의견의 맹점은 인문 전공 교육과정을 교양 교육과정으로 오해함으로써 두 교육과정이 각기 다른 교육 목표를 가지고 있음을 간과했다는 것이다.

사범대학과 예술대학에서 실시하는 인문 전공 교육과정은 초·중학교 교사를 양성하기 위한 교육과정이거나 전공 인재를 양성하기 위한 예술 교육과정의 일환이다. 이러한 교육과정을 교양 교육과정과 동일시해서는 안 된다.

5) 직능 교육은 취업 시장에 부합해야 하므로 교양교육이 필요 없다는 의견

많은 직업기능학교의 교장 혹은 교사들은 직업학교가 취업 시장에서 필요한 인재를 양성해야 하는 곳이라고 생각한다. 이들은 이른바 '산학 일체'를 구호 삼아 직능 교육이 반드시 시장경제의 수요와 상응해야 하기 때문에 직업학교에서 제일 중요한 일은 수업 자체를 ISO의 인증 기준에 부합시키는 것이라 주장한다. 따라서 직능교육에서 교양교육은 불필요한 낭비라고 여긴다.

이러한 의견은 겉으로는 마치 일리가 있는 것처럼 보인다. 그러나 조금만 더 깊이 생각해보면 직능교육이 완전히 취업시장을 위해 존재한다고 주장하고 있어서 교육과 훈련이라는 두 개념 간의 본질적인 차이를 완전히 간과하고 있음을 알 수 있다. 이는 교육에 온전한 인격을 양성하는 교화 기능이 있다는 사실 역시 간과한 것이다. '직능교육'에서 '직능'은 수단이고 '교육'이야말로 비로소 목적이기 때문이다. 이러한 주장은 위에서 말한 직능교육의 근본 이치를 홀시한 것으로 비판받아 마땅하다.

6) 교양교육과정의 '삼급삼심제'는 헌법이 보장한 강연의 자유에 위배 된다는 의견

최근 10년간 대만 내 대학에서 시행된 교양교육 개혁의 중요한 행정조치 가운데 하나는 바로 모든 교양 교육과정을 학과, 단과대학, 학교의 교과위원회를 거치는 '삼급삼심제도'의 심의를 통과한 수업에 한해 개설하고 학점을 부여할 수 있도록 한 것이다. 하지만 몇몇 대학 교수들은 교육과정의 질을 향상시키기 위해 실시하는 이러한 제도가 헌법으로 보장하는 강연의 자유에 위배된다며 반발했다.

하지만 이러한 주장은 '강연의 자유'에 대한 오해이다. 교육과정 심의제도는 대학 학술 집단 내부에서 강연의 질을 제고하기 위해 만든 학술적인 자율 조치이며, 그 목적은 신중한 고려를 통해 학생이 양질의 교육을 받을 수 있도록 보장하는 데 있다. '학술 자율'을 통해서만 진정한 '학술 자유'를 보장할 수 있다.

5. 대학 교양교육 개혁의 전망

대만 내 대학의 교양교육 개혁 사례를 되짚고 현 상황을 검토해 보면서 미래의 교양교육의 전망에 대해 더욱 깊이 있는 몇 가지 견해들을 내놓을 수 있게 됐다.

21세기 교육 발전의 새로운 추세와 장기적인 관점에서 보면 미래 고등교육에서 교양교육이 차지하는 중요성은 점차 늘어날 것이다. 21세기는 '평생학습 사회'(Life-long learning society)이며, 대학 교양교육은 바로 평생교육 사회의 기초를 다지는 중요한 교육이다. 유네스코(UNESCO)와 대만 전 행정원 교육개혁위원회는 오랜 기간 연구를 통해 같은 결과에 이르렀다. 그것은 바로 21세기 세계는 물론이고 대만 역시모두 평생학습 사회가 된다는 사실이다. 21세기 대륙 중국 교육의 발전 역시 이러한 방향을 향해 나아가고 있다. 21세기는 빠르게 변화하는 새로운 지식사회 시대이다. 이를 두고 지식인들은 정보의 습득과 수집보다 더 중요한 것은 자료를 분석하는 능력과 사고능력의 배양이라고 말한다. 인류의 역사는 세 차례 대 혁명을 겪었다. 1차 혁명은 신석기 말기 시작된 농업혁명(agrarian revolution)으로, 이는 인류를 대자연의 의존자에서 생산자로 변화시켰다. 2차 혁명은 18세기에 시작된 산업혁명(industrial revolution)으로 대량생산이 가능해짐에 따라 최근 150년간 세계사에 식민주의, 제국주의, 자본주의 운동이 등장했으며, 100년간 아시아, 아프리카 등지 국민의 반제국, 반식민 투쟁을 일으켰다. 인류 역사의 3차 혁명은 바로 21세기 중반 이후에 시작된 정보혁명이다. 빠르게 발전하는 정보혁명이 가져온 정보사회와 지식 경제의 조류는 21세기 고등교육의 방법과 내용에 긍정적인 영향을 주었다. 이러한 새로운 역사 발전의 추세와 장기적인 발전 측면에서 볼 때, 대학 교양교육은 필연적으로 미래 고등교육의 주류가 될 것이다.

이어서 교양교육의 앞날을 단기적 관점에서 볼 때, 21세기의 시작점인 현재 고등교육계에는 교양교육의 개혁을 추진하고 있으며, 거기에는 두 가지 기본 방향이 있다.

첫째, 교양교육의 개혁을 신르네상스를 촉진하는 문화 운동으로 추진해야 한다. 구체적으로 말하면, 교양교육의 개혁은 필히 대학교수의 의식을 개혁하는 방향으로 추진되어야 한다. 한유(韩愈, 768~824)는 "스승이란 도를 전하고, 학업을 가르치고, 의문을 풀어주는 이"(師者, 所以傳道、授業、解惑也)라고 말한 바 있다. 대학교수는 단순히 생계를 유지하는 직업이 아니라 교육을 평생의 과업으로 삼아야 하는 직업이다.

학생의 의식 개혁 측면에서는 학교에 진학하고 수업을 듣는 자세를 개선해야 한다. 학교는 취업 훈련소가 아니라는 것을 학생들이 여실히 깨달아야 한다. 학교에 진학하는 것은 개혁과 개방의 추세에 따라 사회의 분업 체계에서 개인의 이용 가치를 높이기 위한 것이 아니고 학업에 힘써서 국가와 동포를 사랑하는 마음을 기르기 위함이다.

그 외에 대학 지도자들의 의식 역시 변화가 필요하다. 교육은 백년지대계로 단순한 단기적인 작업이 아니다. 따라서 대학 지도자들 또한 장기적인 안목을 가지고 교육을 수단이 아닌 목적으로 생각해야 하며 이러한 변화를 거쳐 비로소 21세기 중화 신문화의 르네상스를 실현할 수 있다.

둘째, 교양교육 개혁은 21세기 고등교육계의 사회 운동이다. 이는 현재 사회·경제 상황과 교육의 관계가 매우 긴밀하기 때문이다.

대만은 고도 자본주의 사회로 많은 기술 직업학교는 경제 발전에 부응하기 위해 존재한다. 1950년부터 1990년까지 대만 내 대학은 4개교에서 135개교로 늘어났고 학생 수 역시 5379명에서 53만 7263명으로 늘어났다(학부 및 석·박사생 포함). 대만 고등교육이 양적으로 팽창하면서 그 질적 향상이 반드시 해결해야 하는 문제가 되었다.

1949년 이후 대륙의 고등교육 역시 양적인 면에서 빠른 증가를 이룩했지만[8], 20여 년의 개혁개방은 고등교육에 큰 충격을 주었다. 수많은 대학교수들이 퇴직하고 상업 활동에 종사하게 되었으며, 대학은 각종 방법을 통해 수익을 창출하기 시작했고 학생의 면학 태도는 장래 취업시장에서의 가치만을 따지는 쪽으로 변질되었다.

21세기 고등교육에 있어 어떻게 교육과 사회, 정치, 경제 분야 간의 건강한 상호작용을 이룰 것인가? 이는 대륙 중국과 대만의 고등교육계가 공통적으로 직면한 심각한 문제이다. 이를 위해서는 고등교육이 교육 본연의 목적으로 돌아가야 한다. 교양교육은 이러한 회귀 운동에 있어 매우 중요한 역할을 한다.

그렇다면 대학의 미래 교양교육은 어떤 방식으로 이루어져야 할 것인가?

대만 교양교육의 개혁 경험을 토대로 보면 교양 대학은 학술 자유와 자주를 쟁취한 이후 우수한 교육과정을 추진해야 할 뿐 아니라 교육의 질적 제고를 실현함으로써 새롭게 획득한 대학의 자유와 자주를 남용하지 말고 더욱 적절하게 실행해야 한다.

또한 취업을 지향하는 기능 직업학교가 대륙과 대만을 막론하고 고등교육계에서 수적으로 우세하기 때문에 이러한 학교에서는 교양교육의 이념을 제창하여 그 개혁에 대한 공통된 인식을 발전시켜야 한다.

---

8) 中國高等教育編輯部,「半個世紀的探索與輝煌——共和國高等教育發展歷程回眸」,『中國高等教育』, 1999 第18期.

6. 맺음말

이 장에서는 대만 내 대학 교양교육 개혁의 여정을 되짚어 보고 21세기를 전망함으로써 교양교육이 대륙과 대만 고등교육의 새로운 추세라는 것을 알아 볼 수 있었다. 과거 고등교육이 초래한 여러 속박은 점차 완화되었지만 우리의 미래는 여전히 고난과 도전에 직면해 있다.

학교의 자주화와 자유화 이후 교육윤리를 어떻게 단속할 것인지, 교육과정의 질을 어떻게 제고할 것인지 등의 문제는 교수와 학생이 해결해야 할 중대한 문제이다. 또한 대륙의 개혁개방과 대만의 민주화 이후 최근 20년 간 학교 외부의 문화 환경은 대학 교육에 점진적인 영향을 주었다. 세속화, 상품화와 같은 시대적 조류는 고등교육에 막대한 손해를 입혔다. 교수와 학생이 어떻게 교양교육이라는 큰 시련을 거쳐 그 정신적 근원으로 돌아갈 것인지 그 귀추가 주목되고 있다.

교육은 일종의 인격 각성의 장이며 이는 우리가 심각하게 생각해 볼 중요한 과제이다. 당대의 저명한 경영학자인 오마에 겐이치(大前研一)는 최근 대만을 방문해 아래와 같은 견해를 내놓았다.

> 대만은 체제의 전환과 개념적(conceptualized) 인재가 필요하다. 이러한 인재는 보이지 않는 신 경제에서 미래의 청사진을 개념화하고 기획할 수 있으며 과감하게 꿈꾸어야 함을 의미한다. 그러나 이는 결코 쉽지 않다.[9]

9) 天下雜誌編輯部, 「大前研一: 創造專業服務的台灣」, 『天下雜誌』 241期, 2001.6.5., 118쪽.

오마에 겐이치가 내놓은 21세기 새로운 추세에 관한 수많은 의견들은 논의의 여지가 있지만, 그가 말하는 전지구화(globalization) 추세와 국경 없는 세계 등의 개념은 깊은 이치를 담고 있다. 그는 21세기 대만은 개념화된 인재가 필요하다고 했는데, 이러한 견해는 사실 대륙과 대만 모두에 적용되는 말이다. 대륙과 대만은 21세기의 발전에 있어 이른바 '개념적 인재', 즉 '사고 유도적 인재'가 필요하다.

'사고 유도적 인재'는 우수한 교양교육을 통해 그 양성 기반을 다질 수 있고, 이는 우리에게 무한한 확신과 사랑으로 21세기 대학 교양교육의 새로운 시대의 도래를 기대하게 한다.

제6장
일본 임시교육심의회 사례를 통해 본 대만의 교육 개혁

1. 머리말

최근 10여 년간 각계 인사들은 입을 모아 대만 교육의 전면적 개혁 필요성을 주장하였다. 근래에는 교육 개혁과 관련된 각종 세미나들이 우후죽순처럼 개최되고 있다. 하지만 그 내용은 대부분 현 체제의 수정 혹은 보완 쪽에 초점이 맞춰져 있다. 교육자원의 분배, 탄력적 학제의 수립, 교육과정의 발전과 혁신, 교원 양성 개선, 전문대학 교육의 질적 제고, 평생교육 추진 등이 그 예이다. 교육부에서는 이러한 문제들을 개선해야 할 과제로 인정했고, 제7차 전국교육회의에서도 이러한 항목들을 의제로 설정했다. 하지만 민간 교육 개혁의 인사들은 이런 문제들의 개혁만으로는 부족하다고 여기며 '410운동'을 전개했다. 이 운동에서 그들은 (1)소규모 학급, 소규모 학교의 실현, (2)학교 증설, (3)교육 현대화 추진, (4)교육기본법 제정을 골자로 하는 이른바 '410운동 4대 요구'를 제기했다.

1994년 6월 22일 교육부가 주관한 제7차 전국교육 개혁 개막식 당일 민간에서는 「교육 개혁의 불씨가 국민들 사이에서 타오르고 있다: 민간교육회의 성명서」를 발표하며 초·중등 교육 개혁 추진을 주장했다.

이와 동시에 징사(澄社)와 '410교육개선연맹'은 '민간교육회의'를 개최하여 '100여 명의 경제학자들이 본 대만의 교육관제'라는 설문조사를 발표했다. 그 결과 인터뷰에 응한 대부분의 경제학자들은 교육부가 대학 설립과 전공의 증설을 제한함으로써 교육의 질적 수준을 유지하고 대학생의 실업을 줄이는 방안에 동의하지 않았다. 또한 70~85%의 응답자가 공립 및 사립대학의 모집 인원과 학비를 통제하는 것에 '반대' 또는 '매우 반대'라는 응답을 했다. 이와 동시에 많은 학자들은 교육부가 진정으로 저소득 가구 자녀를 보살피려 한다면 고의적으로 학비를 낮출 것이 아니라 학비 지원을 통해 해결해야 한다고 주장했다.

이들은 대만 교육 행정은 개인 설립 학교, 교육 과정, 교사 자원, 고등학교와 고등직업학교의 비율, 학비, 졸업장과 학적, 전공 계열 확충 및 교육경비 등 문제를 해결해야 한다고 주장했다. 최근 들어 정부와 민간 각계에서 벌어지는 논쟁에서 교육 개혁은 쌍방이 의견을 함께 하는 몇 안 되는 공공 의제 중 하나다. 교육 개혁심의위원회의 성립은 바로 정부와 민간 양측 모두의 바람이다.

하지만 교육개혁위원회는 대만의 교육 개혁을 추진하기 전에 다른 나라의 개혁 사례를 참고해 볼 필요가 있다. 최근 10여 년간 세계 각국은 21세기를 맞이하여 교육 개혁 사업을 펼쳤다. 그 예로 미국의 레이건 전 대통령은 1983년 4월 30일 휴스턴방송에서 '위기에 직면한 국가'의 교육 개혁 보고서를 발표하며 전미 각계가 협동하여 개혁을 추진하자고 주장했다. 프랑스 사회당은 1981년 6월 정권을 창출한 이후 교육 개혁을 추진하여 1984년 1월 26일 미테랑 대통령이 고등교육법을 공표하였다. 서독에서 1984년 연방 교육부 장관 빌름스에 의해 추진된 기술단과대학의 교육 개혁 추진 역시 슈미트 총리의 지시에 따른 것이었다.

이와 같이 교육 개혁을 지도하는 정부 기구가 매우 높은 위치에 있기 때문에 최근 세계 각국의 교육 개혁은 실무적 효과를 발휘하고 있다. 그 중 대만이 참고할 만한 사례는 일본 임시교육심의회(1984년 8월 출범 당시 '교육 개혁특별심의회' 에서 9월 5일 '임시교육심의회'로 정식 개칭, 1987년 8월 7일 해산)의 사례이다.

일본 임시교육심의회가 추진한 교육 개혁은 일본의 최근 100여 년 역사 상 세 번째 교육 개혁운동이다. 근대 일본의 첫 번째 교육 개혁 운동은 1872년 '태정관 포고 21호'에 의해 성립된 국가주의를 특징으로 하는 새로운 교육체제로, 메이지유신과 일본 근대화를 위한 교육의 기초를 다졌다. 두 번째 교육 개혁은 바로 제2차 세계대전 종전 이듬해인 1946년 전쟁 이전 구체제의 붕괴에 따른 교육제도 개혁이며, 이는 전후 일본 경제의 빠른 발전의 기반이 되었다.

이번 임시교육심의회의 교육 개혁은 세 번째 개혁이다. 3년 동안 수상에게 모두 네 차례에 걸쳐 정책, 제도 등 분야에 관련된 수많은 개혁 사항이 담긴 심의 보고서를 제출했고, 이는 향후 일본 교육 발전에 중대한 영향을 주었다.

이 장의 주지는 일본의 임시교육심의회의 개혁 사례에서 드러난 사고의 경향과 개혁의 기본 방향 및 방법을 종합해 대만의 교육 개혁 추진에 참고함으로써 현재 직면한 문제와 대책에 대해 예비적 의견을 제시하는 데에 있다.

2. 일본 임시 교육 개혁 심의회의 개혁 사례: 사고 경향, 개혁 방향 및 추진 방법

1) 사고 경향

일본 임시교육개혁심의회의 구체적인 추진과정을 살펴보면 그 사상 경향은 형식주의(formalism)에 대한 비판과 초월에 있다. 이는 곧 임시교육개혁위원회가 전후 이래 학력주의, 학벌주의, 정식 교육 시스템의 지나친 중시 등 일본의 각종 형식주의적 틀을 벗어나고자 더욱 본질적이고 형식에 구속되지 않는 신 교육방법을 모색하여 교육 시스템에 새로운 활력을 불어넣고자 노력했음을 뜻한다.

이와 같은 교육 문제에 대한 사고 경향은 임시교육 개혁심의회 설립 이전에도 축적되어 왔다. 일본 기업계도 익히 알고 있는 '학력 무용론'은 일본 사회의 형식주의에 대한 불만족을 드러내는 태도 중 하나다. 1984년 2월 일본 수상은 국회 인사말에서 다음과 같이 말했다.

> "전후 이래 교육은 학교 교육에 지나치게 편중되고 의존적입니다. 우리는 종합적 교육의 중요성을 더 넓은 각도에서 보는 것을 소홀히 하고 있습니다. 이러한 교육은 가정교육, 사회교육 및 기타 교육형식을 모두 포함합니다."

수상은 이러한 말을 하면서 공식 학교교육 시스템에 대한 불만을 매우 명확하게 표출했다. 그가 주도하여 설립한 임시교육 개혁심의회는 이러한 사상 경향을 이어받은 교육 개혁이다.

임시교육개혁심의회는 다시 네 개 위원회(부회)를 설치했다. 위원회는 각각 21세기 교육정책, 사회교육, 초·중등학교 교육, 고등교육 등 네 측면의 개혁에 대해 연구와 토의를 수행했다. 네 위원회의 개혁은 거의 모두 공통적으로 전후 이래 형식주의 교육 체제에 대한 비판을 드러냈다. 예를 들면 다음과 같다.

제2위원회 사업의 주요 내용은 일본 사회의 학력지상주의를 바로잡고 평생학습 사회의 설립을 도모하는 것이었다. 제3위원회는 초·중등교육을 분석, 연구하여 '학점제 고등학교' 설립을 통해 사회의 인재 수요를 충당하자고 건의했다. 제4위원회는 대학 입학시험제도의 개혁을 담당하여 한 번의 시험으로 평생이 결정되는 식의 시험을 없애고 입학 제도의 다원화를 추구했다.

이러한 사례들 모두에서 임시교육 개혁심의회가 일본 사회의 딱딱하고 형식주의적인 교육체제의 틀을 벗어나 생동감 넘치고 다원적인 새로운 교육 시스템을 만들기 위해 노력했다는 사실을 알 수 있다.

임시교육개혁심의회는 1985년 6월 26일 수상에게 제출한 제1차 보고서에서 일본 교육을 '교육의 황무지'라고 묘사했다. 이 '황무지'라는 표현은 바로 형식주의 교육의 경직성을 두고 한 말이다.

2) 개혁 방향

임시교육개혁심의회가 제출한 네 차례 보고서를 보면 개혁 사업의 방향이 일원적인 획일주의에서 다원적인 개성주의로 향하고 있다. 전체적으로 보면 비록 임시교육개혁심의회 전후 3년의 사업 기간 동안 위원회와 각계 인사들 사이에 '교육 자유화'라는 개념을 두고 의견이 분분했지만 네 번의 개혁 보고서 내용을 보면 '교육 자유화'라는 개념은 대체적으로 임시교육 개혁심의회 사업의 전체적인 방향을 이르는 말이라고 할 수 있다.

'교육 자유화'적 개혁 방향은 사실 일본 자민당 내부에서 나온 것이다. 1984년 8월, 당시 일본 자민당 문교제도조사회장 겸 일본 정부 문부대신은 교육은 결코 개별 성향을 무시해서는 안 된다고 이야기했다. 그는 초등학교와 중학교는 의무교육으로 마땅히 일정한 교육 수준을 유지하며 기초 학력을 다져야 하지만, 고등학교와 전문학교, 대학교 이후엔 많은 제약을 둘 필요가 없으며 학생들에게 충분한 선택의 기회를 줌으로써 재능과 흥미를 발전시킬 수 있도록 해야 한다고 역설했다. 또한 공통적인 의무교육에 있어서는 일본 교육이 다양화를 추구해야 한다고 주장하기도 하였다. 이러한 의견이 바로 구체적인 임시교육개혁심의회의 사업으로 시행되었다. 임시교육개혁심의회는 네 차례 보고서를 통해 일본의 교육제도가 너무 경직화, 일원화되어있음을 지적하며 이를 개선해야 한다고 주장했다. 고등교육 분야에서는 고등교육의 다원화를 주장하면서, 문부성이 교육의 질적 최저 기준을 규정할 수 있지만 반드시 지역적인 변용을 허용해야 한다고 말했다. 임시교육개혁심의회는 또한 초·중등학교 단계에서는 전국적인 지도 요령을 통해 기본지식과 기술능력, 도덕 교육을 중시해야 하지만, 각 지역의 상이한 환경에 따라 각 학교의 교과 과정을 발전시키도록 격려해야 하며 특수한 목적과 원리를 가진 사립학교를 중시하고 증설을 격려해야 한다고 주장하기도 했다.

임시교육개혁심의회가 제창한 교육자유화 신 정책은 근래에 각 교육 단계에서 점차적으로 시행되고 있다. 고등교육을 예로 들면 문부성은 1993년부터 「대학 설립기준」을 개정하고 '준칙주의'의 원칙에 따라 대학

교육 개혁을 추진했다. 1994년 6월, 일본의 7개 대학을 방문하여 각 대학의 교양교육 상황을 관찰한 결과, 일본 각 대학의 교양교육 과정은 "다양성을 하나로 받아들이고 동질성 가운데 차이가 존재하는" 정신을 아주 잘 드러내고 있음을 알 수 있었다. 이러한 정신 아래 각 대학은 교양교육 과정의 대다수를 유사 과목 영역으로 과목 명칭을 개정하고 공통 과목을 규범화하여 이데올로기적 분쟁을 피했다. 또한 각 학교는 모두 외국어 교육을 중시하였으며(대다수 학교가 두 개 언어과목 선택을 필수로 규정) 교양교육과 전공교육의 연관성도 중요하게 생각했다. 각 대학의 각 단과대학은 교육과정 계획에 있어 매우 큰 자유를 갖고 있고, 학생의 과목 선택 자유를 중시하여 각 과목의 담당 교수와 수업 내용, 평가 방식 등의 정보를 충분히 제공하여 학생들이 참고할 수 있도록 했다. 이렇듯 임시교육 개혁심의회의 교육 자유화 정책은 점차 각 급 교육기관에서 시행되고 있다.

3) 추진 방법

일본 임시교육개혁심의회는 적극적이고 세밀한 개혁추진으로 설립 1년째 되는 해에만 전체 회의를 24차례나 열었고 4개 위원회는 매년 최소 24회 회의를 했다. 그 추진 방법에는 두 가지 특징이 있는데 하나는 다방면적이고 다른 하나는 다차원적인 것이다.

먼저 다방면적인 개혁 방법을 살펴보면, 임시교육개혁심의회는 설립 후 2개월 만에 4개 위원회로 세분화되어 각각 4개 분야의 교육 개혁사업을 추진했다. 그 담당 영역은 다음과 같다.

제1위원회: 21세기의 교육 방침

제2위원회: 사회 각 교육기관과 기능의 활성

제3위원회: 초·중등 교육의 개혁

제4위원회: 고등교육의 개혁

각 위원회의 담당 영역이 매우 명확하기 때문에 업무의 효율 또한 높았다. 1985년 6월 26일 임시교육개혁심의회가 1차 보고서를 제출하고 10일 후 문부성은 교육 개혁추진본부를 설립하여 본부 아래 (1) 학력사회 문제 계획 부서, (2) 6년제 중학교 계획 부서, (3) 학점제 고등학교 계획 부서, (4) 대학 입학제도 계획 부서 등 네 개의 계획 부서를 설치했다. 이는 모두 임시교육 개혁심의회의 보고 내용에 의거해 추진한 교육 개혁이다.

임시교육개혁심의회의 다방면에 걸친 개혁사업은 내부적인 분업 이외에도 미국 정부와 합작으로 진행한 교육 개혁 연구가 있다. 1983년 미·일은 정상회담을 열어 양국이 공동으로 상대 국가의 교육현황에 대한 연구를 하는 데에 동의했다. 이 연구는 미·일 문화교육교류회의의 지지를 받았다. 일본 교육계획에 대한 미국 측 연구는 당시 미국 교육부에서 고등교육을 주관하던 로널드 박사가 주관했고, 「일본교육 연구 보고서」는 미국 교육부 소속의 '교육 연구 및 개발부'가 연구와 초고 작성을 맡았다. 쌍방의 연구는 1984년 10월에 시작되었는데, 이는 바로 일본 임시교육개혁심의회가 왕성한 개혁사업을 펼치던 시기이다.

다차원적인 개혁방안 역시 임시교육개혁심의회가 수상의 의견을 받아들여 제기한 원칙 중 하나다. 교육 개혁은 반드시 각 계층 국민의 기대를 반영해야 하는 동시에 최대한 국민들의 의견을 수렴하여야 하기 때문에 심의회는 25명의 일반 위원과 초·중학교 교육, 고등교육, 노동자, 공업 및 상업 각계의 대표로 구성된 20명의 전문가 위원으로 구성되었다. 심의회는 또한 개혁사업을 추진하는 과정 중 전국 각지에서 지역 공청회와 전국 공청회를 개최했으며, '임시교육 개혁 심의회 통신'의 지면을 할애해 각계 인사들의 교육 개혁에 대한 견해를 싣거나 전문가를 초빙해 교육 문제에 대한 담화를 하기도 했다.

이렇듯 세밀하고도 다차원적인 소통으로 인해 심의회의 개혁은 비교적 쉽게 실행될 수 있었다.

3. 현재 대만 교육의 기본 문제와 그 개혁 대책

1) 기본 문제

현재 대만에는 많은 교육 문제가 있지만, 그 중 가장 본질적이고 관건적인 문제는 바로 과거 50년 동안 실용주의와 공리주의의 이념에 따른 교육정책의 주도 하에 너무 많은 비교육적 목표를 추진해 왔다는 점이다. 역사적으로 1940년대 대만 교육은 '본토에 반격하기 위한' 인재 양성을 목표로 하였다. 1950년대 이후의 교육은 경제 부흥을 위한 노력의 일환으로, 1970년대에 들어서는 산업 선진화 추진을 위해 고급 과학기술 수준을 높이는 것이 교육의 목표가 되었다. 광복 이래 정부 부처는 기본적으로 모두 '인적 계획'의 관점에서 교육정책을 수립하고 교육 자원을 배분하였다. 국방부와 경제건설회가 모두 '인적 계획'을 마련했는데 이것이 바로 이러한 교육 관점을 가장 구체적으로 드러낸 사례다.

이러한 '인적 계획'을 주로 하는 교육정책 하에 50년간 대만 교육에는 두 가지 큰 문제가 있었다. 교육 정치화와 교육 상품화가 바로 그것이다.

우선 교육은 어느 국가에서든지 정치 및 경제 분야와 상호 영향을 주고받게 될 수 밖에 없는 분야이다. 하지만 여기서 말하고자 하는 점은 전후 50년 동안 대만 교육이 상당 부분 특정한 정치 이데올로기를 위해, 심지어 정당의 도구로 쓰이기도 하였다는 사실이다. 이것이 소위 '교육 정치화'의 실질적인 의미이다.

이른바 '교육 상품화'란 과거 수십 년 간 경제 성장 위주의 정책 하에서 교육분야가 경제 건설용 인재의 직업훈련소 정도로 여겨지며, 교육이 상품 가치만을 가지고 있는 영역으로 치부되었던 사실을 가리킨다. '교육 정치화'와 '교육 상품화'는 교육 분야의 주체성 상실과 그 내부에 자아 소외의 문제를 야기함으로써 대만의 교육이 완전히 교육의 근본 목적을 잃는 결과를 초래했다. 따라서 교수와 학생들의 주체성을 일깨워 교육이 다시는 다른 분야의 노예가 되지 않도록 해야 한다. 광복 이래 대만의 비교육 분야는 국가의 예산 분배를 미끼로 교육 분야가 비교육분야를 위해 일하도록 강제하였다.

2) 개혁 대책

위에서 서술한 대만 교육의 기본 문제를 해결하기 위한 현 단계 교육개혁의 기본 대책으로는 다음 두 가지가 있다.

첫째, 교육 개혁의 방법이다. 교육 개혁은 반드시 전 국민 운동으로 추진해야 한다. 일본 임시교육 개혁심의회의 사례를 보면 교육 개혁의 성공 기반은 전 국민의 공통된 인식과 참여에 있었다. 계엄령 해제 이후 대만에서는 교육 개혁을 포함한 어떠한 개혁 운동의 추진도 모두 반드시 다방면, 다차원적인 전 방위에 걸친 추진을 통해 비로소 성과를 거둘 수 있었다. 교육개혁위원회의 개혁 사업은 결코 31명 위원들의 '영웅 운동'이 아니라, 전 국민적인 운동이다. 다양한 계급, 민족, 직업, 연령을 구성하는 국민의 광범위한 참여를 통해 전 사회의 풀뿌리를 기초로 하여 교육 개혁에 대한 공통된 인식을 모은 이후에야 비로소 자연스럽게 성공할 수 있을 것이다.

둘째, 교육의 본질에 대한 새로운 인식이다. 현 단계 교육 개혁 사업은 반드시 문화운동이 되어야 한다. 전후 50년간 대만의 교육은 줄곧 비교육부문의 목표를 달성하기 위한 수단으로 기능해 왔다. 이러한 심각한 결과를 초래한 데는 공리주의적 교육관과 문화관이 주도적인 기능을 했다. 오늘날 우리는 교육 개혁을 대만 문화 개조 운동의 일부로 삼아야 한다. 이를 통해 대만 문화가 공리주의의 낡은 틀에서 벗어나 국방 건설이나 경제 발전, 정치 문제보다 인간을 중시하는 방향으로 돌아가야 교육 개혁이 진정으로 탄탄한 문화적 기초를 얻을 수 있을 것이다.

결론적으로 현 단계 대만의 교육 개혁은 반드시 전 국민적인 운동으로, 그리고 문화 재건운동으로 추진되어야 비로소 과거 수십년 동안의 교육 도구화가 가져온 교육 정치화와 교육 상업화의 문제를 완전히 고칠 수 있을 것이다.

4. 맺음말: 교육 개혁의 새로운 도전

현재 개혁을 추진 중인 대만은 각 분야에 대한 구조적 조정과 재건에 힘쓰고 있다. 교육 개혁은 바로 이 중 가장 영향력이 크고 파급 범위가 넓은 개혁이다. 현 단계 교육 개혁은 21세기 대만의 자아 확립과 사회의식 및 국가 공동체 형성, 미래의 새로운 문화 건설에 결정적인 영향을 끼치기 때문에 전 국민이 모두 협력하여 나아가야 한다.

21세기를 전망할 때, 현재 대만의 교육 개혁은 신구가 교체되는 역사의 교차로에서 어떻게 각종 극단적인 의견 사이의 평형을 유지할 것인가? 이것이 바로 대만이 직면한 도전이자 숙고해야 할 문제이다. 구체적으로 이러한 새로운 도전은 다음 다섯 가지 분야에서 나타난다.

첫째, 교육 내용의 개혁 측면에서 균일성(uniformity)과 개별성(individuality) 사이의 균형을 어떻게 유지할 것인가?

둘째, 교육 목표의 개혁 측면에서 대만의 주체성 확립과 새로운 중국 문화의 개척관, 세계적 관점 간의 균형을 어떻게 유지할 것인가?

셋째, 교육 방법의 개혁 측면에서 관리와 방임 간의 균형을 어떻게 유지할 것인가?

넷째, 교육 자원의 재분배 측면에서 초·중등 교육과 고등 교육 간의 균형을 어떻게 유지할 것인가?

다섯째, 교육의 실시 방식 측면에서 '공식 구조'(공교육)와 '비공식 구조'(가정, 사회교육 및 기타 잠재적 교화 과정 등 학교 이외의 시스템) 간의 균형을 어떻게 이룰 것인가?

이러한 문제들은 우리에게 무한한 신뢰감과 애정으로 대만의 교육이 우리 세대의 개혁을 통해 환골탈태하여 새로운 모습으로 다시 태어날 것을 기대하게 만든다.(1994년 10월 29일 교육개혁심의회 제2차 위원회 회의 강연)

제 7 장 현재 대만 고등교육의 맥락에서 본 대학과 산업 간의 관계

1. 머리말

앞서 제5장에서는 대학 교양교육의 역사를 살펴보았고, 제6장에서는 일본의 교육 개혁 사례를 통해 대만의 교육 개혁 문제를 되짚어 보았다. 이 장에서는 대학과 산업계 간의 관계를 살펴보고, 대학의 주체성 문제에 대해 논하고자 한다.

우선 관련 행정법규부터 살펴보도록 하자. 1995년 1월 23일 「국립대학 교무 발전기금 설치 조례」(國立大學校院校務發展基金設置條例)의 시행에 따라 교육부는 국립대학 재무의 자체 조달 비율이 20%에 달하는 경우 예산 절차 규정에 따라 각 대학에 교무기금을 설치하고 각 국립대학에 정당한 재무 자주권을 부여해야 한다. 교육부 규정에 따라 학교는 경비의 20~23% 정도를 자체 조달해야 하는데, 그 중 15%는 학비와 잡비이며 남은 8%의 자체 조달 자금은 대체로 모금에 의지한다. 계산에 따르면 교무기금 제도의 시행 이후 모든 국립대학이 매년 개인 또는 기업으로부터 모아야 할 금액은 총 40억위안(NTD)에 달한다. 이 제도의 시행 이후 국내 각 대학은 모두 기업과 동문에게 모금 활동을 펼쳤지만 노력에 비해 결과는 따라주지 않았다. 1998년 1월 19일 펑지아대학(逢甲大學)에서 열린 대학총장회의에서 많은 국립대학 총장들은 한 목소리로 시범 시행 중인 국립대학 교무기금 제도를 중지하라고 주장했다. 그들은 이 제도가 시행된 뒤 많은 문제가 발생했고 대학의 부담이 커졌으며 자기 조달 비용 역시 학교가 융통성 있게 사용할 수 없는데다 기업으로부터 모금을 해야 하고, 학교의 재무 자주권 역시 제고되지 않았다는 이유로 교육부를 강하게 비판했다.

이러한 논쟁은 현재 대만 고등교육의 맥락에서 국립대학과 교육부가 서로 대립하는 많은 문제 중 하나이다. 논쟁은 표면적으로는 국립대학 교무기금 제도, 대학의 재무 자주권, 대학 모금 제도 등의 문제와 관련된 것처럼 보이지만, 심층적 구조 측면에서 보면 고등교육 발전의 매우 근본적인 문제와 연관되어 있다. 그것은 바로 대학과 산업계 간의 관계라는 문제이다.

21세기를 맞이하는 시점에서 외부적, 내부적 요소가 변화함에 따라 대학의 성격과 함의 또한 거대한 변화를 겪고 있다. 내부 지식 시스템의 복잡화 측면에서 대학은 과거의 'university'에서 점차 'multiversity'로 변화했다. 학문의 다양화, 교수와 학생 수의 증가 등으로 대학의 성격은 점차적인 변화를 겪어왔다. 또한 지식 과목과 대학 교수, 학생 수의 증가는 대학이 과거의 엘리트 교육 구조에서 점차 '평민화'가 되도록 만들었다. 그 파급 효과는 대학과 대학 이외의 각종 영역(사회, 경제, 정치 등) 간의 관계가 갈수록 긴밀해지고 복잡해지도록 했다.

대학과 대학 외부 분야 간 관계가 변화하는 과정 중 대학과 산업계 관계의 긴밀화와 복잡화는 양측 모두에게 새로운 문제를 가져다 주었다. 대학의 입장에서는 어떻게 산업계로부터 자금을 얻으면서 독립된 자주성을 지킬 수 있는가 하는 점이 중요한 문제가 되었다. 하지만 산업계의 입장에서는 어떻게 대학에서 최신 기술과 지식을 얻어 선진화를 추진할 수 있는가, 즉 어떻게 과학 기술과 새로운 지식을 시장화할 수 있는가 하는 점이 그 상호작용에 있어 가장 주목해야 할 문제인 것이다. 대학과 산업계는 다시는 과거처럼 각자 독립적으로 존재할 수 없으며, 21세기가 도래함에 따라 그 관계의 긴밀화는 여전히 미래 대만 고등교육 발전의 중요한 방향이다.

이 장에서는 현재 대만 고등교육의 맥락에서 대학과 산업계의 관계를 논하고자 한다. 이를 위해 다음 세 가지 문제에 대해 분석하고자 한다.

(1) 대학과 산업계는 어떻게 필연적으로 관계를 갖게 되었나?

(2) 이러한 관계의 기본 특성은 무엇이 있는가?

(3) 대학과 산업계 간의 복잡한 관계에서 양자는 어떻게 자신의 위치를 규정해야 하는가?

이 장의 제2절에서는 대학과 산업계 간의 긴밀 관계 형성의 필연성을 분석할 것이고, 제3절에서는 제2절의 내용을 기초로 양자 관계의 두 가지 특성을 설명할 것이다. 그 하나는 상호 의존성이며, 다른 하나는 내재적 모순성이다. 또한 이러한 두 특성으로 인해 양자 간 및 대학 내부에 불안정성이 초래되었다. 제4절에서는 세 번째 문제에 관해 대학과 산업계의 불안정한 관계가 대학에 가져온 새로운 도전과 이를 위한 구체적 방법에 대해 서술할 것이다. 제5절에서는 이 장에서 서술한 내용을 바탕으로 결론적인 의견을 도출하고, 오늘날 대학 교수 및 학생이 주체성 확장의 오류를 피하고 다른 한편으로는 주체성을 상실의 오류를 범하지 말아야 함을 강조하고자 한다. 학생과 교수가 대학과 산업계 사이의 긴장되고 복잡한 관계를 인식하고 대학이 학술 집단으로서의 자기 격려를 꾸준히 수행함으로써 산업계와의 협력을 진전시켜 고등교육의 새로운 경지를 펼쳐야 함도 주장할 것이다.

2. 대학과 산업계 간 긴밀한 관계의 필연성

대학과 산업계 간의 긴밀한 관계가 형성된 이유는 두 가지 측면에서 생각할 수 있다. 우선 보편성의 관점에서 보면 대학이 필연적으로 전체 경제 구조의 일부분을 차지하기 때문이다.

(1) 대학의 존재와 운영은 경제 자원의 지원에 의지한다. 20세기 대학의 발전사를 살펴보면 대학이 자원을 확보하는 방법에는 최소한 두 가지 경로가 있다. 하나는 국가적 경로다. 국가 기구(state apparatus)인 교육부, 국방부, 경제부 등의 부처는 대학 연구 경비의 중요한 제공자이다. 대학은 국가(state)로부터 자금을 지원받기 때문에 어느 정도 이른바 국가 이데올로기적 기구(state ideological apparatus)라는 부분적 기능을 발휘해야 한다. 국가라는 이 경로를 통해 자원을 확보한 후 대학이 어떻게 국가의 간섭을 벗어날 수 있는가, 이것은 대학이 반드시 해결해야 할 중요한 문제이다. 국가는 항상 교육 정책의 통제, 교과 과정 및 교과 자료의

통제, 특히 국정 필수과목 교재의 통제를 통해 대학의 지식 집단이라는 특성을 국가 이데올로기 기구적 특성으로 변화시켰다.

대학이 자원을 확보하는 또 다른 경로는 사회(society)이다. 대학은 사회의 생산 분야와 서비스 분야에서 경제 자원을 얻을 수 있으며, 이로 인해 대학과 산업계에는 긴밀한 협력 관계가 형성된다. 이것이 바로 이번 절에서 탐구하고자 하는 핵심 주제이다. 대학이 산업계로부터 자원을 확보하면 경제 영역과의 관계가 더 밀접해질 수 밖에 없다. 이로 인해 대학은 시장경제, 심지어 국가 계획경제의 한 부문으로서 성격이 더욱 뚜렷해지게 된다.

(2) 대학의 상품, 즉 졸업생들은 학교를 떠난 후 대부분이 경제 생산 구조에 투입된다. 대학은 영리 사업 단체가 아니고, 직업훈련센터는 더더욱 아니다. 대학은 사회 혹은 국가의 자원을 운용하지만 영리를 목적으로 하는 경제 집단이 아니다. 대학의 존재와 운영은 경제 부문의 지원에 의지하는 데서 그치지 않고 대학이 배출한 졸업생들이 생산과 재생산의 구조에 투입된다. 지금까지의 설명이 바로 대학과 산업계의 긴밀한 관계가 필연적으로 발생한 첫 번째 이유이다.

대학과 산업계가 필연적으로 긴밀한 관계를 형성하게 된 두 번째 이유는 최근 20년간 대학 본연의 성격이 점진적으로 변화한 데에 있다. 최근 20년간 산업 구조의 변화, 특히 고급 과학기술의 발전은 인류 문명의 각 분야에 큰 변화를 불러 일으켰고, 대학의 이데오폴리스(ideopolis)적 성질은 갈수록 뚜렷해졌다. 학교 내에서 인문·사회 과목과 사회·경제 부문의 관계가 날로 긴밀해짐에 따라 대학은 두뇌집단(think tank)으로서 사회와 정치 분야에 이데올로기적 서비스를 제공하거나 정치 정책과 사회 정책에 대한 건의를 하기도 한다. 자연과학 분야는 과학단지(science park)

와 긴밀하게 결합한다. 이러한 발전 양상에 따라 대학은 점차 지식 산업(knowledge industry)의 공장이 되어간다. 뿐만 아니라, 최근 20년간 대학이 제공하는 서비스의 대상에도 역시 근본적인 변화가 생겼다. 세계 대학 발전사적 측면에서 볼 때, 중세와 고대의 대학 서비스 대상은 선교사였다. 심지어 17세기 이후에 들어서도 미국의 Harvard College(하버드대학의 전신)이나 King's College(콜롬비아대학의 전신) 등은 선교사 양성을 주요한 목적으로 삼았다. 19세기 대학은 엘리트 지도층을 양성하는 것이 목적이었다. 20세기 들어 대학은 상당 부분 중산층의 교육 기관이 되었다. 현대에는 민주화의 영향으로 대학의 전 국민적 성격이 짙어지게 되었고, 이러한 대학 발전의 추세에 따라 대학과 산업계의 관계는 필연적으로 긴밀하게 되었다.[1)]

하지만 대만의 특수한 상황을 보면, 1987년 7월 계엄령 폐지 이후 소위 민주화의 바람이 불기 시작해 대학에도 영향을 주었다. 대학 민주화의 과정에서 대학과 사회 간 담장은 점차 낮아졌고, 사회 · 경제 부문과의 협력도 나날이 밀접해졌다. 대만의 각 대학은 최근 10년간 빠른 속도로 평민화를 향해 나아갔고, 사회 · 경제 구조를 위해 지식 서비스를 제공하는 중요한 일부분이 되었다.[2)] 따라서 최근 10년간 대만의 고등교육계와 산

1) 대학의 기능변화에 관한 초기의 총론적 논저로는 Clark Kerr, The Uses of the University, Cambridge, Mass.: Harvard University Press, 1963이 있고, 1960년대 미국 대학의 변화에 대하여는 다음을 참고. Clark Kerr, *The Great Transformation in Higher Education, 1960~1980*, Albany: State University of New York Press, 1991; Clark Kerr, *Troubled Times for American Higher Education*: The 1990s and Beyond, Albany: State University of New York Press, 1994.

2) 대학교육은 엘리트교육에서 점차 대중교육으로 변해왔고, 최근 20여 년 동안 세계 각국은 같은 추세를 보여왔다. 대만의 교육도 행정교원교육개혁위원회의 개혁 이후 대중화 추세가 뒤따랐다. 李遠哲, 「大學理念與校長遴選」, 黃俊傑編, 『大學理念與校長遴選』, 台北: 通識教育

업계의 관계가 날로 밀접해진 것은 사실 그 역사적 필연성에 있다고 말할 수 있다.

3. 대학과 산업계 관계의 특성

우리는 이제 제1절에서 다룬 두 번째 문제, 즉 대학과 산업계 관계의 기본적 특성은 어떠한가라는 문제를 더욱 깊이 논의할 수 있게 되었다. 이 문제에 대해 이번 제3절에는 대학과 산업계 간의 관계가 (3:1) 상호 의존성과 (3:2) 모순성이라는 두 특성을 가지고 있기 때문에 (3:3) 대학 내부와 각 부문 간 불안정성을 야기하게 되었다는 논점을 순서대로 살펴보도록 하고자 한다.

(3:1) 상호 의존성: 대학과 산업계 간의 상호 의존성은 일종의 역사적 필연이며 구조적 필연이라고 하는 편이 낫겠다. 역사적인 관점에서, 교육과 문화 발전의 수준은 경제적 번영과 줄곧 긴밀한 관계가 있었다. 중국 고대의 시험 제도를 예로 들어보자. 통계 자료에 따르면 명 왕조 홍무(洪武) 4년(1371)부터 만력(萬曆) 44년(1616)까지 총 245년 동안, 과거에 급제한 장원(壯元)과 방안(榜眼), 탐화(探花), 회원(會元)은 모두 244명이었고, 그 중 88%인 215명이 남방인이었고, 북방 출신은 29명으로 12%밖에 되지 않았다. 청 왕조에 들어서는 총 267명의 인재 중 강소(江蘇) 78명, 절강(浙江) 68명, 강서(江西) 36명, 안휘(安徽) 19명 등 네 성(省)의 합계가 201명으로 전체의 75%를 차지했으며, 강소와 절강 두 곳에서만 146명이

學會, 1997, 1~16쪽 참조.

뽑혀 전체의 반을 차지했다.[3] 즉 중국 고대 시험제도의 사례를 보면 장원, 방원 등과 같은 인재는 대부분 경제가 번영했던 강남 지역에서 나왔다는 것을 알 수 있다.

또 다른 예로는 미국의 사례가 있다. 1960년대 이래 미국의 주요 대학은 대부분 두 지역에 분포해 있었다. 그 하나는 보스턴에서 워싱턴에 이르는 동부지역이다. 통계 자료를 보면 전 미국에서 노벨상을 수상하고 국가과학원 회원인 사람들은 반 가까운 수가 이 지역 사람이었다. 다른 한 곳은 바로 록키산맥 지역이다. 통계에 따르면 대략 36%의 노벨상 수상자와 20%의 국가 과학원 회원들이 이 지역에 거주하고 있다. 이 두 동쪽 해안과 서쪽 해안 지역은 산업 발전과 인구 밀집으로 문화가 집중되고 교육이 발달했으며, 명문 학교들이 설립되었다. 이와 같은 두 사례를 통해 교육의 발전과 경제 번영이 매우 밀접한 상관성을 가진다는 사실을 알 수 있다.[4]

경제 생산 구조의 측면에서 봤을 때, 양자의 상호 의존성은 경제 구조의 필연성에서 유래했다고 볼 수도 있다. 산업 생산 능력의 향상과 새로운 상품의 개발, 고급 기술의 발전 등은 모두 대학과 실험실이 제공하는 새로운 지식과 기술에 의존한다. 제2차 세계대전 이후 대학과 과학단지의 밀접한 관계는 세계 곳곳에서 볼 수 있는 보편적인 현상이었다. 대만을 예로 들면 신주(新竹)과학단지와 국립청화대학(國立清華大學), 국립교통대학(國立交通大學) 등은 말할 필요도 없고, 위안추안(遠傳)전화회사 역시 위안즈대학(元智大學)의 지원을 받았다. 최근 20년간 대만의 첨단 기

---

3) 陳正祥, 『中國文化地理』, 台北: 木鐸出版社, 1984, 21~22쪽.

4) Clark Kerr, *The Uses of the University*, Chapter 3.

술 발전, 특히 반도체 기술의 비약적인 성과는 대학의 지식 및 기술적 지원과 불가분의 관계에 있다. 클라크 커(Clark Kerr)의 말에 따르면 20세기의 두 가지 큰 변혁은 산업 관계(industrial relations)와 고등교육에 있으며, 양자의 변화 과정은 모두 '동질화'(convergence)라는 단어로 설명할 수 있다고 말했다. 소위 '동질화'란 비슷하게 변화하는 과정을 뜻하지만 꼭 비슷한 결과물을 의미하는 것은 아니다. 이는 전후 세계사에 있어서 하나의 추세였다. 산업의 '동질화' 현상을 보면, 산업 자체와 노동자, 정부, 소비자 자주성 제고의 영향으로 더 이상 독단적 자본주의가 아닌 점차 다원적 산업주의로 발전하게 되었다. 이러한 다원적 산업주의가 대중의 요구에 부합했기 때문에, 각 분야와 산업의 관계 역시 중대한 변혁을 맞이했다. 고등교육의 '동질화'를 보면 지식의 보급과 인간의 정신적 측면에서 더욱 큰 자유의 획득으로 각국의 고등교육이 모두 비슷한 문제에 직면했고, 해결 방법 역시 비슷했기 때문에 세계 각국의 고등교육 제도가 비슷하게 변했다. 또한 산업화와 민주화의 영향으로 국가 간 고등교육의 경계가 점차 희미해졌다. 이에 따라 교육은 통일된 학습 세계로 나아가게 되었으며[5] 산업과 고등교육의 '동질화' 발전 과정에서 양자는 서로 원인과 결과로 작용했다.

(3:2) 모순성: 하지만 대학과 산업계 간의 상호 의존은 공존과 공동 번영의 표상 아래 거대한 모순성을 감추고 있다. 이러한 모순을 피할 수 없는 원인은 교육 영역으로서 대학의 작동 원리(modus operandi)가 자아 실현(self-realization)에 있기 때문이다. 다시 말하면, 교육 및 문화 기관으로

5) Clark Kerr, *Higher Education Cannot Escape History: Issues for the Twenty-first Century*, Albany: State University of New York Press, 1994, 1~2쪽.

서 대학은 새로운 지식의 개척과 문화 이상적 자아 실현이 그 존재 이유라는 것이다. 문화의 창조와 새로운 지식의 발견은 대학의 목적이지 수단이 아니다. 상대적으로 경제 영역에 속하는 산업계의 작동 원리는 이윤 획득 원칙에 있다. 이 또한 산업계의 관점에서 새로운 지식의 발견은 수단이지 목적이 아니며, 산업계가 관심을 갖는 점은 새로운 지식이나 기술의 시장 가치(market value)이다. 문화 교육 분야와 경제 영역 간의 작동 원리가 다르고, 존재 이유가 다르고, 그 목적 역시 상이하기 때문에 둘 사이에는 내재적 긴장이 존재한다. 1970년대 사회학자인 다니엘 벨(Daniel Bell)이 이에 대하여 심도있는 분석을 한 바 있기에[6] 여기서는 언급하지 않겠다.

(3:3) 대학과 산업계 간의 상호 의존성과 모순성으로 인해 양자 사이에는 일종의 '적대적 협력관계'(antagonistic cooperation)가 생겨났다. 이러한 협력관계는 대학과 산업계 사이 및 대학 내부의 지식 부문 사이에서 불안정성(instability)을 형성한다. 이러한 불안정성은 다음과 같이 두 가지 측면에서 분석할 수 있다.

(a) 대학과 산업계 사이에서 불안정성이 생겨나는 주요 원인은 경제 영역이 단기적으로 창출한 이익이 교육 영역이 창출할 수 있는 이익보다 훨씬 커서 경제 영역이 항상 교육 영역을 지배하기 때문이다. 전후 대만 고등교육사의 구체적인 경험에 비추어 볼 때, 전체 경제 정책의 고려 하에 1960년대부터 대만 고등교육의 확장과 조정은 대개 경제 영역에 의해 진행되었다. 양이룽(羊憶蓉)의 연구는 대만의 전문학교가 1950년대 중반 이후에 대량 증설되었고, 1960년대 초기 이후에는 성장이 느려졌는데,

6) Daniel Bell, *The Cultural Contradition of Capitalism*, New York: Basic Books, 1976.

그 중에서도 공학 부문과 과학기술 부문의 성장이 비교적 빠른 편이었고 관련 단과대학의 증설이 눈에 띄었다고 밝히고 있다. 이러한 교육 특색은 모두 각 시기 경제 건설 계획과 인력 발전 계획에서 당시 정책 의도와 계획, 목적을 말해주고 있다.[7] 여기서 강조하고자 하는 점은 대만의 교육이 경제 영역의 지배를 받아왔으며, 광복 이후 수십 년 간 대만의 교육 정책은 기본적으로 허친스(Robert M. Hutchins)가 비판했던 '직접 수요설' 혹은 '사회 개조설'의 이론을 토대로 교육이 사회를 위해 일해야 한다는 개념에서 나왔다는 사실이다.[8] 당시 매우 중시되었던 공학 교육의 몇몇 비인기 과목은 심지어 시장 수요에 영합하지 않는다는 이유로 폐지되기도 했다.[9]

(b) 대학과 산업계의 협력 관계는 대학의 각 지식 부문 간에도 불안정성을 야기했다. 경제 이익의 고려 때문에 대학 내부 학문 간 재원 분배 경쟁도 점차 학술 논리에서 벗어나 취업 지향적인 단과대학 혹은 전공이 지배적인 지위를 차지하게 되었고, 그 결과는 바로 대학의 자아 소외 현상으로 나타났다.

몇몇 국립대학의 사례를 보면 대학이 산업계로부터 재원을 획득한 이후 학내 자원의 분배는 타협하기 어려운 또 다른 문제를 낳았다. 흔히 볼 수 있는 자원 분배의 방식 중 하나는 평등주의이다. 이 방법은 대학이 반드시 교내 민주의 새로운 추세에 부합해야 하고, 경제 자원의 분배 역시

7) 羊憶蓉, 『教育與國家發展: 臺灣經驗』, 台北: 桂冠圖書公司, 1994, 第二章, 35~72쪽.

8) Robert M. Hutchins, 陸有銓譯, 『民主社會中教育上的衝突』, 台北: 桂冠圖書公司, 1994, 23~40; 41~56쪽.

9) 李家同, 「我國大學工程教育的檢討」, 淡江大學教育研究中心 · 二十一世紀基金會編, 『二十一世紀我國高等教育的發展趨勢——體制、功能與學校組織』, 台北: 師大書苑, 1990.4.

민주화에 부합하는 방식으로 이뤄져야 하기 때문에 각 곳에 평등하게 나누어져야 한다고 주장한다. 하지만 이 방법은 거짓 평등주의이다. 왜냐하면 이러한 자원 분배 방식은 대학의 학술적 수월성 추구라는 목표와 맞지 않기 때문이다. 또 다른 분배 방법은 공리 원칙에 따라, 즉 각 전공 혹은 단과대학에서 모금한 금액만큼을 그 액수에 따라 분배하는 것이다. 이러한 분배 방식은 기본적으로 대학이 산업계의 영향을 받은 결과 중 하나다. 그러나 이 방법을 쓰면 안 되는 이유는 사실 그것이 일종의 '밀림의 법칙'이기 때문이다. 전후 50년간 대만 고등교육의 근본 문제는 공리주의의 성행에서 비롯되었고, 이에 취업을 지향하는 학과나 단과대학이 큰 발전을 거두었다. 따라서 대학과 산업계 사이에 긴밀한 관계가 확립되고 난 후 산업계에서 받은 경제 자원은 거의 취업 지향적인 학과나 단과대학으로 배분되었다. 이러한 공리주의적 경제 자원 분배 원칙은 대학의 수월성 추구 원칙에 위배된다. 대학은 지식을 창조하는 핵심 집단이고, 소수의 지식 엘리트에 대한 격려를 통해 지식 혁명의 중심이 되도록 해야 한다. 따라서 대학의 자원은 반드시 학술 영역에서 발전 잠재력이 있는 학문에 집중적으로 분배하여 연구와 수업의 질을 제고할 수 있도록 해야 한다.

이상의 논술을 종합하면 대학과 산업계의 관계는 매우 복잡하다. 양자는 상호 의존적인 동시에 모순이 내재되어 있는 일종의 공생(symbiosis)적인 관계로, 힘을 합하면 이득을 얻을 수 있지만, 흩어지면 손해를 입는다. 하지만 이러한 관계는 오히려 대학에 상당한 불안정성을 가져왔고, 이러한 불안정한 관계에서 양자가 어떻게 이득을 얻고 공존할 수 있을지는 대학이 깊이 생각해 보아야 할 중요한 과제이다.

4. 불안정한 관계에 따른 문제와 그 해결 방안

상술한 바와 같이, 이제 대만 고등교육의 맥락에서 대학과 산업계 간의 불안정한 관계에 대해 생각해 보고 대만 고등교육에 가져올 문제들과 그 해결 방안을 논의하고자 한다. 여기에서는 두 가지 관점에 대해 설명하고자 한다. (1) 현재 대만 고등교육에서, 대학이 점차 경제 영역의 통제를 심하게 받음에 따라 인문 과목과 순수과학 등 취업 지향적이지 않은 학문들이 장차 무시당하게 될 것이다. (2) 대학에 대한 경제 영역의 통제가 야기한 학술과 교육구조의 왜곡 문제에 대해 대학의 대처방법은 용감한 자기 위치화에 있다.

(4:1) 불안정한 관계에서 대학 교육구조의 왜곡: 최근 50년간 세계 각지의 대학과 경제 부문이 긴밀한 관계를 맺은 이후 교육 부문은 경제 부문의 통제와 지배를 받게 되었다. 미국을 예로 들면, 최근 20여 년간 미국 경제의 성장이 둔화되고 실업률이 증가하면서 각 대학에서 학생들의 학문 추구의 공리주의적인 태도가 뚜렷해지는 현상이 발생했다. 통계에 따르면 1969년부터 1976년까지 미국 각 대학에서 직업 관련 전공을 하는 학생은 38%에서 58%로 증가했고, 인문 계열 전공자는 9%에서 5%로 떨어졌으며, 사회학 전공자는 18%에서 8%로 줄어들었다. 이러한 현상은 1982년까지 지속되었고 직업 관련 전공자의 비율은 64%까지 증가하였다. 전공 분야를 보면 역사 전공자들의 비율은 1973년 1.6%에서 1983년 0.5%로 급감한 반면, 공학 계열 전공자 비율은 6.6%에서 11%로 급증했다.[10)]

10) *The Role and Functions of Universities*: OECD Country Report, United State of America,

미국 뿐만 아니라, 대만의 고등교육 역시 시장경제의 통제를 받고 있다. 역사적 관점에서 보면 대만의 교육사에서 제일 두드러지는 경향은 농후한 공리주의였다. 명청(明清) 시대에 대만의 교육은 거의 과거 시험을 위한 것이었고, 1887년 이전까지도 과거 시험을 준비하기 위한 학교가 대부분을 차지했다. 당시 유학을 배우는 학생들은 국자감(國子監)에 들어가거나 향시(鄉試)에 참가하였다. 1887년 이후 서학당(西學堂: 1887), 전보학당(電報學堂: 1890), 번학당(番學堂: 1890) 등이 설립되었는데 모두 실무와 관련된 교육기관이었다. 일제강점기 대만 고등교육의 특징은 식민주의와 공리주의였고, 광복 이후 대만의 고등교육 발전은 많은 부분 경제정책에 부합하기 위한 것이었다. 예를 들면 행정원(行政院) 국제경제협력발전위원회(國際經濟合作發展委員會)는 1973년『제6차 경제건설 계획』(第六期經濟建設計劃)에서 대만의 장기적 경제발전 계획 중 고급 과학기술 인력 발전 지표가 1970년 1만 명 당 31.5명에서 1979년에는 63명으로 늘어날 것이라고 밝히고 있다. 계획 기간 동안(1973~76년)에는 상술한 바와 같은 연구소 및 대학의 관련 학과 수업의 질을 제고하는 것 이외에 다음과 같은 조치도 취했다.

즉, 과학기술 인력 지표에 따라 이·공·농·의학 등 네 계열의 모집 단위와 인문 계열의 모집 단위의 비율을 55:54로 계획하였다.[11] 전체적으로 보면, 전후 대만 고등교육과 경제 부문의 밀접한 관계에서 얻은 공로 역시 적지 않다. 특히 사회 계층의 유동을 촉발하고, 교육의 빠른 보급화를 촉진 시키는 등의 공헌을 했다. 하지만 각 시기 경제 정책 수요에 과도

1985, 96쪽.

11) 國際經濟合作發展委員會,『第六期經濟建設計劃』, 台北: 經合會, 1973, 268쪽.

하게 영합하여 고등교육의 상품화 특성이 날로 뚜렷해졌고, 국가적인 '인적 계획'의 관점이 교육 체제로 유입됨에 따라 교육의 정치화와 도구화 경향 역시 강해졌다.

(4:2) 이러한 불안정 관계가 가져온 교육 구조의 왜곡 문제를 어떻게 해결해야 하는가? 이에 대해 대학은 산업계와의 상호작용에서 용감하게 자기 위치화를 해야 한다고 생각한다. 대학은 학술 영역과 교육 영역이지 경제나 산업계의 노예가 아니다. 구체적으로 대학 교육에 대한 산업계의 침투를 막기 위한 방법은 아래 세 가지와 같은 방법이 있다.

(a) 대학은 반드시 학술 자유와 자주, 자존을 지켜야 한다. 대학은 지식 사회 집단으로, 대학의 존재 목적은 새로운 지식의 탐구에 있으며 국방 건설, 산업 등과 같은 대학 외적 목표를 위해 존재하는 것이 아니다.

(b) 대학 교수들은 반드시 기업이 아닌 대학에 충실해야 한다.[12] 대학이 산업계로부터 경제 자원을 얻었다 하더라도 대학교수는 대학에 고용되어 새로운 지식의 탐구와 전파에 종사하는 사람이며 기업에 속한 사람이 아니다. 따라서 교수가 따라야 할 쪽은 경제 분야인 산업이 아니라 지식 사회 집단인 대학이다.

(c) 대학과 산업계의 연구 계약은 대학의 관리 하에 이루어져야 하고, 그 연구 성과는 출판을 통해 공개적으로 유통되어야 한다. 대학교수와 산업계는 연구 계약을 체결하여 새로운 지식을 모색하고 탐구하게 되었다. 하지만 연구 활동의 진행과 연구 결과의 유통은 지식 분야의 감독이 필요하며, 그 연구 결과는 경비를 제공한 기업이 독점하는 것이 아니라, 지식

12) 미국에서는 이 문제가 매우 심각할 뿐만 아니라 매우 주목받고 있다. 이 에 대해서는 클라크 커가 검토한 바 있다. Clark Kerr, *Troubled Times for American Higher Education*, 71~80쪽.

분야의 행정 규칙에 따라 출판, 유통되어야 한다.

5. 맺음말

19세기 말, 북양대학(北洋大學: 1895)과 경사대학당(京師大學堂: 1898)이 잇달아 설립되고 난 뒤, 중국의 근대 교육과 전통문화는 심각한 단절을 겪었다.[13] 여기서 분석한 대학과 산업계의 협력은 근대 서구 국가에서 비롯된 새로운 현상이지 전통 중국으로부터 비롯된 현상이 아니다. 이러한 새로운 현상은 근래 각 분야 인사들의 조장에 따라[14] 점차 대만 고등교육을 위협하는 하나의 중요한 문제가 되었고, 주목해야만 하는 상황에 이르렀다.

이 장의 내용을 종합하면, 우리는 하나의 결론적인 견해를 얻을 수 있다. 21세기를 맞이하는 대만 고등교육에서 대학과 산업계의 관계는 복잡하고도 밀접하며, 첨단기술의 도입과 대만 및 아시아 지역 경제의 긴밀화로 인해 양자 간의 상호작용 역시 빈번해 지고 있다. 대학은 사회와 밀접하게 연관되고 공존하는 지식 분야다. 이러한 특수한 맥락에서 대학의 학생과 교수들은 반드시 주체성이 과도하게 팽창되는 오류를 범하지 않음으로써 대학 외적인 경제, 사회 등의 부문과 유기적인 관계를 형성해야

13) 龔鵬程, 「高等教育與文化的關係: 我國模式的探討」, 淡江大學教育研究中心·二十一世紀基金會編, 『二十一世紀我國高等教育的發展趨勢——體制、功能與學校組織』, 台北: 師大書苑, 1990.4.

14) 康自立, 「大學與產業界的合作」, 黃政傑主編, 『大學的決策與管理』, 台北: 英文書店, 1997, 149~166쪽; 『天下雜誌』 특별호, 1997.11.15

한다. 또한 대학은 주체성 상실의 오류를 범하여서도 안 된다. 대학과 산업계의 긴밀한 관계가 대학의 주체성 상실로 이어져서는 안 된다. 따라서 대학은 대학과 경제 영역 간에 존재하는 긴장과 협력 관계를 잘 이해해야 한다. 이렇게 함으로써 대학과 산업계는 비로소 상호 모두 건강한 발전을 이룰 수 있다. 또한 대학은 영리 사업이 아닌 학술 집단이라는 인식을 대학의 주체적인 발전에 있어 중요한 전제로 삼아야 한다.

제8장 현재 대학의학교육 개혁 중 교양교육의 중요성에 대하여

1. 머리말

의학교육 수준을 한 단계 더 발전시키고, 외국의 의학교육과 어깨를 나란히 하면서 앞으로 나아가기 위하여, 대만의 12개 의과대학 의학과는 이미 국가위생연구원(國家衛生硏究院)의 주도 아래, 몇 년 안에 비교적 엄밀한 평가를 수행할 예정이다. 이는 최근 몇 년간 대만 고등교육 개혁 가운데 관계자들을 분발케 했던 프로젝트이다. 이번 평가 수행과정과 지침 중 의학전공 각 항목 평가 지표에 대해 쉽게 인식의 합의에 이르렀다. 해외 의학교육계로부터도 일정한 기준을 참고할 수 있었다. 하지만 의학교육 개혁 중 교양교육은 어느 위치에 있어야 하는가? 왜 그 자리에 있어야 하는가? 의학과 교육 중 교양교육은 어떻게 나아가야하는가? 이러한 문제에 대해서는 저마다 서로 의견이 다르며, 공통된 의식의 형성이 어려운 상황이다.

이 장의 취지는 현 단계 대만 내 대학 의학교육의 맥락을 견고히 하고, 대학 교양교육의 중요성을 논하며, 교양교육의 질적 향상이 대만 의학교육의 중요한 전제 중 하나라는 사실을 밝히고자 하는 것이다. 이러한 주장을 논증하기 위해, 제2절에서 먼저 교양교육의 정의를 명확히 하고, 그 중요성을 간략하게 보충하여 논할 것이다. 제3절에서는 과거를 돌아보고 미래를 내다보는 두 관점에서 대만의 의학교육에서 교양교육이 절실하게 필요한 이유를 분석하고자 한다. 제4절에서는 대만의 의학대학에서 교양교육의 교육원칙, 교수방법 및 교육과정 등 구체적인 문제에 대하여 의견을 제시하고자 한다. 제5절에서는 전문적인 논점을 종합하여 결론적 관점을 제시할 것이다.

2. '교양교육'과 그 '중요성'

최근 10여 년 동안, 대학 교양교육에 관심 있는 인사들은 교양교육에 있는 힘을 다하기를 주창했다. 하지만 각 분야 인사들마다 '교양교육'의 정의 및 함의에 대하여 서로 의견이 달라 일치된 결론을 내릴 수 없었다. 그 중 가장 자주 제시되는 의견은 "교양교육은 인문과 과학 두 문화적 차이를 이어주는 교량"이라는 것이다. 이러한 견해는 수십 년 전에 스노우(C.P. Snow, 1905~) 가 제시한 바 있다. 그러나 최근 반 세기 이래 고등교육의 주요한 문제에 있어 대만의 교육도 어느 정도 적합성을 갖추기는 했지만, 그 근본적 문제를 완전히 장악했다고 할 수는 없지다는 사실만큼은 분명히 지적할 수 있다. 다음으로 많은 사람들은 교양교육을 대학 이전

교육에서 부족한 점을 교육하는 것이라고 여기고 있다. 이러한 견해는 대만의 중등교육이 지나치게 미리 '분야를 나누는' 현상과 그에 따라 파생하는 문제를 잘 지적하고 있다. 그러나 이런 의견은 다소 소극적인데다 미래에 대한 전망이 부족하여 최근에는 점차로 잦아들고 있다.

교양교육에 유일무이하거나 바꿀 수 없는 정의란 없다. 교양교육의 함의 역시 상황에 따라 바뀐다. 하지만 이런 문제를 생각하기 위해서 '맥락화'(contextualization)적 사고방식을 택해야 한다. 즉 이 문제를 대만 의학교육의 구체적이고 특수한 맥락에서 생각해봐야만 그 핵심을 찾을 수 있다. 대만 의학교육의 맥락성(contextuality)에서 볼 때, 필자가 과거에 제시했던 대학 교양교육의 정의는 여전히 적합하다. 교양교육이란 인간의 주체성을 세우고, 인간을 완성하는 자아 해방을 근거로, 인간과 생존하는 인문 및 자연환경이 상호 주체성의 관계를 갖는 교육이다. 이른바 '교양교육'이란 인간을 깨우치는 '주체성', '인간의 각성'을 촉진시키는 교육이다. 필자는 일찍이 이와 같은 정의 중 '주체성'에 대해 다음 두 가지 단계로 실질적인 의미를 정리한 바 있다.

첫 번째 단계에서 이른바 '주체성'이란 '주체 — 객체'가 대응하는 의미에서 '주체성'을 가리킨다. 그 구체적 함의는 교육을 받는 자는 하나의 '주체'이고, 교육을 받는 사람 이외의 객관적 상황(예를 들어 문화세계, 사회, 정치, 환경, 자연세계) 등인 '객체'보다, 그 발생 순서 혹은 중요성을 막론하고 '주체'가 '객체'보다 우선적이라는 점이다. 오직 교육을 받는 인간만이 우위성을 갖는다. 이른바 '교양교육'이란 인간 주체의식의 각성을 촉진하는 교육이다. 인간은 포부를 가지고 우뚝 서서, 스스로 자신을 다스릴 줄 알며, 인간이 아닌 '객체'의 통제에도 굴하지 않도록 해야 한다. 교양교육의 정의 중 두 번째 단계의 '주체성'은 '주(主) — 부(副)'가 대응하는 의미에서

'주체성'이다. 이 의미에서 '주체'는 교육을 받는 자이고, '객체'는 교육의 실제적 효과를 가리킨다. 예를 들면 부국강병, 경제발전, 과학기술 발전 등이 그것이다. 교육이 할 수 있는 창조적 실제 효과 및 그 확대보다 교육을 받는 인간의 인격 수립과 도덕 복지의 상승이 본질적인 지위, 절대적인 우위를 지니고 있다.[1] 이와 같은 정의를 살펴보았을 때 교양교육은 오늘날 대만 내 대학 의학교육 중 중요한 부분이다.

이어서, 우리는 '중요성'의 함의에 대해서도 정리할 필요가 있다. 필자가 말하는 '대학 의학교육 개혁 중 교양교육이 가진 중요성'에서 '중요성'이란 우선순위라는 의미이지 발생 순서라는 의미에서 '중요성'이 아니다. 더 정확하게 말하면, '우선순위'라는 의미에 있어 '중요성'은 의사 양성 교육에 있어 '정신적 각성'이 의학 전공지식이나 기술적 훈련 또는 주입보다 우선시 된다는 것이다. 맑고 깨끗한 마음을 가지고 있어야만, 비로소 '인간'이 될 수 있고, 또한 마음에서 우러나오는 진실함으로 타인을 대할 수 있으며, 그제서야 '병을 보고 스승을 대하듯' 하는 의사가 될 수 있기 때문이다. 다른 말로 하면, '중요성'이란 의학 지식을 축적하는 순서라는 의미에서의 '중요성'이 결코 아니다. 의학 지식과 능력의 축적이 반드시 '마음의 각성'을 전제하는 것은 아니기 때문이다. 의학교육은 우선 '전인교육'이어야만 완전한 인격을 가진 의사를 양성할 수 있다는 점을 특별히 강조하고자 한다. 이른바 '완전한 인격'이란 '마음의 각성'을 거쳐, 인간 사이의 담장을 허물고, 환자의 고통을 오롯이 받는 의사의 인격을 말한다.

의료 사업은 자비로운 마음으로부터 나온다. 의료 교육과정 중 어떻게 자비로운 마음을 길러야 할지는 의학대학 교수와 학생이 깊이 고려해야

---

1) 黃俊傑, 『大學通識教育的理念與實踐』, 台北: 通識教育學會, 1999, 32·35쪽.

할 문제다. 그런 의미에서 우리는 교양교육이 의학교육 개혁과정에 있어 무엇과도 대신할 수 없는 중요성을 가지고 있다고 생각한다.

3. 의학교육 중 교양교육의 필요성

대만의 의학교육은 전공 훈련에 치우쳐 있고 인문 교양교육을 소홀히 하고 있다. 이는 의학계 지식인들의 공통된 의견이다. 1993년 2월 26~28일, 대만의학계연맹(臺灣醫界聯盟)과 교육부 의학교육회(教育部醫教會), 대만대학 의과대학이 공동 주최하고, 위생서(衛生署)가 후원한 '대만의학교육 학술대회'(臺灣醫學教育研討會)가 개최됐다. 이 학술대회에서 황보차오(黃伯超) 교수는 대만의 현행 의학과가 선발한 고등학교 졸업생은 우선 2년의 기본 학과 수업 및 인문과학을 공부하고, 다시 각각 2년씩 기초의학과 임상의학을 공부한 다음 1년의 실습 기간을 거쳐 졸업을 한다(7년 과정)고 발표했다. 이런 학과 제도 중 검토, 개선해야 할 점은 바로 첫 2년의 교과과정에서 가르치는 내용이 고등학교와의 중복을 피하고, 인문학 교육을 강화시켜야 한다는 점이다.[2] 펑밍충(彭明聰) 교수도 다음과 같이 강조했다.

> 교양교육의 제창은 옳은 일이지만, 교원들의 부담이 이미 매우 크다는 사실을 고려해야 한다. 그래서 소학급 교육이나 다른 좋은 제도

---

2) 黃伯超, 「我國醫學教育制度之研討」, 『臺灣醫學研討會專集: 全民建保制度下之醫學教育研討』, 台北, 1993. 10쪽. 이하 『專集』으로 약칭.

가 모두 실시되기 어렵다. …… 모든 일을 솔선수범해야한다. 우리는 Honest Doctor를 훈련시켜야 하고 학생을 성실하게 가르쳐야한다. 의학 윤리는 '가르침'에서 나오는 것이 아니라 '행함'에서 나온 것이다. 우리 교수들이 솔선수범해야 할 뿐만 아니라, 학생이 주도적으로 배움의 정신을 기를 수 있도록 해야 한다.[3]

리야이안(李雅彦)은 북미대만인교수협회(北美洲臺灣人教授協會) 및 북미대만인의사협회(北美洲臺灣人醫師協會)를 대표하여 회의에 참가하여 이들을 대신하여 성명을 발표했다.

(대만의) 의학 분야에 종사하는 사람들은 엄격한 사회적, 도덕적 기준에 맞춰 스스로를 통제해야 한다. 현재 의학 교육은 전면적으로 인문 윤리 관념에 대한 양성이 부족하다. 각 의과대학은 교과과정을 통해 의학 윤리의 교양을 쌓아야 하고, 의과대학 교수와 학생은 사회봉사 활동에 더욱 많이 참여하여 사회 악습을 개선하는데 있어 적극적이고 주도적인 역할을 수행해야 한다.[4]

황쿤이안(黃崑巖) 교수는 더욱 날카롭게 대만의 의학교육이 인성이 없는 의학교육(dehumanized medicine)이라고 주장하면서, 오직 병을 치료하는 의료 장인을 양성할 뿐 병을 치유하는 사람인 의사를 양성하지 못하고 있다고 비판했다. 그는 의학교육이 첫 2년의 예과 교육이 재정비되어

3) 『專集』, 43쪽.
4) 『專集』, 179쪽.

야 한다고 주장했다. 예과 교육은 일반적인 대학 교육의 면모를 마땅히 갖추어야 하고 이를 위해 인문 교육 과정이 대폭 늘어나야 하며, 그렇지 않으면, 의학 교육은 직업 훈련으로 전락할 뿐이라고 주장했다. 의료 기술이 과학적 측면에서 시대를 좇아갈 수는 있겠지만, 진정한 질적 향상은 이루어질 수 없을 것이라고도 했다.[5] 황쿤이안의 의견은 핵심을 찔렀다. 필자가 거기에 조금 보충한다면, '인간성을 갖춘다'는 말의 실질적 의미는 인도주의 정신을 품는 것이다. 그러므로 '마음의 각성'은 인성화에 있어 없어선 안 될 전제인 것이다.

최근 의학계 인사들은 이와 같은 공통된 인식에서 출발해 대만 의과대학 의학과에 대한 평가 지표 초안을 설정하면서 교과과정 평가기준 가운데 교양교육을 특별히 강조했다. 그 내용은 대체로 다음과 같다.[6]

(1) 인문 및 윤리 교육과정을 중시하고 윤리 교육을 조속히 실시해야 한다. 각 의과대학은 이런 교육과정이 '영양 학점'이 되지 않도록 방법을 강구해야 한다. 교육과정은 어려운 환자 보호자와의 인간 관계를 발전시킬 수 있는가에 중점을 두어야 한다. 특히 학생을 가르칠 때 환자와 그 가족의 신뢰를 얻을 수 있는 방법을 가르쳐야 한다. 이를 통해 의사와 환자 간의 관계를 잘 유지할 수 있도록 해야 한다.

(2) 학생이 주도적으로 공부하고 평생 학습하는 습관을 기르는 것을 중시해야 한다. 의과대학은 실제적으로 효과가 있는 방법을 발전시켜야

5) 黃崑巖, 「把'人'帶回醫學: 談醫學院的通識教育」, 『通識教育季刊』 第3卷 第3期, 1996.9., 1~16쪽.

6) 『醫學院醫學系評鑑準則』, 國家衛生研究院擬, 7:4:2 중 第(1)-(3)項.

하며, 이런 학습 태도를 교육해야 한다.

(3) 임상교육에 있어서는 학생이 사회 현상이 초래하는 의학 문제에 관심을 갖고 민감하도록 양성해야 한다. 예를 들면 폭력, 학대, 성 문제 등을 진단하고 이를 예방하고 관련 기관의 절차에 따라 통보하는 일을 숙지할 수 있도록 해야 한다. 교양교육은 이와 같은 교육의 기반이 된다고 볼 수 있다. 따라서 의과대학은 교양교육을 더욱 중시하여 완비된 계획으로 발전시켜야 한다.

하지만, 왜 현 단계 대만의 의학교육 개혁이 특별히 교양교육을 중시해야 하는가에 대해서는 좀 더 깊게 살펴볼 필요가 있다. 필자는 다음 두 가지 사항을 사고의 시점으로 제시하려 한다.

(1) 교양교육은 대만 의학교육 가운데 두 가지 '파열'(ruptrue)의 심각한 병소를 아물게 할 수 있다.

대만의 현대의학교육은 이미 백년이 넘었다. 그 우수성과 문제점은 대만 역사의 시작과 끝을 같이했다. 대만 역사의 특징 중 하나는 정치사의 파열성이다. 대만은 네덜란드(1624~1662), 명 왕조의 정성공(鄭成功: 1661~1683), 청 왕조(1683~1895), 일본(1895~1945), 국민당 정부(1945~)의 통치를 거치면서 정권이 바뀌는 동안 세상도 상전벽해가 되었다. 정치사의 파열 및 최근 백 년 동안 대만의 급속한 근대화로 인해 대만의 각 분야는 모두 '전통'과 '현대'가 공존하고, '중'(中)과 '서'(西) 사이에 파열성과 긴장감이 존재한다. 이런 현상은 대만 의학교육 중에서도 상당 부분 뚜렷한 방식으로 드러나고 있다. 필자는 대만 의학교육의 내포하고 있는 의미 중 두드러진 '파열성'을 다음과 같은 두 가지 유형으로 나눌 수 있다고 생각한다.

(a) '전통'과 '현대'의 파열: 최근 백 년 동안 대만 의학교육이 보여준 '전통'과 '현대' 사이의 불균형은 양자의 파열 원인과 모종의 대항 관계 형성을 초래하여 안타까운 지경에 이르렀다. 필자가 과거에 말한 바와 같이,[7] 대만 의학교육의 기본적 특징은 서양 근대 의학교육을 기반으로 한 횡적인 이식이 종적인 계승을 통해 확장된 것이다. 서양 근대 의학은 근 300년 동안 전해져 온, 특정한 문화 및 가치체계를 형성해 온 '데카르트의(Cartesian) 세계관'에 그 기반을 두고 있다. 이러한 근대 서양 의학 교육에 따라 대만 의대생의 눈에 비춰진 인간의 신체란, 기본적으로 '생리학적 신체'(physical body)를 의미한다. 그들은 '심신이 합일된 신체'(psycho-somatic body)라는 개념에 주의하지 않았다. 그러므로 우리는 리밍빈(李明濱) 교수가 말한 바와 같이 '의학'은 곧 '생물 심리 사회과학'이라는 점에 동의할 수 있다.[8] '전통'과 '현대'의 심각한 파열은 대만 의학교육이 유구한 역사를 지닌 한의학의 전통에서 영양을 섭취하지 못하도록 했고, 전통 한의학의 현대화를 이루지 못하게 했으며, 이는 양자 모두에게 중대한 손실을 입혔다.

(b) 의학 전공과 인문 상식 사이의 파열: 이 문제는 근대 의학교육의 거의 공통적인 문제이다. 그러나 대만 의학교육에 있어서는 더 심각한 편이다. 우선 미국 의학교육의 개혁을 살펴보자. 20세기 미국 의학교육 개혁의 대부인 플렉스너(Abraham Flexner, 1866~1959)의 개혁을 예로 들어보자. 플렉스너는 1910년 카네기 교육진흥재단(Carnegie Foundation for

7) 黃俊傑, 『大學通識教育的理念與實踐』, 238쪽.
8) 李明濱, 『情緒與疾病』, 台北: 臺灣大學醫學院, 1997, 1쪽.

the Advancement of Teaching)의 지원으로 북미 155개 대학 내 의과대학의 교육 자원과 학생 상황을 조사한 뒤 그 중 132곳이 합격 수준에 못 미친다고 지적했다. 그는 하버드대와 존스홉킨스대의 의과대학만이 대학 졸업생을 의과대학에 응시할 수 있도록 규정하고 있고, 코넬대 의과대학은 대학 3학년 학생에게 시험에 응시할 자격을 규정하고 있다고 지적했다. 나머지 대학은 모두 고등학교 졸업생을 대상으로 하고 있으며 수준이 충분치 않았다. 플렉스너의 조사보고서, 즉, "Medical Education in the United States and Canada"(1910)은 대체로 『플랙스너 보고서』(Flexner's Report)라고 불리는데, 이 보고서는 20세기 북미 고등교육계 의학교육 개혁의 중요한 기초가 되었다. 사실 플렉스너는 스스로 대학의 교양교육을 촉진하기 위해 1912년부터 '교양교육위원회'(General Education Board)에 재직하며, 1917년부터 1925년까지 위원회의 사무총장을 맡았다.[9] 플렉스너가 북미 지역의 의학교육을 개혁하려고 했을 때, 특별히 교양교육을 중시한 가장 주된 원인은 의학 전공 훈련과 인문 정신 사이의 틈을 메우고자 한 것이다. 의과 교육은 '의료기술 강습반' 만이 아니기 때문이다.

이 문제는 대만의 교육제도와 환경으로 옮겨오면 더욱 심각해진다. 『의과대학 의과평가준칙』(醫學院醫學系評鑑準則) 「서언」(前文)에 나와 있듯이,[10] 대만 의학 교육 체계에 따라 시험에 합격하여 입학한 젊은이들 모두는 장기간 동안 주입식 교육과 연속된 시험의 압박을 견디며 자라온 학생이다. 외국 의과대학 신입생과 비교해 보면, 잠재력은 비슷하더라도 기본지식의 깊이, 창의적 사고, 성숙함에 있어서는 차이가 많이 나므

9) 졸고, '臺灣醫學教育研討會'의 발표문, 『專集』, 12쪽 참조.
10) 『醫學院醫學系評鑑準則』, 「前言」, 1쪽.

로 더욱 노력할 필요가 있다. 대만의 현행 고등학교 졸업 이후 7년제 의과 교육은 다음과 같다. 첫 2년은 일반적인 대학 교육을 실시한다. 그렇지 않으면 국내 의사들의 이 부분에 대한 결함은 날로 심각해질 것이다. 다시 말해 대만 의학교육 현 단계의 문제가 여기에 있다는 것을 날카롭게 지적하지 않을 수 없다. 이러한 문제에 맞서 『평가준칙』의 '교육' 항목, '교육과정의 설계와 추진'은 의학은 순수과학이 결코 아니라고 말하고 있다.[11] 국내 7년제 의과 첫 2년 동안은 의학 전공 영역 이외의 교육이 실시되어야 한다. 그 교육과정에는 전반적으로 대학의 일반 교육이 내포되어 있어야 하고, 그 기간 동안 의사의 교양을 쌓아야 한다. 인문 교양 교육에 있어 이런 교육과정 이념의 구체화가 가장 중요한 경로이다.

(2) 교양 교육은 다가오는 21세기 '평생학습' 사회를 위한 예비 기초 작업으로 볼 수 있다. 리위안저(李遠哲) 원장이 리더로 있는 전 행정원 교육개혁위원회는 일찍이 평생학습 사회의 수립을 21세기 대만 교육의 중요 방향으로 삼았다. 『교육개혁총자문보고서』(教育改革總諮議報告書)에서는 현대 사회에서 개인의 생명은 연장되었지만 지식의 수명은 오히려 줄어들었으며, 지식과 자료량은 빠른 속도로 늘어나고 있음을 역설한다. 사회 개방, 민주 발전, 개인의 2차 교육의 수요에 대한 요구 등은 모두 현대 사회가 학습 사회가 되었다는 사실을 보여준다. 『보고서』는 학습 사회에서 개인이 원하는 것은 학교 교육뿐 아니라 평생교육이라고 주장한다.[12] 유네스코는 1965년부터 적극적으로 평생교육을 추진하고 있으며, 이미 각국의 열렬한 반응을 일으키고 있다. 대만의 사회 경제 발전을 측정하고, 평

---

11) 『醫學院醫學系評鑑準則』, 7:4:1 중 (1), 5쪽.

12) 『教育改革審議委員會總諮議報告書』, 台北: 教育改革審議委員會, 1996, 64쪽.

생교육 시스템을 조속히 완성시켜야 하지만 실상은 여전히 학교 교육의 단계에 치우쳐 머물러 있다. 지금부터 교육 개혁이 적극적으로 평생학습 이념을 추진할 수 있다면, 완벽하게 실현 가능한 평생교육 시스템을 수립할 수 있다면, 사회의 가치관을 다시 정립할 수 있도록 선도할 수 있을 뿐만 아니라, 현대 교육의 문제점을 합리적으로 해결할 수 있게 될 것이다.

더 나아가 『보고서』는 평생학습 사회의 교육이념을 다음과 같이 서술하고 있다.[13)]

1. 교육, 업무, 휴식 단계의 경계선이 모호해졌다. 인생에 있어 교육을 받고, 직장에서 일을 하고, 퇴직하여 여생을 누리는 단계를 명확하게 구분할 수 없게 되었다. 게다가 각 단계는 모두 학습을 필요로 한다. 업무와 휴식, 학습은 한 인간의 인생에서 교차적으로 수행된다.

2. 개인의 학습 경로는 다양하다. 전통적인 학교부터 벽이 없는 개방학교까지, 정규 교육에서 비정규 교육까지, 모두 학습의 경로가 될 수 있다. 학교는 수많은 교육 경로 중 하나일 뿐이다.

3. 학습 사회 중 학교 교육은 빠르게 개혁되어야 한다. 학교 교육에 있어 개인이 주도적으로 학습에 대한 의욕과 태도, 능력을 기르도록 하고, 학교 교육과 다양한 학습 경로를 정비하여 개인의 학습 과정이 창의적이면서도 외부 스트레스가 없는 삶의 여정이 되도록 해야 한다.

4. 학습 과정 중 어떠한 단계에서의 성패, 특히 특정한 단계의 입학시험의 성패는 모두 상대적인 의미를 갖는다. 그것이 곧 절대적인 가치가 아니다.

---

13) 『教育改革審議委員會總諮議報告書』, 台北: 教育改革審議委員會, 1996, 64쪽.

5. 모든 인간은 각 단계의 학습을 수행한 이후 과학관과 역사관, 미래관 등의 의식이 더욱 뚜렷해져야 한다.

이런 평생학습 사회에서 의학 교육을 포함한 모든 공식 교육(formal education)은 모두 학생이 대학을 졸업한 후에도 이어서 학습을 계속할 수 있는 능력을 배양하는 데 중점을 두어야 한다. 예를 들어 비판적 사고능력의 향상, 어문 기본능력의 안정, 자료 수집과 분석 및 해석 능력의 양성 등이 그것이다. 그래야만 21세기 새로운 도전에 적응할 수 있다. 우리는 1910년 『플렉스너 보고서』가 강조한 교양교육의 중요성이야말로 21세기에 서 있는 지금 다시 한 번 미래를 멀리 내다볼 수 있는 식견을 증명하고 있다고 말할 수 있다.

이번 절에서 언급한 내용을 정리하자면, 대만 대학교육의 '전통'과 '현대'의 파열부터 의학 전공 훈련 및 인문 교양교육의 파열에 대한 논의를 통해 교양 교육의 중요성을 충분히 살펴볼 수 있었다. 발전하는 인간, 21세기를 전망하는 관점에서 볼 때, 교양교육은 확실히 의과대학 학생들이 미래 평생학습의 중요한 기초를 다지게 해 줄 것이다.

4. 의학교육에서 교양교육의 실천: 교육목표 및 방법, 교육과정 계획

1) 교육목표

앞서 제2절에서 '교양교육'의 목표는 인간의 주체성을 각성하는데 있고, 인간과 그가 살아가고 있는 인문 및 자연환경이 상호 주체적 관계가 되도록 해야 한다고 했다. 이런 '마음의 각성'을 핵심 목표로 하는 교양교육이야 말로 대만 의학교육 개혁의 관건적인 부분이다.

하지만 현재 대만대학(臺灣大學), 성공대학(成功大學), 보인대학(輔仁大學)의 의과대학을 제외한 대만의 각 의과대학은 모두 종합대학에 소속돼 있지 않은 상황이어서 의학 단과대학이라고 볼 수 있으며, 이로 인해 이상을 추구하는 교양교육 역시 교육 자원이 부족하다. 『의과대학 의학과 평가 준칙』의 의과대학 운영 방침에 따르면 이상적인 의과대학은 종합대학에 속해야 한다고 제시되어 있다. 종합대학에는 다른 과목들도 있고, 연구소에 학자와 학생들이 있기 때문에 범위가 다양한 학술적 분위기를 체험할 수 있고, 학생들의 사고를 유도함으로써 의학 교육 실시에 도움이 되기 때문이다. 그러므로 독립적인 의과대학의 경우도 적극적인 법규 제정을 통해 편협한 직업 훈련 교육으로 전락하지 않도록 해야 한다. 독립된 사립 의학대학은 반드시 대학법이 규정한 이사회를 설치하고 있어야 하며, 언제나 지도 기능을 발휘할 수 있어야 한다. 그러나 대만 내 다수의 의과대학이 독립 대학이기 때문에 이와 같은 내용들을 짧은 시간에 모두 이루는 데에는 어려움이 있을 것이다.

하지만 과거의 '공통 필수 과목 배정' 요구와 현실적인 교육의 필요 때문에 이런 의학 단과대학은 '공통과목'을 개설하거나 혹은 '교양교육센터'를 설치하여 전문 겸임교수를 초빙해 국문, 영문, 역사, 헌법 같은 비의학 전문 과정과 기타 '교양 교육과정'을 가르치기 시작했다. 그러나 이런 공통과목 교원의 대부분은 자질이 부족하고, 인생 경험 및 학술적 성취가 의학 전문교수에 비해 떨어진다. 그래서 전문 교원의 교양 교육과정이 소홀해지기 쉽다. 학생들도 교양 교육과정은 전문 수업과정에 비해 학점을 따기 쉽다고만 생각한다.[14] 이런 현상은 공통과목 교원에게 좌절감을 안겨준다. 이런 상황에서는 '마음의 각성'이라는 목표에 도달하기도 어렵다.

교양교육과 의학 전문교육의 부족한 교육목표를 달성하기 위해, 의과대학은 현재 교내 인문사회 및 자연과학 분야 교원 외에도 교내·외 전문 학술 영역에서 성과가 많고 경력이 많은 교수를 초빙하여 '의학 윤리' 같은 과정을 구체적이고 실질적으로 가르쳐, 학생들이 '마음의 각성'에 이를 수 있도록 해야 한다. 성과가 많고 경력이 많은 베테랑 교수의 교양 교육과정 강의가 개설되어야만 학생들이 교양 교육과정을 '존중'(respectibility)하게 될 것이고 'easy courses'로 생각하지 않을 것이다.

2) 교육방법

의학교육 개혁 중 교양교육은 '마음의 각성'을 목표로 한다. 따라서 그 교수방법 또한 매우 중요하기 여겨진다. 맹자(371?~289? B.C)가 말한대로 "가르침에는 또한 여러 방법이 있기"(教亦多術矣: 『孟子·告子下』 16) 때문에 교육방법은 인간과 시간, 지역에 따라 변화해야 한다. 그것은 고정불변한 것이 아니다. 필자는 교육방법에 있어 다음 세 가지 방법을 제안한다.

(1) 교사와 학생의 상호 주체적 관계: 교사와 학생의 상호 주체적 교수법이란 사실 고대 중국교육이 전해 준 중요한 전통이다. 필자가 이전에 중국 고대교육을 살펴본 바에 따르면 전통적 중국의 교육이 오늘날 대

---

14) 『醫學院醫學系評鑑準則』, 7:1 중 (4), 4쪽.

학 교양교육에 시사하는 바가 적지 않았다. 즉 매우 활발한 교육방법으로 교사와 학생이 함께 토론에 참여하고, 교수와 학생이 가장 절실한 자신의 삶의 체험을 털어놓음으로써 자신의 생각과 경험을 공유한다. 이는 '자유 정신'을 잘 나타내고 있다. 이와 같은 '자유 정신'은 전통 중국의 교육 경험 중 가장 가치 있는 유산이다. 우선 선진(先秦) 공자(孔子)에게서도 보이고 위진(魏晋) 시대의 변론에도 보이며, 또 남송(南宋) 주희(朱熹: 1130~1230)의 가르침에서도 찾아볼 수 있다. 특히 선진 유가의 교육은 일방적인 지식 주입이 아닌, 교사와 학생의 상호작용을 강조했다. 그 근거는 『논어』와 『맹자』 등의 경전에서 모두 찾아볼 수 있다. 『논어』와 『맹자』는 선진 유가가 전해준 교사와 학생의 영혼의 대화에 관한 기록이다. 특히 『논어 · 합각언이지』(論語 · 盍各言爾志) 장에는 공자와 그의 학생이 자유롭고 즐겁게 이야기하는 모습이 잘 드러나있다. 즉, 교사와 학생의 상호 주체적 관계의 교육방법을 구체적으로 설명하고 있다.[15] 이러한 교수 방식은 고대 소크라테스(Socrates: 469~399B.C.)가 실시한 '소크라테스식 문답법'(Socratic method)이기도 하다.

이런 교수 방식은 교사가 몸소 행동으로 가르치는 것을 중요하게 여긴다. 특히 임상교육을 중시한다. 대만의학연맹은 1993년 2월 27일 오후 5시 30분, '대만의학교수세미나' 이후 대만의과대학 101강당에서 기자간담회를 개최했다. 세미나의 의장이었던 리전위안(李鎮源)은 이틀 동안 열린 세미나(4개조)를 총괄하여 종합의견을 제시했다. 그 중 C조 '임상의학교육 분야'(Part Two)에서는 종합적으로 다음과 같은 의견을 제시했다.[16]

15) 黃俊傑, 『大學通識教育的理念與實踐』, 59쪽.
16) 『專集』, 181쪽.

1. 'Good Patient Care'(환자를 가장 잘 돌보는) 사람이 가장 좋은 의학 교수이다. 교수가 말과 행동을 통해 가르치는 일은 일상에서부터 시작되어야 한다.

2. 어떻게 개선된 교수 방법으로 교수를 교육하고 훈련해야 할지에 대해서는 반드시 상설 전문기구를 설립해야 한다.

이 두 가지 의견은 '교수와 학생의 상호 주체적 관계'를 바탕으로 해야만 한다.

(2) '팀티칭'(team teaching) 방법: 의학 전문 교육과정에 있어 '팀티칭'은 이미 수 년간 교육방법으로 사용됐다. 하지만 대만 내 의과대학의 교양교육과정 에서는 이 방법이 더욱 강화될 필요가 있다. 예를 들면 '의학 윤리' 과정은 풍부한 의료 경험 및 연구 경험을 갖춘 의학 전문교수와 인문학(특히 윤리학) 교수가 함께 협력하여, 수업과정를 설계하고 교수에 임해야 한다. 그렇게 되면 교육 효과가 필연적으로 크게 상승할 것이다.

'팀티칭' 방법을 채택할 때에는 교수에 대한 훈련이 매우 중요하다. 미국 하버드대학 의과대학 정신과의 주앙밍저(莊明哲) 교수는 하버드 의과대학의 교육 개혁은 'New Pathway'라는 교육방법 이외에도 'Teacher Pathway'를 설계해 교수의 교수 기록을 연구 기록보다 중요시 한다고 했다. 교수 평가에는 동료 평가 외에도 학생 평가도 포함된다. 또한 결과가 발표되고 나면 학생들이 수업을 선택하는 근거로도 사용된다. 주앙밍저 교수는 교수도 훈련을 받아야 하고, 그에 해당하는 평가 시스템이 있어야 한다고 주장했다. 또한 교수를 평가할 때는 반드시 학생들의 의견이 포함되어야 한다.[17] 하버드대학의 이런 방법은 사실상 대만 내 여러 대학에서 추진하고 있는 방법이기도 하며, 교수 수준을 높이는 데에도 효과를 보이고 있다.

(3) 캠퍼스 문화의 조성: 비록 '공통 필수과목표'는 이미 대법관 회의에서 위헌이라는 이유로 취소되었지만, 수 년간 대만 내 대부분 의과대학은 교수 구조의 제한을 이유로, 여전히 '국문 영역', '외국어 영역', '역사 영역', '헌법과 입국정신 영역' 및 그 교양 선택과목을 공통 교양 교육과정의 구조로 삼고 있다. 이렇게 옛 제도의 방법을 따르는 것은 비록 교수 자원의 문제를 처리할 수 있고, 더욱이 교수 수준이 높으면 이런 교육과정이 일종의 '핵심 교육과정'(core curriculum) 기능을 할 수 있다. 하지만 대부분 의과대학에서 옛 제도를 실시하여 거둔 효과는 그렇게 이상적이지 못하다. 그리고 기풍 있는 특징적인 캠퍼스 문화를 조성하기는 어렵다.

그래서 캠퍼스 문화의 조성은 매우 중요하다. 이와 같은 주장은 최근 수십 년간 대만 고등교육의 발전 과정을 통해 공유된 이상적인 상태로부터 비롯된 것이다. 고대 중국의 교육은 서양의 초기 대학들처럼 상당히 깊은 도덕적, 종교적인 정서를 가지고 있었다. 또한 지식의 탐구를 통해 세상을 맑게 하고, 세상을 구하는 수단으로 여겼다. 하지만 19세기 말 근대 중국의 대학들은 국가의 생존 도모와 부국강병이라는 목표를 수립했다. 특히 1895년, 대만은 일본 제국주의에 할양되면서 중국 대륙과 역사가 분열되었다. 일본 식민 정부가 대만에서 실시한 교육은 경제적으로 "농업 대만, 공업 일본"이라는 목표에 부합하려는 것이었다. 정치·군사적으로는 또한 '남진정책'을 추진했는데, 이는 여전히 공리적 목적이 선도

---

17) 『專集』, 45~46쪽.

하는 식민주의 교육 정책이었다. 1928년 설립된 타이베이제국대학(台北帝國大學)은 바로 그런 식민정책의 산물이었다. 당시 타이베이제국대학은 인문정치학부의 남양(南洋) 인문연구를 특히 중요히 여겼다. 또한 인문학부의 열대의학연구도 중요시했다. 이런 상황에서 근대 중국과 대만의 대학 교육은 계몽(enlightenment) 시대, 이상 탐구 정신을 기조로 한 근대 서양 대학의 진리 추구 정신과는 거리가 멀었다. 매우 상당한 정도로, 대만 내 여러 대학들은 조급한 성공과 눈앞의 이익에만 급급하여 직업훈련소가 되어버렸다. 일부 대학들은 또한 대학의 상황에 부합하기 위한 '개명'을 시행하여 너도나도 '응용중문과', '응용외국어과', '응용예술과', '응용XX과'를 만들기 시작했다. 지나친 생각이라 아니할 수 없다. 이런 상황에서 독창적인 기풍의 교육과 교육과정을 가지고 있는 학교는 극소수이며 수업 분위기는 더 논의할 필요도 없다.

사실 캠퍼스 문화의 결함은 대만만 그런 것이 아니라 해외 여러 대학도 마찬가지이다. 철학자 조지 앨런(George Allan)은 1997년 출판한 책에서 당시 미국에서 목표 지향적인 대학들이 고등교육의 근본적인 본질을 상실하고 있다고 비판했다. 그는 미국의 여러 대학이 수백년 전 종교적인 헌신이라는 정서를 잃었고, 이성적인 지식 탐구도 잃어버린 채 학생의 소비 공간으로 전락하면서 지식과 기술을 판매하는 백화점이 되어버렸다고 했다.[18] 조지 앨런은 지식의 상품화, 대학의 직업훈련소화 등 대학에서 나타나는 매우 우려스러운 현상들을 명확히 지적했다. 이런 현상은 대만에서 취업을 목표로 하는 일부 대학들(professional schools)에서 더 두

18) George Allan, *Rethinking College Education*, Lawrence: University Press of Kansas, 1997. 특히 이 책의 Chapter3과 4, 77~146쪽을 참조.

드러지게 나타난다. 어떤 대학들은 교육품질을 보증하는 ISO-9002를 통과했다고 매우 자랑스럽게 내세우고 있다. 이런 상황에서 왜곡된 현상들은 더욱 빈발할 것이다. 그런 왜곡된 현상들은 의과대학을 가지고 있는 대만 내 많은 대학들에 캠퍼스 문화라고 할만한 것이 없다는 사실을 말해준다.

캠퍼스 문화가 그렇게 중요하다면, 특색을 갖춘 캠퍼스 문화를 어떻게 조성할 수 있을까? 나는 적어도 다음 두 가지 방법을 시행하자고 주장한다.

(a) 학교는 자원을 들여 특색 있는 '핵심 교양 교육과정'을 계획하고 추진해야 한다. 1999년 교양교육학회가 대만의 대학에 대해 실시한 교양교육 평가의 경험을 통해 보면 의과대학의 교양 교육은 비록 매우 중요하게 인식되고는 있지만 개선해야 할 부분이 매우 많았다. 교양 교육을 개선하는 방법 중 하나는 바로 학교의 특색을 살린 '핵심 교양 교육과정'을 만들고 훌륭한 교원을 선발해 강의를 수행하는 것이다. 예를 들면 연구가 탁월한 석좌교수와 강좌교수 혹은 교수상을 수상한 교수들에게 '핵심 교양 교육과정'을 개설하게 하여 교양 교육이 학생들에게 있어 새로운 위치로 다가갈 수 있도록 하고, 그에 따라 '마음의 각성'이 빨리 이루어지도록 해야 할 것이다.

(b) 사고를 목표로 하는 교양 교육과정을 추구해야 한다. 대학의 교육과정 이외에 다양한 강연과 학술 활동은 매우 중요한 잠재성을 갖춘 교육과정(hidden courses)이자 캠퍼스 문화를 조성하는 중요한 기초이다. 하지만 현재 대만 내 대학 중에서도 학생 동아리(심지어 학교 측도)에서 주최하는 강연 활동은 대부분 쉽고, 오락적이고, 생활적이거나 비지식적인 부

분이 많다. 정계 인사들이 대학을 돌며 부풀리는 이야기를 하면서 대학의 이상적인 영혼을 탈취하는 일들은 참으로 안타깝다. 캠퍼스 문화의 수준을 높이기 위해 의과 대학은 '핵심 교양 교육과정'을 고려하고, 탁월한 교수를 초빙해 사고를 목표로 하는 강의를 개설해야 한다. 이런 강좌들은 몇 가지 방안과 절차를 거쳐서 교육 품질을 보장한 후, 학점을 주는 교육과정으로 만들어 학생이 선택 강의로 수강할 수 있도록 해야 한다. 이러한 조치들을 지속적으로만 실시할 수 있다면 캠퍼스 문화의 조성과 발전에 큰 도움이 되리라 믿는다.

3) 교육과정 계획

필자는 본문에서 의과대학의 교양 교육과정은 '마음의 각성'을 중시해야 한다고 했다. 왜냐하면 '마음의 각성'만이 자비로운 마음을 기를 수 있고, 그에 따라 자신의 직무를 잘 담당할 수 있는 의사를 양성할 수 있기 때문이다. '마음의 각성'은 인문과학, 사회과학, 생명과학, 자연과학 등 각 영역의 상식 과정과 더불어 훌륭한 교수 설계를 할 수 있다면 모두 일정한 수준에서 '마음의 각성'을 일깨우는 교육 효과를 나타낼 수 있을 것이다. 하지만 부인할 수 없는 사실은 우수하고 심도 있는 인문 교양 교육과정이 이런 교육목표에서 더 직접적이고 중요하게 여겨진다는 사실이다. 그래서 필자는 인문학 영역의 교양 교육과정 계획을 사례로 설명하고자 한다. 필자는 1999년 출판한 책에서 이 문제에 대해 계획을 제시한 적이 있다. 여기서는 다음과 같이 인용하고자 한다.[19]

---

19) 黃俊傑,『大學通識教育的理念與實踐』, 242~245쪽.

【1】 계획의 원칙

인문학 교양 교육과정의 원칙은 학생의 '자아' 주체성을 형성 및 확대하는 데 두어야 하며, 이하 두 가지 원칙에 따라 수행해야 한다.

a. '자아'의 형성 : 학생의 자아 형성은 인문 교양 교육과정의 교육을 통해 학생의 자아의 깊이와 너비, 폭을 넓히고 나아가 자아를 더 깊이 알도록 하는 것이다.

b. '자아'의 확대 : 학생의 자아 확대는 자아의 시간과 공간 범주의 발전과 연관된다.

【2】 교과과정

a. '자아'의 형성: 이 범주에서 계획할 수 있는 교육과정은 다음과 같다.

① 생명 윤리 탐구: 이 교과과정의 목표는 철학적인 관점에서 생명에 관련된 문제를 탐구하는 것이다. 예를 들면 유산, 자살, 안락사, 사형 등의 문제를 다룰 수 있다.

② 추리와 철학적 사고: 이 교과과정의 목표는 세밀한 추리 능력과 깊은 사고능력을 배양하는 것이다. 추리의 법칙을 숙련시키거나 철학적 지식을 전문적으로 배운다.

③ 역사적 지식과 사고: 이 교과과정의 목표는 역사적인 사고를 통해 인문 현상을 깊이 있게 분석할 수 있는 능력을 키우는 것이다. 단지 인명이나 지명, 현상 등 사실의 주입을 강조하지 않는다.

④ 미적 감각 경험과 문학 감상: 이 교과과정의 목표는 감성을 키우고 문학 작품 감상 능력을 배양하는 것이다.

⑤ 음악감상과 이론: 이 교과과정의 목표는 중국과 서양 음악의 감상 능력을 키우는 것이다.

⑥ 중국(서양) 예술사: 이 교과과정의 목표는 회화, 서예, 도예, 칠기 등 중국 예술 작품에 대한 감상 능력을 키우는 것이다.

⑦ 세계 종교와 문화: 이 교과과정의 목표는 기독교, 불교, 도교, 이슬람교 등 세계 주요 종교에 대한 이해를 높이는 것이다.

b. '자아'의 확대: 이 범주의 교과과정은 다음과 같다.

⑧ 중국 문화의 발전: 이 교과과정의 목표는 중국 문화의 형성과 발전을 통해 대만 및 중국 문화의 현재와 미래를 배우는 것이다.

⑨ 대만 역사(문학)과 문화: 이 교과과정의 목표는 역사 혹은 문학 작품을 깊게 파고들어 대만 문화의 발전을 탐구하는 것이다.

⑩ 근대 세계의 형성: 이 교과과정의 목표는 근대 세계의 기초적인 특징을 분석하고 근대 서양 문명의 특징을 폭넓게 이해하며, 비서양 문명의 근대화 과정과 그에 따라 파생된 문제의 원인을 찾고 분석하는 것이다.

⑪ 동아시아 문명의 발전: 이 교과과정의 목표는 동아시아 지역 문화의 구성 요소와 발전 과정을 연구하는 것이다.

⑫ 유가 고전 읽기: 이 교과과정의 목표는 『논어』, 『맹자』, 『근사록』(近思錄), 『전습록』(傳習錄) 등 중국과 한국, 일본 등의 유가 작품의 이해 능력을 키우는 것이다.

⑬ 불교 경전 읽기: 이 교과과정의 목표는 『심경』(心經), 『금강경』(金剛經), 『육조단경』(六祖壇經) 등 중국과 한국, 일본 등의 불교 경전에 대한 이해를 높이는 것이다.

⑭ 도가 고전 읽기: 이 교과과정의 목표는 『도덕경』(道德經), 『장자』(莊子) 등 중국과 한국, 일본 도가 고전 작품에 대한 이해를 높이는 것이다.

⑮ 서양 문학 고전 읽기: 이 교과과정의 목표는 『세익스피어 전집』,

『데카메론』 등 서양 문학 발전에 영향을 미친 서양 문학 고전을 배우는 것이다.

⑯ 서양 역사 고전 읽기: 이 교과과정의 목표는 헤로도토스의 『역사』, 카이스라의 『갈리아 전쟁기』 등 서양 문학 작품 형성에 영향을 미친 고전에 대해 이해하는 것이다.

⑰ 서양 철학 고전 읽기: 이 교과과정의 목표는 플라톤의 『국가』, 토머스 모어의 『유토피아』 등 서양인의 사고에 영향을 미친 철학 고전을 배우는 것이다.

이와 같이 기초적으로 계획한 각종 인문 교양 교육과정 중 '중국 서양 고전 읽기'는 매우 깊은 사상성을 가지고 있다. 따라서 학생의 사고를 폭넓게 키울 수 있으므로 세밀하게 계획할 필요가 있다. 이러한 교과과정은 반드시 우수한 교사를 초빙하여 실현해야 한다.

이번 절에서는 교육 목표와 교육 방법, 교육과정의 계획이라는 세 가지 측면으로 나누어 의과대학의 교양 교육 개혁에 대해 기초적인 제안을 했다. 이는 수 많은 개혁 방안 중 일부 가능성 있는 구상일 뿐이다. 각 학교에 적용하기 위해서는 구체적이고 특수한 상황 별로 다른 방법을 활용해야 할 것이다.

5. 맺음말

교육 개혁은 최근 십여 년간 국제적으로 중요한 문제로 다루어져 왔다. 일본의 교육 개혁 운동은 자민당 내부에서 시작되어 1984년 4월 총리가 '임시교육심의회'(1984.9.~1987.8.7.)를 주최해 공식 추진하기 시작했다. 도널드 레이건 미국 대통령은 1983년 4월 30일 휴스턴광장에서 '위기를 맞은 국가'라는 교육 개혁 보고를 연설하면서 전 미국에 개혁 운동과 호흡을 같이 해 달라고 호소했다. 프랑스 집권당 사회당은 1981년 6월 정권을 잡은 후에 교육 개혁을 주동했고, 1984년 1월 26일 미테랑 대통령이 고등교육법을 선포했다. 독일은 1984년 연방교육장관 도로테 빌름스(Dorothee Wilms)가 기술대학을 발전시키는 교육 개혁을 추진했다.[20] 리위안저 선생이 이끈 교육개혁심의위원회는 2년(1994.9.21.~1996.2.2.) 간 신중한 연구를 통해, '평생교육 체계 수립'을 위주로 대만의 미래 교육 발전의 큰 방향을 제시했다. 대만의 의학 교육 개혁은 국내·외 교육 개혁의 주류에서 벗어나면 안 된다. 그 뿐만 아니라 이와 같은 개혁 방향과 함께 성장해 나가야 한다.

이번 장에서는 현재 대학 의학교육 개혁 사업 중 교양 교육의 중요성을 논의했다. 이번 장에서 상술한 내용에 따라 의과대학의 교양교육은 학생들의 마음의 자각을 불러 일으키는 목표를 이루어야 한다. 이런 '마음의 각성'을 통해서만 의대생들은 의료 행위를 단지 생계를 도모하는 직업이 아닌 신성한 '소명'(calling)으로 여기게 될 것이다. 의학 전공이 인문 교양 교육과 균형을 이루게 될 때, 병을 질병으로만 간주하지 않고 '스승'으로 여길 수 있는 자비로운 마음을 가지게 될 것이. 특히 제4절에서는 '교수와 학생의 상호 주체적 교육법', '팀티칭', 캠퍼스 문화 조성 방법 등에

20) 郭為藩, 「最近大學教育發展的主流與清流」, 『迎接二十一世紀的教育改革』, 台北: 臺灣書局, 1985, 13~26쪽; 厲威廉, 「美國高等教育的改革」, 위의 책, 27~48쪽; 詹棟樑, 「西德的高等教育改革」, 위의책, 49~68쪽.

대해서도 이야기했다. 이를 통해 '마음의 각성'을 이루는 교육을 실천해야 한다고도 제안했다.

대만의 의학 교육은 마치 현재 대만 사회와도 같다. 마치 만신창이가 된 몸처럼, 온갖 문제 투성이일 뿐이다. 그러나 병은 심각해도 반면 생기 발랄한 면도 있다. 영원히 멈추지 않는 흐르는 물은 교육의 상처를 씻어 줄 것이다. 우리의 사랑하는 마음과 믿음으로 대만 의학 교육이 나날이 새롭게 발전하길 바란다!

臺灣大學教育

제3부 대학교육, 21세기의 전망

제9장
21세기 직업교육에서 전인교육의 의의

1. 머리말

인류문명이 21세기로 다가가는 오늘날, '지식경제'(Knowledge-based economy)는 시대적 흐름으로 자리 잡았으며, 세계 각국의 직업교육 또한 전환의 시점에 놓여있다. 필자는 21세기 '지식경제'의 새로운 발전을 관찰하면서 4I(산업 Industry, 투자 Investment, 정보 Information, 개인 Individual)가 향후 신세기 국제질서의 결정적 요인[1]이 될 것이라고 판단

1) 오마에 겐이치(大前硏一)는 21세기가 '4I', 즉 산업(Industry), 투자(Investment), 개인(Individual), 정보(Information)가 국내·외 유통의 장애를 허무는 요인으로 작용할 것이며, 19세기에 적합했던 세력 중심의 폐쇄 모형은 향후 지속되기 어려울 것이고, 특히 정보기술의 발전이 관건으로 작용할 것이라고 지적했다. 자세한 내용은 다음을 참조할 것: Kenichi Ohmae, *The Borderless World*, Mckinsey & Company, Inc., 1990. 중문 번역본은 다음과 같다. 大前硏一, 黃柏棋譯, 『無國界的世界』, 臺北: 聯經出版事業公司, 1993. 그러나 오마에 겐

한다. 여기에는 양안(兩岸)의 고등교육이 직면할 지대한 충격과 전환 또한 포함된다. 그러므로 이 같은 역사적 전환의 시점에서 "앞으로 직업교육과 전인교육을 어떻게 하나로 융합할 것인가?"라는 과제는 우리가 심사숙고해야 할 문제라 할 수 있다.

21세기를 목전에 앞둔 1980년대, 세계 주요 산업국, 특히 미국과 일본, 독일, 프랑스 및 양안의 교육계는 교육개혁에 심혈을 기울였다. 비록 교육개혁 과정에서 추진한 구체적인 조치는 각국의 사회, 정치, 경제, 문화적 환경에 따라 그 차이를 보였지만, 개혁의 큰 방향에서는 모두 일치했다. 그것은 바로 피교육자의 학습시간 연장과 제2전공의 개척을 중심으로 하는 평생학습교육이었다. 유네스코(UNESCO)는 일찍이 다년간 세계 각국의 대표적인 인사들을 초빙하여 교육개혁 방안을 연구하였으며, 평생학습(life-long learning)을 21세기 세계 교육의 중심으로 삼는 방안을 제시했다. 대만의 교육개혁위원회 또한 『종합자문보고서』(總諮議報告書)에서 평생학습을 교육개혁의 핵심 방향으로 제시했다.[2] 그러나 평생교육을 중심으로 하는 교육개혁은 반드시 '전인교육'의 구조적 기반 위에서 시행되어야 하며, 특히 21세기를 앞두고 정치, 경제 및 사회 등 다양한 분야

이치는 다음과 같이 지적하였다. 20세기 말부터 지대한 영향을 발휘하기 시작한 경제 동력은 이제 기존의 민족국가의 역할에 대한 문제를 제기했다. 그는 '민족국가'는 더 이상 창조적 활동을 고민할 수 있는 개념이라 보기 어려우며, 또한 경제활동과 민족국가 간의 상관관계 또한 찾아보기 어렵다고 논하였다. 특히 겐이치는 최근 150여 년간 제국주의와 식민주의 열강에게 수모를 당해온 아시아의 여러 국가에 대해 이 같은 주장을 제기하였다. 그러나 이는 반드시 사실에 부합하지 않으며, 이에 관해서는 다음을 참조할 것. Kenichi Ohmae, *The End of the Nation State: The Rise of Regional Economies*, Mckinsey & Company, Inc., 1995., 중국어 번역본은 다음과 같다. 大前研一, 李宛容譯, 『民族國家的終結者: 區域經濟的興起』, 臺北: 立緖文化事業公司, 1996.

2) 教育改革審議委員會, 『教育改革總諮議報告書』, 臺北: 教育改革審議委員會, 1996, 86쪽.

에서 도전에 직면한 대만에게 전인교육은 더욱 절대적인 중요성을 지닌다고 할 수 있다.

제9장의 주제는 21세기 대만의 직업교육에서 '전인교육'의 중요성에 관한 논의이다. 전인교육의 중요성을 좀 더 명확하게 분석하기 위해, 1절에서 '전인교육'의 배경을 논하고자 하며, 2절에서 오늘날의 대만 교육개혁의 성취와 그 한계점을 검토하려 한다. 3절에서는 대만 교육개혁의 문제점을 짚고, 나아가 유가적 관점에서 '전인교육'의 이론적 토대를 제시하고자 한다. 4절에서는 '전인교육'이 대만 직업교육에 주는 중요성과 '전인교육'과 직업교육이 융합되어야 하는 필요성에 관해서 논하고자 한다. 마지막으로 5절에서는 이 장에서 논의한 내용을 중심으로 결론을 제시하려 한다.

2. 오늘날의 대만 교육개혁의 성취와 그 한계점

교육개혁위원회가 막 활동을 시작하던 시점에, 필자는 1994년 10월 29일 교육개혁위원회에 보고서 한 편을 제출한 바 있다. 보고서는 대만 교육개혁에 관한 다음과 같은 네 가지 건의안을 제시했다.[3)]

(1) '제약 해소' 중심의 교육개혁 추진: 1945년 광복 이래로 다양하고도 특수한 시간적, 공간적 요인의 압력으로 인해 대만 교육의 주체성은 줄곧 억압 속에 놓여 있었다. 특히 정치적 힘이 교육 분야에 강력하게 스며들

3) 黃俊傑,「從日本臨教審經驗談台灣的教育改革」, 본서 제6장.

어 교육계에게 정치적 과제를 완수하도록 강력하게 요구했다. 두 번째로, 대만은 국토가 협소하고 인구가 많았기에 경제가 대만의 생존을 좌우했다. 이 같은 이유로 대만 교육은 지난 50년간 경제가 필요로 하는 다양한 과제를 떠안아 왔다. 1945년 2차 세계대전 이후, 이 같은 정치와 경제의 교차 작용으로 인해, 대만 교육계에는 '교육의 정치화'와 '교육의 상품화'라는 문제점이 불거졌다. 그러므로 대만의 교육은 정치적, 경제적 구조가 야기한 제약에서 벗어나 새롭게 교육의 주체성을 수립하고 대만교육의 개혁이라는 목표를 추진하기 시작해야 한다.

(2) 사회운동으로서의 교육개혁: 교육개혁은 일종의 전 국민적 운동이자 사회 각계각층으로 전파되고 흡수되는 사회운동이다. 이 같은 관점에서 보면 교육계 일부 엘리트 중심의 교육개혁은 사회성이 강한 교육개혁을 추진하는데 한계가 있다. 그러므로 교육개혁은 우선 사회의 다양한 계층과 더불어 취약 계층에까지 추진되어야 비로소 구체적이고 가시적인 성과를 낼 수 있다.

(3) 문화운동으로서의 교육개혁: 최근 100여 년이래 대만의 교육개혁은 공리주의에 의해 왜곡되었으며, 심지어 교육 본연의 자리마저 상실했다. 이로 인해 교육계는 비교육적인 과제와 임무에 과도하게 시달려 왔다. 공리주의적인 각도에서 교육문제를 접근하는 이 같은 근시안적 사고를 바꾸기 위해서, 우리는 무엇보다 문화의 시각에서 고민하고 반성해야 한다. 그러므로 교육개혁이 대만사회에서 가지는 또 다른 중요한 측면이 문화운동적인 성격임을 반드시 이해해야 한다.

(4) 대만 교육개혁이 직면한 5대 과제: 21세기 대만사회를 전망함에 있어, 교육개혁이 직면한 문제는 뼈를 깎을 정도로 가혹하고, 문제 또한 적지 않으며, 이하 5개의 문제가 관건이라고 할 수 있다.

① 교육 내용의 개혁에서 볼 때, 어떻게 통일성(uniformity)과 개별성(individuality) 사이에서 균형을 유지할 것인가?

② 교육목표를 개혁하는 관점에서 볼 때, 어떻게 대만의 주체성을 수립하고 새로운 중국문화의 개척을 추진하며, 더불어 세계적 시각과 추세의 균형을 유지할 것인가?

③ 교육방법의 개혁이란 점에서 볼 때, 어떻게 감독과 자율 간의 균형을 유지할 것인가?

④ 교육자원의 새로운 배분이라는 점에서 볼 때, 어떻게 초·중등학교(취학전 교육 포함) 교육과 고등교육 간의 균형을 유지할 것인가?

⑤ 교육의 실현방식이란 측면에서 볼 때, 어떻게 '정규 구조'(각급 정규학교교육)와 '비정규구조'(사교육 분야의 가정교육, 사회교육 및 기타 잠재적인 교육과정) 사이에서 균형을 이루어낼 것인가?

이 같은 문제의식에서 논의를 시작할 때, 우리는 대만의 교육개혁이 장애물에 뒤덮여 있으며, 또한 심대한 도전이 예견되는 사회문화 분야의 개혁사업이라는 점을 잘 이해할 수 있다.

교육개혁위원회는 지난 2년 간, 리위안저(李遠哲) 원장의 지도에 따라 교육개혁을 추진했다. 그 결과 교육 개혁의 범위는 매우 광범위하였으며, 가시적인 성과 또한 이루어냈다. 『종합자문보고서』에 제시된 관점에서 볼 때, 교육개혁위원회가 추진했던 교육개혁의 이론적 배경은 다음과 같다.[4)]

4) 『教育改革總諮議報告書』, 13~17쪽.

(1) 교육의 제약 해소
(2) 학습권 보장
(3) 학부모 교육권의 보호
(4) 교육의 전문적 자주권의 보호

위와 같은 교육개혁의 기반 위에서, 교육개혁위원회는 이하의 4대 개혁목표를 완수하고자 하였다.[5]

(1) 현대화 교육의 목표 달성
(2) 사회와 개인의 수요에 대한 부응
(3) 평생학습 사회로의 진입
(4) 교육 시스템 개조 촉진

구체적인 개혁과제는 아래의 8개 소목표로 정리될 수 있다.[6]

(1) 교육법령 개정 및 교육행정체계의 재검토
(2) 초·중등학교 교육 개혁
(3) 유아교육 보급 및 장애우 교육 발전 추진
(4) 직업교육 다원화 및 전문화 촉진
(5) 고등교육 개혁
(6) 입시의 다원화 방안

---

5) 위 보고서, 17~19쪽.
6) 위 보고서, 21~70쪽.

(7) 민간교육 진흥 추진

(8) 평생학습사회 구축

교육개혁위원회가 오늘날까지 추진해온 교육개혁의 성과의 측면에서 볼 때, 대만의 교육개혁에서 가장 중요한 성과는 바로 제도의 혁신에 있다고 할 수 있다. 예를 들어, 입학사정의 다양화와 민간교육에 대한 제한 해소, 고등교육에 대한 각종 구체적인 제도 혁신 등 다양한 분야에서 가시적인 성과를 거두었다. 그러나 21세기를 앞둔 오늘날, 대만의 교육개혁은 여전히 적지 않은 노력이 경주되어야 한다. 필자는 지난 수 년 간 교육개혁에 참여했던 인사로서 교육문제를 고민함에 있어서 여전히 개선해야 할 문제들이 적지 않다고 본다. 일례로 '교육의 제약 해소'를 주장하던 소수 인사들은 계층에 관한 이해가 부족하였으며, 이로 인해 이들 소수 인사들은 부모의 교육권과 가장의 선택권 수호를 위해 노력하면서 자신도 모르게 교육을 '시장경제'(Market Economy)와 동일시하고 있었다. 이는 대만사회의 기득권층에게 더 많은 기회를 제공했으며, 반면 농민이나 공장 노동자 계층의 자녀들은 줄곧 교육을 받을 권리를 상실하는 개연성에 처해있다. 이 밖에도 오늘날까지 대만의 교육개혁의 심각한 문제점은 학생이 '마음으로 스스로 깨닫는' 기회가 적다는 점이다. 오늘날까지 대만의 교육개혁이 추진 중인 소규모 학급, 소규모 학교, 초등학교부터 시작하는 컴퓨터 기반 강의, 영어 강의 등은 교육개혁이 미처 고민하지 못한 점이다. 동시에 각계 인사들이 종종 간과했던 점은 바로 '마음의 각성'이다. 이것이 진정한 교육개혁의 가장 근본적인 문제라 할 수 있다. 그러므로 오직 '마음의 각성'을 통해서 전인교육이라는 목표가 달성될 수 있다. 이것이 바로 21세기 대만 직업교육이 나가야 할 방향이라 할 수 있다.

3. 유가적 관점에서 바라본 '전인교육'

교육에서 '마음의 각성'을 통한 전인교육을 완성하는 개혁을 논할 때, 우리는 우선 20세기 중국학자 왕국유(王國維; 觀堂, 1877~1929)의 관점에서 이야기를 시작해야 한다. 왕국유는 1906년(광서 光緒 32년)에 발표한 「교육의 종지를 논함」(論教育之宗旨)이라는 글에서 다음과 같이 주장하였다.[7)]

> 교육의 종지는 어디에 있는가? 이는 사람을 완전한 인물로 만듦에 있다. 왜 완전한 인물을 논하는가? 사람의 능력이란 발달할 수 없는 곳이 없으며, 다만 이를 조화롭게 할 때 가능하다. 사람의 능력은 안팎으로 나뉜다. 하나는 신체의 능력이며, 또 하나는 정신의 능력이다. 신체를 발달시키는 것은 정신의 축소를 가져오고, 정신의 개발은 신체의 쇠퇴를 가져오며, 양자는 완전무결한 존재가 아니다. 완벽한 인물은 정신과 신체가 반드시 조화롭게 발달해야 한다. 정신의 중심은 다시 세 가지로 나눌 수 있는데, 즉 지적 능력(知力), 감정(感情), 의지(意志)이다. 이 세 요인은 진선미(眞善美)의 이상(理想)을 지닌다. 진(眞)은 지력의 이상이요, 미(美)는 감정의 이상이며, 선(善)은 의지의 이상이다. 완전한 인물은 진선미의 삼덕(三德)을 모두 갖춘 자이며, 이 이상을 실현하는 것이 바로 교육의 시작이다. 교육의 일은 다시금 세 가지로 나눌 수 있는데, 지적능력의 배양(智育), 덕의 배양(德育: 바로 의지를 뜻함), 심미안의 배양(美育), 정서의 배양(情育)

7) 王國維, 『王國維哲學美學論文輯佚』, 上海: 華東大學出版社, 1993, 251~253쪽.

을 뜻한다.

이 같은 왕국유의 관점은 20세기 초의 중국교육계에 확연한 이론적 기초를 닦았으며, 심원한 혜안을 제시하였다. 그는 "앎으로 배양(知育), 덕으로 배양(德育), 아름다움으로 배양(美育)"이 하나 되는 '전인교육'을 제창하였으며, 이는 20세기 초 공리주의가 주도하던 중국교육계의 이념과 실천 사이에서 독특한 역사적 의의를 지닌다고 할 수 있다.

그러나 왕국유의 견해 역시 시대적 한계에서 벗어나지 못하고 있다. 그 한계란 다음과 같이 정리할 수 있다.

(1) 지적능력, 감성, 의지의 종합(知 · 情 · 意)과 심신합일(心身合一)에 담겨있는 '전인교육'을 이해함으로써 인간의 내재적 통일성에 중점을 두었으나, 반면 인간과 세계의 관계(자연 세계와 문화 세계를 포함)에 대해서는 논의가 적은 편이다.

(2) 왕국유의 '전인교육'은 인간의 행위에 중점을 두고 있으나, 인간 존재의 초월적 측면에 관한 문제는 다루지 않고 있다.

왕국유의 '전인교육' 이론의 한계를 보충하고 이를 더욱 향상시키기 위하여, 필자는 유가적 전인교육의 이념을 대안으로 제시하고자 한다. 유가의 '온전한 인간'은 다양한 측면과 여러 분야에서 연속체(continuum)를 완성한다. 이는 곧 '심신 연속체'(Mind-body continuum), '개인 및 사회 연속체'(Individual-societal continuum), '우주와 인간 연속체'(Homo-cosmic continuum)이다.

이 같은 유가적 관점에서 정의된 '온전한 인간'은 반드시 근대 서구문명의 3대 요인과 단절하고 이를 비판해야 한다. 무엇보다 데카르트(Rene Descartes, 1596~1650)의 세계관이다. 이는 주체와 객체, 마음과 물질의 이분법으로 세계를 바라본다. 두 번째로 근대의 서구 정치사회철학으로, 이는 '개인'과 '사회'를 대립적 관계로 본다. 세 번째는 근대 서구문화 중에서 자연에 대한 인간의 우월적 관념에 기반을 둔 파우스트 정신(Faustian Spirit)을 들 수 있다. 요약하자면, 유가의 '전인교육' 하에서 성장한 사람은 데카르트 식의 과학적 관찰자가 아니다. 또한 토마스 홉스(Thomas Hobbes 1588~1679)가 쓴 기계적인 사회정치 세계 속에서 "끔찍하고 야만적이고 근시안적인"(nasty, brutish, and short) 존재로 살아가는, 자신의 이익만 추구하는 이기적인 인간도 아니다. 자연을 존중하기는커녕 "자연보다 더욱 뛰어나기를 바라는" 파우스트(Faust)와 같은 존재는 더더욱 아니다. 유가교육의 이상이 그리는 '온전한 인간'은 몸과 마음이 하나 되고, 마음과 언행이 옳은 사람이며, 그 근본이 바르고 우주의 큰 덕과 교감하는 사람이다.[8)]

4. 대만 직업교육의 폐단에 대한 전인교육의 효능

위에서 논한 유가사상의 맥락 속의 '전인교육' 사상의 관점에서 바라볼 때, 오늘날 대만 직업교육의 가장 근본적인 문제는 인간의 '자아' 단절이라고 할 수 있다. 이 같은 자아 단절은 20세기 중국사회의 근본적 문제이며 이하의 네 가지 측면에서 잘 살펴볼 수 있다.

---

8) 전인교육관에 관해서는 이 책의 제1장을 참조할 것.

(1) 개인과 사회집단 간의 단절: 20세기 중국은 유럽과 미국의 침략에 시달렸다. 그 과정에서 적지 않은 서구 개인주의 중심의 근대문명을 받아들였다. 이 같은 근대 서구의 가치관과 전통 중국의 '개인'에 대한 인식 사이에는 큰 차이가 있다. 기존의 전통 중화문화와 사회 가 말하는 '개인'은 사회정신 속에 깊숙이 자리매김했으며, 그러한 '개인'은 신이 무심코 떨어뜨린 고립되고 외로운 존재가 아니었다. 전통 중화문화의 맥락 속에서 개인 생명의 의의와 가치관은 일반적으로 문화적 사회집단 내에 자리 잡고 있으며, 이는 왜 중국 역사 속 위대한 학자들이 자신의 생명이 임종에 다가갈 때 담담히 죽음을 받아들이고 집착하지 않았는지를 보여주는 근거라고 할 수 있다. 이들은 자신의 개인적 생명은 비록 마감하지만 그 삶의 의의는 문화 집단의 큰 흐름 속에 이미 스며들었다는 사실을 잘 알았기 때문이다. 그러나 20세기 이후 양안의 중국인 사회의 교육은 오히려 이 같은 전통교육의 정신을 계승하지 못했고, 그 결과 '개인'과 '사회 집단' 간의 단절을 가져왔다.

(2) 전통과 현대의 단절: 20세기의 중국은 소위 '현대화'의 여정으로 진입하면서 각종 어려움을 겪었다. 5·4 운동 시대를 기점으로 반(反)전통주의가 본격적으로 출현했으며, 이는 1960~70년대의 문화대혁명으로 이어졌다. 우리는 이 같은 전통과 현대성 간의 심각한 분열과 긴장관계를 목도할 수 있으며, 대만이라는 현대 중국인 사회의 교육에서도 이를 찾아볼 수 있다. 우리는 전통 계승 과정에서 부족한 면을 찾고, 새로운 장을 여는데 노력을 기울여야 한다.

(3) 세대 간의 단절: 20세기 중국인 사회는 역사의 격변이 몰아치는 시대적 변화를 겪었다. 이 과정에서 마치 서서히 별자리의 위치가 바뀌는 것과 같은 세대 간 교체가 있었으며, 그 변화는 마치 주마등처럼 스쳐 지

나가는 듯했다. 이 과정에서 현대 중국인은 세대 간 이념과 가치관의 차이에 직면했고, 이 같은 세계관의 차이로 인해 현대 중국의 교육은 다시 세대 간 단절을 더욱 심화시키는 역할을 했다. 정치사(政治史)적 경험에서 한 차례 단절을 더 겪은 대만의 경우, 이 같은 세대 간 단절 현상이 더욱 극심했다.

(4) 중국과 서구 세계의 단절: 중국 문화사에서 중국 문화와 외부 문화 간에는 두 차례 의미 있는 만남이 있었다. 첫 번째는 동한(東漢) 명제(明帝) 영평(永平) 연간 백마가 가져온 불경이 불교의 첫 번째 동방으로의 전파였다. 당시 인도에서 온 불교문화와 중국 본토 사상 사이에 극심한 충돌이 있었다. 그러나 이후 양자 간 융합을 통해 화엄종, 천태종, 선종을 중심으로 중국화된 불교 종파가 탄생했다. 중국 문화사에서 두 번째 외래문화의 전파는 20세기 마르크스주의의 전파였다. 이는 현대 중국에 큰 충격을 가져왔으며, 1949년 이후 중국 대륙의 공식적인 이데올로기로 자리 잡았다. 근대 중국과 서구 사상 간의 극심한 저항과 괴리는 오늘날 양안 간 중국인 사회교육의 심각한 갈등의 근원이며, 이 같은 병폐의 원인이 중국과 대만의 근대사적 단절을 가져왔다고 할 수 있다.

이 같은 역사의 단절이 가져온 여러 문제 중, 가장 심각한 것은 바로 '자아'의 '탈맥락화'이며, 이는 오늘날 양안의 중국인 사회에서 표현의 정도와 보이는 측면에서 차이는 있을지언정 문제의 본질이라는 점에서 매우 일치한다. 직업교육 중심의 대만 학교 교육의 맥락에서 볼 때, 이러한 면은 다음 세 가지 측면에서 잘 드러난다.

(1) '자아와 타인' 간 관계의 '단절': 오늘날 양안의 중국인 사회에서 이

문제는 명확하게 드러나고 있다. 자본주의 사회인 대만에서 개인의 '자아'는 일종의 외로운 존재이며, 타인과의 건전한 접촉이 부족하다. 근대 서구의 경쟁 중심의 개인주의로 가득 찬 자본주의 가치관은 최근 반세기 이래 대만 사회에서 인간의 자아에 거대하고도 극심한 상처를 남겼다. 또한 개혁개방을 시작한지 20여 년이 되어가는 중국 대륙은 배금주의의 열풍 속으로 빠져들면서 과거 "세상을 위해 자신을 희생하고, 세상을 바꾸려는" 사회적 귀속감은 "자기중심의 색채가 더욱 짙은" 개혁개방의 조류 하에서 소리 없이 일찍이 그 자취를 감추었다.

오늘날 양안 사회에서 타인 간의 건전한 접촉에서 '탈맥락화' 현상이 발생하는 것에 관하여, 현대 유태 사상(Jew Thought)의 위대한 학자 마틴 부버(Martin Buber, 1878-1965)가 그의 저서 『나와 그대』(I and Thou)에서 제시한 지혜는 우리가 참고할 가치가 있다. 마틴 부어는 다음과 같이 논하고 있다.[9)]

> 사람이여, 모든 진리의 장엄함 속에 서서 이 같은 계시를 들어보시오. 사람에게 '타인'이 없다면, 그 또한 생존할 수 없으며, 그렇다고 '타인'에만 의존한다면 그 생명 역시 더 이상 사람으로 역할을 할 수 없습니다.

부버의 이 글은 마치 광야에서 누군가에게 외치는 모습을 연상하게 하는데, 이는 오늘날 양안 사회가 직면한 심각한 문제의 핵심을 짚은 것이

---

9) Martin Buber, 陳維剛譯, 『我與你』, 台北: 桂冠圖書公司, 1991, 2쪽.

라 할 수 있다. 부버는 "사람이란 무엇인가"(What is Man?)[10]에서 사람과 타인 간의 상호 교류 속에 대해 다시금 이 문제의 심각성을 일깨웠다.

(2) '인간과 자연' 간의 관계에서 발생한 '자아'의 '탈맥락화': 인간과 자연의 상호 작용, 대자연 속에서 자연에 대한 인간의 깊은 사모의 정은, 본래 중국의 유구한 문화전통 속에서 가장 으뜸가는 문화적 가치라고 할 수 있다. 중국 고대 사상에 나타난 '천인합일'(天人合一)사상은 대자연 속에 머물고 즐기면서 감사의 마음을 갖고 있는 인간상을 제시하였다.[11] 그러나 중국 문화가 기존 전통 사회에서 현대 사회로 진입한 후, 서구 제국주의와 자본주의의 침탈 속에서, 중국 사회는 물질문명의 측면에서 서구 산업국과 함께 경쟁하기 시작했으며, 그 결과 현대 중국인 사회에서 '인간'은 "인간과 자연 간의 건전한 교류"로부터 점점 멀어졌다. 이 같은 인간과 대자연의 괴리는 최근 50년 간 양안 사회가 모두 직면한 현상이다. 최근 장강(長江)의 대수해와 대만 지역의 태풍으로 인한 토사 유실, 오랫동안 형성된 대기오염, 수질오염, 농업용지의 파괴 등은 이 같은 문제를 잘 보여주는 구체적인 사례라고 할 수 있다.

(3) '인간과 초자연'의 관계에서 발생한 '자아'의 '탈맥락화': 오늘날 '인간 중심주의'(Anthropocentrism)가 양안의 중국인 사회를 지배하는 가운데, 사람들은 초자연적 존재에 대한 경외심이 부족하고, 이로 인해 사람의 초월성은 점점 줄어들거나 심지어 사라지고 있다. 근대 중국인의 자아는 초자연 정신이 부족하며, 이 같은 병폐로 인해 오늘날의 중국인들은

---

10) Martin Buber, *Between Man and Man*, New York: Macmillan, 1965.

11) 필자는 최근 출판한 저서에서 맹자를 중심으로 중국의 천인합일 사상에 관하여 논한 바가 있으며, 이를 참조할 것. Chun-chieh *Huang, Mencian Hermeneutics: A History of Interpretations in China*, New Brunswick and London: Transaction Publishers, 2001, Chapter2.

무엇도 두려워하지 않고, 제멋대로 도리에 어긋난 짓을 일삼고 있다.

위에서 논한 현대 중국인의 탈맥락화의 세 가지 측면은 대만의 직접교육에서 확연히 드러난다. 역사적 관점에서 볼 때, 대만의 직업교육은 유명전(劉銘傳)의 서학당(西學堂, 1887년)과 전보학당(電報學堂, 1890년)의 설립에서 그 시초를 찾을 수 있다. 1895년 일본 제국주의가 대만을 통치한 이후, 일본의 남양(南洋) 침략의 필요에 따라 직업교육을 추진하기 시작했다. 일본 식민지 정부는 1919년 타이베이공업학교(臺北工業學校), 지아이농림학교(嘉義農林學校), 타이중상업학교(臺中商業學校)를 설립했으며, 1927년 타이난공업학교(臺南工業學校)를 설립했다. 1945년 대만 광복 후, 민국 42년1953년: 옮긴이부터 정부 주도로 '미원조 운영위원회'(美援運用委員會: 美援會)를 설립했다. 이 기구는 이후 '국제경제협력발전위원회'(國際經濟合作發展委員會: 經合會), '경제기획위원회'(經濟設計委員會): 經設會)로 명칭을 바꾸었고, 오늘날 '경제건설위원회'(經濟建設委員會)로 자리잡았다. 이 같은 경제 건설기관은 인력 기획정책 중심의 대만의 직접교육을 기획했으며, 전후 50년간 대만의 경제 건설에 지대한 공헌을 했다.

천자오잉(陳昭瑛)은 이에 관해 다음과 같이 논한 바 있다.[12)]

> 역사적 관점에서 볼 때, 직업교육은 산업화 이후에 출현한 필연적 산물로서 한 사회가 산업화를 거부하는 경우를 제외하고 직업교육은 반드시 받아들여야만 한다. 두 번째로 중국이 청 말엽 망국의 위

12) 陳昭瑛,「分流教育改革的理論基礎」, 黃俊傑,『分流教育的改革: 理論、實務與對策』, 台北: 行政院教育改革審議委員會, 1996, 9쪽.

기 속에서 추진하던 현대화 교육과 더불어 대만의 유명전(劉銘傳) 시대, 일본 강점기 현대화의 관점으로 볼 때 직업교육은 인력 수급 계획의 틀을 벗어나지 못했다. 유명전이 구상하던 인력 수급 계획은 중국을 반(半)식민지 상황에서 벗어나게 하는 것, 또는 식민지로 변질되는 위험을 극복하는 것이었고, 반면 일본 통치자들의 인력 수급 계획은 대만을 타국 침략의 예비적 역할을 수행하게 하려는 것이었다.

이 같은 '인력 수급 계획'정책이 주도하는 대만의 직업교육은 '인간'을 '계획'의 '요소'로 보고, 학생의 특정 측면 또는 능력만을 키워서 학생의 졸업 후 자본주의 생산체계에서 이용되는 가치 제고에 중점을 두고 있다. 이 같은 직업교육에서 나타난 인간 '자아'의 '탈맥락화'는 실제 많은 병폐를 가중시키는 작용을 한다.

앞서 논했던 교육계의 시대적 병폐에 대해, 우리는 각고의 노력을 기울여 여러 방법으로 '마음의 깨달음'으로 돌아오게 하고, 교육자의 '마음의 깨달음'을 통해 사람을 이기적이고 오만한 자기중심적인 자아 해방에서 벗어나야 한다. 이 같은 방법을 통해서만 비로소 완전한 인격을 형성할 수 있고, 이것이야 말로 21세기 직업교육 개혁이 노력을 기울여야 할 방향이다.

5. 맺음말

21세기는 바야흐로 첨단 과학기술의 시대이다. 신석기 시대 농업혁명이 인류 역사상 첫 번째 대혁명이라면, 18세기 산업혁명은 인류 문명에 있어서 두 번째 대혁명이고, 20세기에 시작된 정보혁명은 인류 문명의 세 번째 대혁명이라고 볼 수 있다. 이 같은 첨단과학 기술 시대에서 정보의 빠른 유통과 과학기술의 세례를 받고, 원활한 정보전달 환경에서 교육 내용 또한 이 같은 빠른 환경에 맞추어 나가야 한다. 그러나 이 같은 21세기의 첨단 과학기술 역시 적지 않은 어려운 과제를 인류에게 남겼다. 복제인간(Cloning), 안락사(Euthanasia), 자동화(Automation), 유전자(Gene)문제가 불러일으킨 인간 사회와 윤리의 문제는 향후 인류의 지혜를 모아 해결할 문제이다. 이 같은 전환기에 놓여있는 오늘날, 소위 '지행합일'(知行合一), '이행병중'(理行并重)은 여전히 직업교육에 있어서 영원한 진리라고 할 수 있다. 보리달마 대사는 「대승입도사행관」(大乘入道四行觀)에서 다음과 같은 해석을 제시한 바 있다. "무릇, 도를 수행하는 길은 여러 가지가 있는데, 이를 말함에 있어서는 두 종류를 넘지 못한다. 하나는 이치를 깨닫는 것이며, 또 하나는 실천하는 것이다." 이치에 대한 깨달음과 실천의 병행은 동서고금의 사상가들이 줄곧 추구해온 지혜이다. 어떻게 교육의 방법을 통해서 완전한 인격을 배양할 수 있을까? 이 질문이야말로 향후 우리가 진지하게 성찰할 문제라고 할 수 있다.

'전인교육'은 교육자들에게 이상향과 같으며, 특히 학교 교사들에게 있어 이 같은 목표는 특히 진지하게 성찰할 문제이다. 이 같은 목표에 대한 실천방안은 효과적인 동·서양 고전 교육으로 완성될 수 있다, 우리는 직업교육 학교에서 각종 교과과정의 개설과 제도적 개혁을 통해 다음 세대에게 동·서양의 각종 고전을 접할 기회를 제공해야 한다. 이는 이들 세대에게 21세기라는 빠르게 변화하는 시대 속에서 가치 추구적인 사고와 인격 형태의 능동적 균형을 잡아주는데 도움이 될 것이다.

제10장 대학 교양교육과 21세기 시민 육성 간의 관계

1. 머리말

21세기에 접어들면서, 양안의 고등교육이 직면한 중대한 과제 중 하나는 대학의 도덕교육과 시민 육성의 문제라고 할 수 있다. 이 장의 주제는 '교양교육'과 '시민 육성'을 분석하는 것으로 양자는 불가분의 관계에 놓여 있다. 시민 육성은 반드시 교양교육을 기반으로 이루어져야 한다. 교양교육과 시민 육성은 마치 수레와 수레바퀴, 새의 두 날개와 같아서, 잘 되면 양측에게 모두 이익이 되지만, 실패하면 양자 모두에게 손해가 되는 관계라 할 수 있다. 우리는 우선 2절에서 '교양교육'과 '시민 육성' 간의 밀접한 관계와 21세기 중국인 사회에 대한 중요성을 분석하고자 한다. 3절에서는 우리의 주장이 가져올 수 있는 다음 두 가지 의문점에 대해 중점적으로 분석하고자 한다. (1) 교양교육을 통해 세계 시민이자 비(非)민족

국가의 시민을 육성하겠다는 시도는 '지구화'(globalization) 담론의 기만성을 놓치는 것이며, 또한 중국인 사회의 특수성을 제대로 파악하지 않은 것이다. (2) 시민교육과 민주화 조류의 역행을 장고하는 사람은 실제 시민교육의 내용에 대해 깊은 이해가 없다는 점을 주장하고자 한다. 4절에서는 3절의 내용을 중심으로 한 걸음 나아가 교양교육의 시민 교육 정신은 바로 학생의 주체의식을 배양함에 있으며, 학생이 다른 사람 또는 자연환경과 건전한 호응 관계를 유지하게 하는 것임을 살펴보고자 한다. 또한 이 같은 교육정신과 시민 교육이 하나로 규정되는 것은 적절치 못하며, 반드시 '하나의 과정'에서 '다양한 과정'으로 바뀌어야 하고, 다원화된 교육과정으로 학생의 시민 소질을 개발하는 방안을 제시하고자 한다. 5절에서는 위 내용을 중심으로 결론과 전망을 제시하고자 한다.

2. 교양교육과 시민육성의 상호 보완성

교육의 이념과 실천을 막론하고, 교양교육과 우수한 시민 육성은 상호 보완적인 관계에 있다. 소위 '상호 보완성'은 세 가지 의미를 담고 있다. (2:1) 교양교육은 반드시 시민 육성의 기반 위에서 이루어져야 한다. (2:2) 시민 육성은 반드시 교양교육을 기반으로 이루어져야 한다. (2:3) 우리는 시민교육을 제창함과 동시에 교양교육과 시민 교육 간에는 불가분의 관계가 있으며, 또한 상호 보합적인 관계가 있음을 주장하고자 한다. 역사상 중국의 전통교육에 심각하게 시민의식의 배양이 결핍되었기 때문에 앞으로 중국인의 민주 정치의 발전은 반드시 시민교육을 중심으로 이루어져야 한다고 전망한다. 우선 다음과 같이 세 가지 관점을 분석하고자 한다.

(2:1) 우리는 우선 교양교육의 목표에 관해 논하고자 한다. 대학의 목표가 비단 직업교육 뿐 아니라 교양교육을 교육의 최고 목표로 두어야 하는 이유는 교육의 목적이 인간의 자각을 일깨우고, 주체성 확립을 통해 스스로 고민하고 일을 주재하게 함에 있기 때문이다.

그러나 여기서 주목할 점은 하늘을 떠받들고 땅 위에 우뚝 선 인간은 고립된 섬에 놓인 로빈슨과 같은 사람이 아니라 구체적이고 특수화된 시간, 공간적 환경에 놓인 인간이라는 점이다. 좀 더 자세히 이야기하자면, 인간은 생활 속에서 복잡한 정치·경제·사회적 권리와 의무 속에 놓인 존재다. 이 같은 복잡한 인적 네트워크가 구체화된 것이 바로 국가(State)이며, 고로 각 개인은 보편적인 의의를 지닌 인간이면서 동시에 국가의 '시민'(Citizen)이기도 하다. 오직 '시민'의 신분으로서만 인간은, 인간으로서 가지는 각종 '불가침의 권리'를 가질 수 있으며 그에 대한 실질적인 보장을 받게 된다.

그러므로 대학 교양교육은 반드시 시민교육의 기반에서 이루어져야 한다. 이를 통해 비로소 대학의 교양교육이 육성하는 거시적인 시각, 외부 세계와의 원만한 조화 등 미덕을 갖춘 '인간'이 육성될 수 있고 그에 대한 구체적인 관점을 가지게 된다. 또한 한 걸음 더 나아가 모든 개인이 살아가는 사회와 국가는 세상 사람들이 미덕을 실천하는 가장 직접적이고 구체적인 장소이기 때문에 교양교육이 시민교육의 기반에서 추진되고 실천되는 것은 매우 당연한 이치이다.

(2:2) 그러나 문제는 여기에 있다. '국가'는 일단 수립된 후 변질될 수 있다. '국가' 수립의 본래 목표였던 국민 보호 및 복지 향상은 상대적으

로 변질된다. 당초 '국가'가 건설될 때의 이상적인 목표에서 볼 때, 헤겔(G.W.F. Hegel, 1770~1831)이 말하듯, '국가'는 사회 보편이익의 구현체로 특정 집단의 이익을 넘어섬으로써 '국가'와 시민의 분열은 극복될 수 있다. 개인은 사적(私的) 이익을 추구하는 사람과 시민 사이에서 분열을 겪게 된다. 그러나 국가가 당초 추구하던 목표는 반드시 실현 가능하지 않다. 마르크스는 헤겔의 관점에 대해 오직 민주만이 국가로 하여금 보편이익을 보호할 수 있게 한다는 점을 제시했다. 그러나 오직 '정치적 해방'만이 '인류의 해방'을 가져오지는 않으며, 인류 해방은 사회가 수행하는 개조에 의존하게 되며, 이 같은 개조의 핵심은 바로 사유제의 소멸이다.[1)]

마르크스는 심지어 "현대의 국가 정권은 단지 자산계급의 공동자산을 관리하는 위원회에 불과하다"라고 지적했다.[2)] 이 같은 관점에서 보면 '국가'는 특정 계급이 이끌어가는 변질된 조직이 되고, 대다수의 국가 역시 국가 간 연맹관계를 형성하여 다른 국가들을 지배할 수 있게 된다.[3)] 그러므로 '국가 정체성'을 목표로 하는 시민교육을 제창하는 것은 시민교육을 '국가'의 도구로 변질시킬 가능성을 매우 높게 한다. 이는 '인간'이 지닌 보편성을 상실하게 할 수 있다. 일례로 권위주의 또는 독재 국가는 군국주의 중심의 시민교육을 통해 출현할 수 있으며, 이는 다시금 사람들이 타국을 침략하고 각종 인간의 본성을 위배하는 행위를 자행하게 할 수 있다. 이 같은 사례는 고금의 역사를 통틀어 수없이 많다. 2차 세계대전 중

---

1) 馬克斯,「黑格爾法哲學批判」,『馬克斯恩格斯選集』第一卷, 北京: 人民出版社, 1972, 1~15쪽.
2) 馬克斯·恩格斯,「共產黨宣言」,『馬克斯恩格斯選集』, 위의 책, 250~287쪽, 253쪽.
3) Theda Skocpol, *State and Social Revolutions: A Comparative Analysis of France, Russia, and China*, London: Cambridge University Press, 1979. 이 책은 이 문제에 관해 잘 분석하고 있다.

난징(南京) 대학살은 피로 얼룩진 역사의 사례라고 할 수 있다. 이런 측면에서 볼 때, 시민을 육성하는 것은 반드시 교양교육을 기반으로 하여 이루어져야 하며, 이로써 '국가'의 변질이 만들어낸 '시민교육'의 인성에 대한 배반을 막을 수 있다. 교육의 궁극적 목표라는 점에서 볼 때, 교육은 인간이 자신의 가치를 자각하고 생물적 의미의 인간 또는 정치적 의미로서의 인간을 다른 사람과 함께 살아가는 인도주의적 인간으로 바꾸는 것이다. 이런 측면에서 볼 때 교양교육은 바로 인간이 스스로 깨닫도록 하는 가장 효과적인 교육이다. 그러므로 시민교육은 반드시 교양교육을 기반으로 이루어져야 한다.

시민교육이 반드시 교양교육을 중심으로 이루어져야 비로소 교육이 인도주의를 위배하지 않는다는 것을 설명하기 위해, 우리는 『춘추공양전』(春秋公羊傳) 선공(宣公) 15년의 기록을 인용하여 설명하려 한다.

> 선공 15년 정묘 봄에 공손귀보(公孫歸夫)가 초(楚)나라 군주인 자작과 송(宋)나라에서 회합하였다. 그 해 여름 5월에 송나라 사람들이 초나라와 사람과 화평을 추진했다. 외국의 화평은 본래 기록하지 않으나 왜 기록이 남아있는가? 이는 자신들이 화평을 이룬 것을 대단히 여긴데서 비롯된 일이다. 왜 자신들이 화평을 이룬 일을 그렇게 대단하게 여기는가? 초나라 장왕(莊王)은 송나라를 포위한지 오래되었으나 함락시키지 못했고, 초왕의 군대는 겨우 7일치 식량만이 남아 있었다. 이들은 이를 다 사용하고도 점령치 못하면 철수하려 했다. 초왕은 사마자반(司馬子反)을 시켜 흙으로 만든 토산에 올라 송나라의 성 내부를 엿보려 하였다. 이 때 송나라의 화원(華元) 또한 토산에 올

라 상대를 보고 있었다.

사마자반이 물었다.

"귀국의 상황은 어떠한가?"

화원이 답했다.

"고달프다."

자반이 다시 물었다.

"얼마나 고달픈가?"

화원은 답했다.

"자식을 서로 바꾸어 잡아먹고, 사람의 뼈를 잘라서 밥을 짓고 있다."

사마자반이 말했다.

"한숨이 나온다. 심히 힘들구나. 내가 듣기에, 포위하는 자는 말의 재갈을 물려서 곡식을 먹이고 살 찐 자로 하여금 손님을 대접한다고 하는데, 그대는 어찌 그렇게 쉽게 털어놓는가?"

화원이 말했다.

"내가 듣기로는 군자는 타인의 어려움을 보면 불쌍히 여기고, 반면 소인은 타인의 재앙을 보고 즐거워한다고 했다. 내가 오늘 보기에 그대는 군자로 보인다. 그렇기 때문에 나는 이 상황을 그대에게 털어놓는 것이다."

사마자반이 말했다.

"그렇다. 힘을 내거라. 우리 군 또한 이레치 식량만 가지고 있다. 이 식량을 다 쓰고도 이기지 못하면 철군할 것이다."

사마자반은 인사를 마친 후 떠나 초왕에게 돌아갔다.

초왕이 물었다.

"어떠한가?"

사마자반은 대답했다.

"어려운 지경입니다."

초왕이 되물었다.

"어떻게 어려운가?"

사마자반이 다시 대답했다.

"자식을 바꾸어 잡아먹고 뼈를 잘라 밥을 짓는 지경입니다."

왕은 말했다.

"힘든 지경이구나. 매우 어렵구나. 그러나 우리는 이곳을 뺏은 후에 돌아갈 것이다."

사마자반이 다시 말했다.

"불가합니다. 신은 이미 우리 군의 양식이 이레치만 있다고 말했습니다."

왕이 화를 냈다.

"그대에게 가서 정황을 보고 오라고 했는데, 어찌 사실을 말했는가?"

사마자반이 말했다.

"송은 소소한 것까지도 타국의 신하를 속이지 않았는데, 초나라는 대답을 하지 않아야 합니까? 그리하여 신은 이를 털어놓았습니다."

초왕이 말했다.

"알았다. 군막을 수리하고 주둔하자. 우리는 이 성을 취한 후에 돌아갈 것이다."

사마자반이 말했다.

"그렇다면 왕께서는 이곳에 머무르시고 신은 돌아가고자 합니다."

"그대가 나를 떠나 돌아가면 나는 누구와 함께 머무를 것인가? 나 또한 돌아갈 것이다."

그리하여 군대를 이끌고 철수했다. 그러므로 군자는 이 화평을 이룬 일을 대단히 여긴 것이다.

춘추시대 송나라 화원과 초나라 사마자반은 보편적이며 더욱 고귀한 인도주의 정신을 위해 각자의 국가의 이익을 포기했다. 이 같은 역사적 기록은 특수성을 띤 국가이익과 보편성을 지닌 인도주의 간의 충돌이 빈번하였음을 보여준다. 이 같은 상황에서 국가의 '시민'과 '인간'으로서 인도주의적인 자각은 종종 긴장 상황에 놓일 수밖에 없다. 우리가 시민 교육을 추진할 때, 시민 교육이 교양교육의 기반에서 이루어진다면, 이는 교육자의 가치 선택에 도움을 주며, 교육자가 취사선택을 할 수 있게 도와준다. 사실, 중국은 고대 이래로 위대한 교육자들은 본래 사람이 스스로 깨닫는 것을 교육의 최고 목표로 보아왔다. 공자(孔子)와 맹자(孟子) 모두 교육은 완벽한 덕행을 지닌 군자를 배양함을 제창했으며, 순자(荀子)는 이에 관해 좀 더 명확하게 논하였다.

학문은 어디에서 시작하고 어디에서 끝나는가? 학문의 방법은 경전의 글을 외우는 것에서 시작해서 『예기』(禮記)를 공부함에서 끝을 맺는다. 그 종지는 선비가 되는 것에서 시작하여 성인이 됨으로 마감한다. 노력을 꾸준히 하면 성인이 될 수 있지만, 학문은 대저 생을 마감한 후에야 끝난다. 그러므로 학문의 방법에는 끝이 있을지언정 그 도는 잠시라도 버릴 수 없다. 학문을 하면 사람이지만, 이를 버릴 시에는 짐승이 된다. 『서경』(書經)은 정치를 논한 일을 기록한 책이고,

> 『시경』(詩經)은 음률에 관한 내용을 모은 책이며, 또한 『예기』는 법의 근본이자 여러 가지 일을 다루고 있다. 그러므로 학문은 『예기』에 도달해서 끝을 맺는다. 이는 도덕의 준칙이다. 예는 문식(文飾)과 음악에 맞는 조화의 추구를 중시하고, 『시경』과 『서경』은 넓고 방대하며, 『춘추』(春秋)의 세밀함은 천지간의 모든 것을 다룬다.

교육의 목표는 "최종적으로 성인이 됨"에 있으며, 단기적으로 국가 또는 정권의 이익에 봉사하는 것이 아니다. 그러므로 시민 교육은 반드시 교양교육을 기반에서 이루어져야 하며, 이는 스스로 증명할 수 있는 이치가 아니다.

(2:3) 오늘날의 양안 교육의 현실을 볼 때, 시민 교육은 특히 제창할 가치가 높다. 그러나 시민교육을 제창할 때는 반드시 시민 교육과 교양교육 간의 불가분의 관계를 깊이 이해해야 한다. 필자의 이 같은 주장은 중국의 역사적 경험에 대한 관찰을 통해 비롯된 것이다. 진(秦, 221~206 B.C) 왕조와 한(漢, 206 B.C~220 A.D) 왕조 등 통일 제국이 등장한 이후, 선진(先秦)시대 교육의 이상(理想)은 점점 정치권력에 의해 변질되었다. 필자는 최근 한(漢) 이래로 중국의 교육목표와 교육기구에 정치권력이 침투하였다는 주장을 제기했는데, 『예기 · 학기』(禮記 · 學記)에는 이 같은 정치권력의 침투의 흔적이 잘 드러나 있다. 그 첫 장에는 다음과 같이 논하고 있다.

> 정치를 하는 이가 사려가 싶고 또한 선한 이를 구하고자 한다면, 그는 스스로의 미덕으로 상당한 명성을 얻을 것이다. 그러나 민중의

> 마음을 얻어 뭇 사람의 마음을 자유롭게 움직이기에는 부족하다. 그러므로 스스로 현자에 관해 공부하고 주변의 일 뿐 아니라 멀리 있는 일에 관해서도 잘 알고 세심히 정치를 한다면 그는 민중의 마음을 얻어 움직일 수 있다. 그러나 진정 민중을 감화시키는데 이르지는 못할 것이다. 만약 정치를 하는 자가 진정 민중을 감화시키고 아름다운 풍속을 구현하고자 한다면 반드시 교육과 학문에 의존해야 한다.

여기서는 교육의 목표를 "대중을 동원하고, 국민을 교화하고, 속되게 함"으로 규정했는데, 이는 통치의 필요에 의한 것이다. 그러므로 "과거 나라를 건국하고 국민을 다스릴 때, 교육을 통한 다스림을 우선으로 했다"는 교육이 점점 통치의 도구로 사용되었음을 잘 보여준다. 이 같은 교육의 정치화의 추세 속에서, 교사의 역할 역시 통치자를 훈련시키는 자로 바뀌었다. 『예기 · 학기』에는 이 같은 바뀐 교사의 역할을 잘 보여주고 있다.

> 군자는 사람들을 학문의 길로 이끌려면 그 깊이의 차이를 이해하고 성질의 차이를 알고, 이에 맞게 가르쳐야 한다. 이것이 많은 사람을 지도하는 방법이다. 이렇게 하여 많은 사람을 가르쳐야 진정한 스승이라 할 것이며, 이것이 관원이나 대신이 되는 길이고, 이렇게 해야 군왕이 될 수 있다. 즉 교사가 되는 것은 군왕이 되는 근본이며, 그러므로 군자는 스승을 구함에 있어서 신중해야 한다.

교사의 중요성은 학생이 교사를 통해서 통치의 도를 배우는 것이며, 고로 "교사는 왕을 위해 배우는 자이다"라는 말은 이 같은 교사의 정치화를 보여주는 대목이라 할 수 있다.[4] 비록 이 같은 "통치자를 위한 배움"의 전통이 유구한 역사는 춘추 시대 이래 유학자들을 통해 새로운 풍조가 되었으며, '도덕적 인격'의 측면은 점점 교육의 중심 사업이 되어왔다. 한(漢) 왕조의 건국과 더불어 일된 제국이 출현한 후 '대일통'(大一統)의 의의를 중심으로 정권에 봉사하는 것이 바로 교육이었으며, 이 같은 역사적 배경에서 교육 본연의 이념은 부단히 변질되었다.

이 같은 역사적 배경에서, 양안 중국인 사회가 민주의 길로 발전해가는 오늘날 가장 중요한 것은 시민 교육이다. 대만 정치 민주화의 측면에서 볼 때, 최근 10여 년 간 대만의 민주화는 중국인 사회의 큰 성취 중 하나라고 할 수 있다. 그러나 '초보적 민권의 발전'으로 인해 나타나는 금권정치, 조직폭력의 개입, 국회의 난맥상, 인치가 법치를 능가하는 현상이 출현하는 민주주의의 난맥은 바로 대만이 민주화를 위해 여전히 노력해야 함을 보여준다. 다시 오늘날 대륙의 시각에서 볼 때, 최근 10여 년 간 추진해온 개혁개방은 중국 대륙을 21세기의 역사적 시점 앞으로 이동케 하였다. 경제 개방과 발전에 비춰볼 때, 정치는 민주화로의 길로 접어들어야 하는가? 이는 12억 중국인이 직면한 거대한 역사적 도전이라 할 수 있다. 21세기 양안의 중국인을 전망할 때, 시민 교육은 중국인 사회를 건전한 민주교육으로 이끄는 중요한 교육이라 할 수 있다.

4) 栗田直躬, 『中國上代思想研究』, 東京: 岩波書店, 1948, 187쪽.

3. 시민교육의 두 가지 어려움과 대안

우리는 21세기 양안 중국인 사회가 반드시 교양교육을 중심으로 하는 시민교육을 추진해야 함을 주장한다. 물론 이 같은 주장은 두 가지 우려를 낳을 수 있다. (3:1) 첫 번째 어려움으로는 21세기는 지구화의 시대로 대학의 교양교육이 반드시 '세계인' 또는 '지구촌 구성원'을 목표로 추진하고, 민족주의(nationalism)정서가 가득 찬 민족국가(nation-state)의 국민을 길러내는 것을 목표로 해서는 안 된다. 또한 민족주의는 일종의 극단적 위험을 담고 있지 않는가? (3:2) 두 번째로, 다원적 주체로 구성된 후기 근대사회에서 시민 교육의 과도한 강조는 교양교육을 자칫 국가 의지의 실현 장소로 이끌 수 있는 잠재적인 위험성을 내포한다. 이는 정치적 권위에 대한 학생의 비판의식을 저하시킬 수 있고, 나아가 학생을 졸업 후 국가와 사회의 요구에 말없이 순응하는 존재로 변질시킬 수 있다. 이 같은 질의는 일견 타당성이 있으나 '교양교육과 시민 교육'에 대해 심각한 오해를 담고 있다. 우리의 의견은 다음과 같다. (3:3) 첫 번째 질의는 소위 '지구화' 담론이 가지는 기만성을 간과하고 있으며, 또한 중국인 문화권에서 민족주의가 지니는 특수성을 또한 감안하지 않았다. 두 번째 질의의 경우, 시민교육의 내용에 대한 깊은 이해가 부족하다. 우리는 여기에 대해 세 가지 의견을 답변으로 제시하고자 한다.

(3:1) 첫 번째 질의에 대해 다음과 같은 예시를 들고자 한다. '지구화'는 2차 세계대전 이후 1960년대를 시점으로 세계사 발전의 주류로 자리매김하였다. 최근 20년간 정보통신 기술의 급속한 발전은 '지구촌' 개념을 현실로 바꾸었다. 신용카드의 사용은 국제금융의 자유화를 이끌었으

며, 매우 큰 폭의 국가 간 경제의 장벽을 허물었다. 1970년대를 기점으로 인류가 직면한 각종 중요한 문제, 바로 환경보호와 경제발전 간의 충돌, 민주화와 국가전력 간의 긴장, 국제화와 본토화 간의 상호 보완과 충돌과 같은 문제는 모두 우리가 사회에서 쉽게 접하는 문제이자 전 지구적 문제라고 할 수 있다. 그러므로 (1) 시장경제가 점점 지구화되고 (2) 민주정치가 지구화의 추세가 되어가는 시점에서 볼 때, '시민교육'은 반드시 '민주', '인권', '발전', '평화' 등 전 지구적이자 인류 공통 가치에 관한 교육을 중시해야 한다.[5)]

좀 더 자세히 이야기하면, 시민 교육의 목표는 '전 지구적인 시민 문화' (INGOs: International Non-Government Organizations), 즉 예를 들어 자매도시, 보이 스카우트, 걸 스카우트, 올림픽 등의 활동을 통해 실현되어야 한다. '전 지구적인 시민문화' 교육은 나날이 가까워지고 밀접해지는 새로운 시대에 필요한 교육이다.[6)] 전 지구 각 지역의 상호 의존성과 상호 영향성의 측면에서 볼 때, 어떤 이는 시민 교육에서 지리교육의 중요성을 피력하는데, 이는 지리교육만이 학생들의 전 지구적인 시야를 넓힐 수 있고, 이해 또한 높일 수 있다고 보기 때문이다. 이 외에도 시민 교육에서 경제학의 비중 역시 중요하며, 경제학을 통해 국제경제의 현상과 노동력 및 임금 등 문제에 대한 공부를 통해 학생들의 시야를 전 지구적으로 확대시킬 수 있기 때문이다.[7)]

---

5) Albala Bertrand Luis, "What Education for What Citizenship?" *Educational Innovation and Information*, No.82(May, 1995)

6) Elise Boulding, *Build a Global Civic Culture: Education for an Interdependent World*, New York: Teachers Colleagues Press, 1988.

7) John Jerolimek, "The Knowledge Base of Democratic Citizens", *The Social Studies*, 81(September/October 1990), 21~23쪽.

전 지구적인 시야를 갖춘 시민교육이 특히 중요한 것은 일부 학자들이 지적하듯이 현대 청년들(특히 미국의 대학생들)은 과학 기술의 발달과 정보의 홍수 및 빠른 사회의 변천 속에서 각종 소외감을 느껴가며, 이로 인해 전 지구적인 관심사를 바라보지 않고 무관심으로 대하기 때문이다. 전 지구적 시야를 갖춘 시민교육은 이 같은 청년들의 소외에 큰 도움이 될 것이다.[8)]

이 같은 주장은 각기 이론적 근거를 지니며, 자신만의 논리를 지니고 있다. 이 같은 '지구화'에 관한 논술은 아시아 지역의 교육 일선 실무자들에게도 큰 설득력을 지닌다. 리위안저(李遠哲) 원장 역시 이 같이 주장했다.

> 우리는 다음 세대를 위하여 권위주의 통치체제가 '애국주의'라는 미명 하에서 대중에게 행해진 협소한 '민족주의'를 과감하게 폐기해야 하며, 더욱 넓은 마음으로 다른 민족을 포용해야 한다. 또한 사회 속의 어떠한 개인도 자신이 생활하는 환경에 상관없이 현지인들과 힘을 합해 '공평하고 합리적인' 사회 건설에 나서야 한다. 이 같은 '공평하고 합리적인' 사회 속에서 서로 다른 종족이 지닌 권익은 모두 보장받아야 하며, 단지 맹목적으로 '조국의 강대함' 또는 '민족의 대단결'을 부르짖는 것은 특정 민족이 사회에서 차별을 당하지 않음을 보장하고 힘에 눌려있지 않음을 보장하라는 것에 불과하다. 이는 적절치 못한 방법이라 하겠다.

---

8) Stuart Langton, "Citizenship Participation an Citizenship Education In the 21st Century", *In Citizenship for the 21st Century*, Edited by William T. Callaham, Jr., and Roland A. Banaszak, Bloomington, IN: ERIC Clearinghouse for Social Studies/Social Science Education, 1990, 305쪽.

교통과 통신 기술의 발달은 비록 공간적으로 국가 간 거리를 줄여주었지만 사람 간의 상호 의존은 도리어 심화되었다. 그러나 인간 사회는 반드시 진정한 국제화 또는 국경 없는 세계를 실현해야 한다. 더욱 중요하게는 우리의 다음 세대가 반드시 지구촌과 민주화 개념을 제대로 이해해야 한다. 지구상에서 서로 다른 민족 배경과 역사 문화 속에서 살아온 인간이 유한한 자원과 유한한 공간이라는 환경 속에서 평화롭게 민주적 소양을 강화하고, 스스로 생각하고, 창조적 역량과 사회에서 협력을 통해 살아가는 능력을 키우며, 자신의 의견을 표현하고 타인의 의견을 존중하며, 환경과 생태 보호의 개념과 더불어 개인 중심의 생활습관을 지니는 것은 21세기의 현대 교육이 추진해야 하는 방향이라 할 것이다. 오직 민주화 교육과 지구촌에 관한 인식의 정립을 통해, 우리는 비로소 사회의 불합리한 현상을 서서히 타파하고, 세계 선진 국가와 어깨를 나란히 할 수 있다.

이 같은 주장은 충분한 이론적 근거에 기반을 둔 것이자 또한 미래에 대한 담대한 견해 또한 포함하고 있다. 그러나 지구적 관점을 중심으로 하는 시민 교육은 반드시 '국가 정체성'을 중심으로 하는 관점을 완전히 버릴 필요는 없다. 양자 간 관계는 결코 '제로섬게임'(zero-sum game)이 아니기 때문이다. 이에 대해서는 3항(3:3)에서 좀 더 논의하고자 한다.

(3:2) 우리가 두 번째로 묻고자 하는 것은 다음과 같다. 시민 교육은 권위주의적인 '국가' 또는 권위주의 정권의 이론적 배경이 되거나 그들의 이념적 수호신으로 전락할 가능성이 매우 높다. 이 같은 예는 중국과 서구의 역사 속에서 어렵지 않게 찾을 수 있다. 일례로 2차 세계대전 동안 일본의 군국주의적 역사교육, 예를 들어 "국가의 명령에 맞추어" 또는 '수신'(修身) 등을 강조한 수업은 모두 천황제를 기반으로 하는 '충군애국'(忠君

愛國)의 정서를 담고 있다. 이는 기본적으로 일종의 정서교육이며 권위주의 국가에서 시민 교육이 악용되는 사례라고 할 수 있다.[9)]

21세기 이후, 양안의 권위주의 정권 또한 교육의 방법으로 정치 이데올로기를 주입시켰으며, 이는 모든 중국인이 몸소 체험한 사건이다.

그러나 이 같은 문제는 비록 역사적 경험을 통해 증명되었지만, 여전히 '교양교육과 시민 교육'에 대한 오해를 낳을 수 있으며, 아래에서는 이 문제를 좀 더 명확하게 설명하고자 한다.

(3:3) 위에서 논의한 두 가지 문제는 각자 다른 측면을 가지고 있다. '지구촌 시민 교육'을 주장하는 사람들의 관점에서 볼 때, 시민 교육은 반드시 협소한 민족주의의 속박에서 벗어나 세계가 하나라는 관점에서 이루어져야 한다는 것이다. 반면 시민 교육이 국가 중심 이데올로기의 근간이라고 의심하는 사람들은 역사적 경험에서 교훈을 얻어 국가 이데올로기에서 시민교육을 벗어나게 하여 교육의 본래 목적을 달성하기를 바라고 있다. 이 같이 서로 다른 주장은 모두 선의에서 나온 것이며 각자의 이론적 기반 또한 매우 깊다고 하겠다.

그러나 이 두 가지 논점은 문제의 핵심에 다가가지 못하고 있다. 이제 우리는 여기에서 좀 더 깊은 분석을 시도하고자 한다. 첫 번째 질문의 문제는 '지구화'와 '본토화'(localization)를 상호 대립 관계로 보는 점이다. 이는 국가 정체성 또는 본토 족군 정체성이 중심이 된 시민 교육을 오해하여 이를 '세계 시민 문화'와는 양립할 수 없는 것으로 보았다. 사실 이 같은 견해는 바로잡을 필요가 있다. 역사적 맥락에서 볼 때 2차 세계대전 후 50년 간 세계 역사는 두 가지의 큰 조류를 접하는데, 바로 '지구화'와

9) 遠山茂樹, 『歷史學から歷史教育へ』, 東京: 岩崎書店, 1980; 1981, 46~47쪽.

'본토화'가 그것이다. 양자의 관계는 상호 대결적인 측면과 동시에 상호 보완적인 측면이 있다. 그러므로 본토 문화의 근본에 더욱 다가갈수록 국제무대에 더욱 근접하게 된다. 더욱이 국제화의 근간은 바로 본토의 문화자원으로 '본토화'와 '지구화' 간에는 일종의 복잡한 변증 관계가 성립한다.

이 같은 관계를 이해한 후에, 우리는 비로소 깨달을 수 있다. 시민 교육의 제창이 사실 21세기 '지구화 시민 문화'와 반드시 충돌하는 것이 아니며, 반대로 지구촌 시민이 되는 것은 인도주의와 보편적 가치 기준에 부합하는 국가의 시민이 되는 것이다.

두 번째 질문은 사실 21세기 '국가'의 기능이 점차 바뀌고, '비정부기구'(NGO)의 역할이 공공정책의 발전 분야에서 점차 증대되고 있으며, 시민에게 발휘되는 교육의 기능 또한 점차 증가하고 있다는 점을 강조한다.[10)]

그러므로 이 같은 측면에서 볼 때, '국가'가 시민 교육에 '어용화'의 공간을 확대하는 일은 점차 축소될 전망이다. 또한 더 심층적으로 바라볼 때, 시민 교육이 교양교육과 단절된 상황에서는 국가 이데올로기를 제조하는 공장 또는 옳지 않는 정부에 봉사하는 기구로 전락하게 되며, 이는 교육의 본래 목적을 망각하는 행위이다. 정리하면, 두 번째 질문은 우리를 더욱 새롭게 일깨운다. 시민 교육과 교양교육은 서로 떼려야 뗄 수 없는 관계에 놓여 있으며, 이것이 바로 필자가 주장하고자 하는 기본 논점이다.

---

10) Nancy Berlit et. al., "What Citizens Can Do A Case Study In Environmental Activism", *Update on Law-Related Education*, Vol.17, No. 3(Fall, 1993), 26~31쪽.

4. 교양정신에 기반을 둔 시민 교육 과정 구축

오늘날 우리는 교양교육의 정신에서 건립되는 시민 교육 과정과 교육 과정 설계에 대한 문제를 논의할 수 있다. 우선 필자는 이하의 문제들을 논하고자 한다. (4:1) '교양교육의 정신'은 학생의 주체성을 수립하고, 또한 학생의 주체성이 기타 주체와 유익한 호응을 하도록 돕는 것이며, 그러므로 '지역사회에 대한 봉사'를 통해 시작되는 시민 교육 과정의 중요성은 이루 말로 다 할 수 없다. (4:2) '지역사회에 봉사'하는 시민 교육 과정 이외에도, 이 같은 정신에서 수립되는 시민 교육 과정은 다원화 과정을 통해 '시민'(citizenship)의 이념을 보여준다. 우리는 두 가지 논제에 대해 자세히 논하고자 한다.

(4:1) 2절과 3절에서 우리는 교양교육과 시민 교육의 불가분성에 대해 특히 강조했다. 양자 간의 불가분성은 교육의 목적이 학생의 주체성 수립에 있기 때문이다. 따라서 양자가 교육을 이끌어야 하며, 교육이 국가의 도구로 전락해서는 안 되고, 또한 기타 다양한 주제들과 함께 건전한 관계를 구축해야 한다.

'교양교육의 정신'으로 시민 소질을 배양하는 데 있어서 구체적인 방법은 다양하며, 그 중 하나가 '지역 사회 봉사'(community service)를 통해 시민교육 과정을 운영하는 것이다. 최근 국내 수많은 대학이 실시하고 있는 노동 과정 또는 봉사 과정은 모두 지역 사회에 대한 학생들의 봉사 정신을 높이도록 만들어 졌으며, 이는 시민 교육을 실현하는 중요한 방법이라 할 수 있다.

지역 사회 봉사 과정을 추진해야 하는 이유는 바로 현대의 풍요로운 사회 속에서 성장한 청년들에게 봉사 관념과 미덕이 부족하기 때문이다.

미국 사회의 청소년들이 대표적인 사례라고 할 수 있다. 기존 연구에서는 미국의 청년들은 일반적으로 사회봉사에 대한 시간이 부족하고 부모 또한 이를 권장하지 않으며, 수많은 젊은이들은 민주의 의의에 대해 잘 이해하지 못하고 있으나, 자신의 권리와 자유만을 중시하며, 미국의 정치에 대해서도 믿음이 없다는 것을 밝혀냈다. 이 같은 행태는 미국 청년들의 봉사 정신의 부족을 가져왔다.[11] 또한 관련 연구에서는 다음과 같이 논하고 있다. 미국 사회 청년들은 보편적으로 지역 사회에 대한 봉사가 자신의 경제적 이익에 도움이 되지 않는다고 보고 있다. '시민교육'은 반드시 청년들의 개인 이익과 국가 또는 사회 이익이 분리된 것이 아님을 일깨워 주어야 한다.[12] 미국 학생의 상황은 사실 오늘날 세계 여러 지역의 청년들이 직면하는 공통적인 문제라고 할 수 있다. 양안의 대학생들 역시 편안한 삶을 누리는 가운데 이 같은 문제에 직면하고 있다. 지역 사회에 대한 봉사를 통해 실시하는 시민 교육은 바로 오늘날 청년들이 직면한 문제의 명약(名藥)이라고 할 수 있다.

대학이 실시하는 봉사과정은 반드시 학술적 성격이 강한 시민 교육 과정과 결합해야 한다. 이는 지역 사회에 대한 봉사는 결국 학술적 성격이 있는 시민 교육 과정의 도구의 일종이지 전부가 아니기 때문이다.[13] 그러므로 우리는 지역 사회 봉사 과정을 학술적 함의가 결여된 육체노동으로 만들어서는 안 된다.

---

11) *People for the American Way, Democracy's next Generation: A Study for youth and Teachers*, Washington, DC: People for the American Way, 1989.

12) Morris Janowitz, *The Reconstruction of Patriotism: Education for Civic Consciousness*, Chicago: The University of Chicago Press, 1983.

13) Benjamin R. Barber, *An Aristocracy of Everyone: The Politics of Education and the Future of America*, New York: Ballantine Books, 1992, 254쪽.

(4:2) 시민 교육 과정의 함의를 제고시키기 위해서, 필자는 시민 교육 과정을 영역 형식으로 편성하고, 이를 기존의 형식과 다른 수업 과정으로 개설함을 건의하고자 한다. 이 같은 수업 과정의 교육목표는 학생의 시민 의식(citizenship) 배양을 통해 민주 정치의 발전을 촉진하고, 국민으로서 사회와 국가에 대한 책임감을 고취시키는데 있다. '시민 교육' 영역의 학술적 내용은 매우 광범위하다. 일반적인 인문·사회과학의 각 영역을 포함하고, 시민 의식의 배양에 연관된 각종 과정과도 직·간접적으로 연결되어 있으며, 이는 모두 시민 교육 과정에 포함될 수 있다. 여기에는 '헌법과 건국 정신' 과정처럼 과거 공통 필수 영역으로 포함되었던 각종 수업 과정과 더불어 '중화민국 헌법' 외에도, 다음과 같은 과정을 포함시킬 수 있다.

1. 고대 및 근대 민주정치의 이념
2. 헌정 및 민주정치
3. 인권 및 기타 관련 문제
4. 민주정치 및 권력의 분배
5. 사법 독립과 헌정 체제
6. 시민 사회(civil society)
7. 시장경제와 인권
8. 근대 자유주의 사상의 형성과 발전

위에서 논한 각종 수업 과정은 '시민교육' 영역의 여러 과정에서 개설할 수 있는 일부이다. 각 대학의 법학대학, 인문대학 내 학과에서 이 같은 영역을 수업으로 개설할 수 있으며, 3급 3심판 제도에 의거하여 본 영역의 수업을 개설할 수 있다.

시민 교육 과정의 구체적인 강의 방법은 교수자와 시기, 학교에 따라 정할 수 있으며, 일률적으로 이를 정할 필요는 없다. 그러나 가장 중요한 강의 원칙은 바로 이론과 실천을 결합하여 추진하는 것이다. 대만 초등학교의 '시민과 도덕' 과목이 중심이 되는 시민 교육은 이미 전면적인 개편을 거쳤다.[14] 대학의 시민 교육은 긍정적인 면과 부정적인 면을 모두 가지고 있다. 쥐하이위안(瞿海源) 교수가 지적하듯이, 매우 긍정적인 측면을 들자면, 각종 사회과학적 시각을 통해 시민의 사회 참여 또는 사회에 대한 인식과 더불어 각종 공공 영역에 대한 인식에 관해 토론을 진행할 수 있다는 점이다. 이는 대학에서 진정 논의될 수 있으며, 또한 오직 대학에서만 다뤄질 수 있는 주제다. 그러므로 대만의 초등학교와 중등학교로부터 대학에 이르기까지 정치 사회화 수업 과정에 대한 강의의 측면에서 볼 때, 오늘날 우리는 여전히 대학생들에게 현대 민주사회에 관한 기본적인 이념 등 시민 교육 이론을 더욱 접하게 해야 한다.[15] 특히 깊은 이론 연구를 통해서 대학 내 시민 교육의 학술적 함의를 심화시킬 수 있고, 단순한 강의로 흐르는 것을 막을 수 있다. 그러나 본 장의 2절(2:1)에서 필자가 지적했듯이, '인간'은 보편적 의미로서 '인간'의 의미 외에도 특정한 공간에서 생활하며 누리는 각종 권리와 의무에 예속된 '시민'의 의미 또한

---

14) 쥐하이위안 교수는 일찍이 이 문제에 대해 처음으로 연구 결과를 발표한 바 있다. 다음을 참조하기 바란다. 瞿海源, 「跨世紀公民教育的問題」, 『跨世紀台灣民主發展問題學術研討會』, 台北: 殷海光先生學術基金會主辦, 1996.7, 7~8쪽.

15) 쥐하이위안 교수가 1997년 11월 29일 대만대학이 주최한 '본국 헌법과 시민 교육 좌담회'(本國憲法與公民教育座談會)에서 한 다음 발언을 참조하기 바란다. 台灣大學共同教育委員會, 『國立台灣大學共同科目教學座談會記錄』(民國86學年度), 台北: 台大共同教育委員會, 1998.7., 8쪽. 린훠왕(林火旺) 또한 대학의 시민교육은 특히 이론적 측면의 깊이를 더해야 한다고 주장했다. 역시 위의 책을 참조할 수 있다. 26~27쪽.

함유하고 있다. 그러므로 시민 교육은 반드시 구체적인 현실의 문제에서 출발하여 교육을 실천해야 하며, 이를 통해 비로소 그 효과가 뚜렷이 드러난다. 치안융시앙(錢永祥)이 지적하듯, 시민의 신분은 단순히 그 개념과 법조문의 기록 뿐 아니라 그 실천은 공공생활에 대처하는 능력에 달려 있다. 실천의 측면에서 볼 때, 시민의 사회생활 내에서 어떻게 이 같은 권리와 의무 및 도덕성의 개념을 공공 문제에 대처하는 자원과 규범으로 변모시키는가 하는 것이 바로 시민교육의 목표이다.[16] 이 같은 시민교육의 이념을 일상생활에서 실천하기 위해서는 대학 강단에서 가르치는 것 외에도 대중매체 역시 상당히 중대한 책임을 지고 있으며, 오직 대중매체가 사회가 하나의 협력체라는 것을 심도 깊게 이해시키고 민주정치의 발전을 촉진하고 사회정의 수호 및 매스미디어의 사회적 교육기능을 통해 시민의식을 배양함으로서 안정적이고 조화로운 사회 환경을 만들 수 있다. 이 같은 환경 속에서 개인의 가치이상과 이익의 추구가 보장되고, 언론의 자유 또한 그 의미를 지닌다고 할 수 있다.[17]

이와 같이 논한 시민 교육의 추진은 대학의 수업 속에서 이론과 실천과 함께 추진되어야 하며, 또한 대중 매체 역시 그 책임을 짊어져야 한다.

---

16) 錢永祥, 「本國憲法與公民教育座談會」, 台灣大學共同教育委員會, 『國立台灣大學共同科目教學座談會記錄』(民國86學年度)』, 위의 책, 15쪽.

17) 林火旺, 「公民意識與社會正義」, 台灣大學新聞研究所 多元社會新聞報導倫理研究討論會, 1993.3; 『哲學雜誌』 第4期, 1993.4, 146 · 154쪽.

5. 맺음말

우리는 이 장에서 '교양교육'과 '시민 육성'의 밀접한 관계에 관하여 논의했다. 교양교육과 시민 육성은 불가분의 관계에 놓여 있는데, 그 가장 중요한 원인은 다음과 같다. 심대한 교양교육의 이념은 오직 우수한 시민에게 잘 드러나고, 진정한 실현이 가능하기 때문이다. 또한 우수한 시민의 육성에 있어서 만약 "선비는 기량과 식견을 갖춘 후에 글재주를 닦는다"(士先器識而後文藝)는 교양교육의 이념이 만들어지지 않는다면, '시민'은 쉽게 '인간'의 본질을 잃어버리고 정치권력에 놀아나거나 사회적 분위기에 자연히 예속되기 때문이다.

"교양교육과 시민 육성은 불가분의 관계에 있다"는 기본 입장을 분석할 때, '지구화' 담론 속에 숨어 있는 맹점과 다양한 문제들 또한 분석하였으며, 이를 통해 미래의 중국인 사회에서 교양 교육은 여전히 '민족국가' 존재의 문제에 직면해야 함을 예측할 수 있었다. 우리는 또한 시민교육의 다양한 수업과정과 내용이 비록 다원화되었으며 매우 활발하지만, 각종 시민 교육 과정은 반드시 다양한 관점에서 출발하여 학생의 사고와 '시민' 관련 이론 및 현실의 다양한 문제를 다루어야 한다고 주장한다.

이 장은 '다양성 내의 통합'(unity in diversity)을 시민 교육 과정의 원칙으로 제시하고자 한다. 다가올 21세기를 전망할 때, 다양한 주체의 공존이라는 정신이 사회, 경제, 역사, 문화, 사상 등 다양한 영역에서 더욱 중시되고 실천될 것이다. 소수 취약 집단과 민족 또는 세력 역시 각 영역에서 자신들의 존재에 대한 인정을 요구하면서 소위 '인정의 정치'(politics of recognition)가 향후 시대적 대세로 자리 잡을 것이다.[18)]

이 같은 시대적 배경 하에서, 21세기 시민교육은 반드시 다원화 정신에 부응해야 한다. 그러나 "다양한 변화 또한 그 근본을 벗어날 수 없다"는 말을 떠올려 볼 때, 우리는 다양화된 시민 교육 과정을 추진해야 하며, 학생의 사고와 '시민' 간의 각종 문제를 견인하여 '시민' 의식의 각성을 제시해야 한다. 21세기 중국인 사회에서 이 같은 '시민' 이념은 '공중도덕' 배양의 핵심적 가치이다. '공중도덕'[19)]의 육성은 바로 21세기 양안 중국인 사회의 대학교양교육과 시민 교육의 근본적인 문제다.

18) Christine E. Sleeter and Peter L. McLaren eds, *Multicultural Education, Critical Pedagogy, and the Politics of Difference*, Albany: State University of New York Press, 1995.

19) 陳弱水, 「公德觀念的初步探討: 歷史源流與理論建構」, 『人文及社會集刊』 第9卷 第2期, 1997, 39~72쪽.

제11장 21세기 과학기술시대의 인문 과제와 인문 교육

1. 머리말

인류의 역사가 진화하는 가운데, 과학기술의 발전과 인문 세계 간에는 줄곧 고도의 연관성이 지속되어 왔다. 근대 역사에서 과학과 기술의 발전은 인문 생활에 다양한 문제를 던졌다. 그 중에서 대표적인 문제를 들자면 다음과 같다. (1) 근대 과학기술 발전 속의 '인간 중심주의'(anthropocentrism)적인 심리 상태와 여러 문제, (2) 디지털화, 인공지능 및 인간의 존엄성 문제, (3) 과학기술 발전과 전 지구적인 윤리 문제, (4) 과학기술 발전과 정치경제적 권력 구조의 문제 등이다. 이 같은 인문적 과제는 인간의 일상생활의 변화를 가져왔으며, 동시에 인문 교육의 개혁과 매우 복잡다단한 관계를 맺고 있다는 점에서 심사숙고해 볼 필요가 있다.

길고 긴 역사 발전의 측면에서 볼 때, 인류는 세 차례 대혁명을 겪었다고 할 수 있다. 첫 번째는 신석기 시대 농업혁명이다. 인류는 농업혁명을 통해서 대자연에 의존하는 존재에서 대자연의 생산자로 변모했다. 두 번째는 바로 근대 산업혁명으로, 이를 통해 대량 생산이 가능해졌으며, 근대 자본주의와 식민주의를 가져왔고, 또한 아시아, 아프리카, 라틴 아메리카 등 지역과 국가에 반(反) 제국주의 혹은 반(反) 식민주의 운동 역시 불러 일으켰다. 세 번째 대혁명은 바로 20세기 중엽부터 오늘날 21세기까지 빠르게 지속되고 있는 정보기술 혁명과 더불어 급격한 발전 속에 있는 바이오 과학기술 혁명이다.

'과학발전과 인문교육'이라는 주제를 살펴볼 때, 우리는 다음 사실을 잘 알 수 있다. 정보기술 혁명과 바이오 과학기술 혁명은 향후 적지 않은 인문 의제를 불러일으킬 것이며, 인문 교육의 구조적 변화 또한 가져올 것이다. 정보기술 혁명은 인류가 정보 중심의 사회로 진입함을 알리는 계기이며, 이 같은 정보 과학기술의 발전과 인간 사회의 미래는 매우 밀접한 관계를 맺고 있다. 이 같은 관계는 적어도 두 가지 측면에 영향을 가져왔다. (1) 정보 과학기술은 지식의 성질에 변화를 가져왔다. 과거 인류의 지식은 집약에 의존했다면, 정보 과학기술은 지식을 '집약'으로부터 '돌파'로 전환시켰으며, 지식을 얻는 경로 또한 기억에서 정보의 분석으로 바뀌었다. (2) 정보 과학기술의 발전은 또한 교육 개혁의 위기감을 더욱 불러일으켰다. 과거 교육의 형태는 기존 지식의 기억과 훈련이 교육의 대부분을 차지했으나, 정보 과학기술과 네트워크의 발전은 교육을 반드시 기존 지식의 전달과 기억에 중점을 두는 것에서 분석에 중점을 두도록 독려하고 있다. 이유인즉, 정보 사회 속에서 정보의 취득은 더 이상 핵심이 아니기 때문이다. 중요한 것은 우리가 반드시 교육 개혁을 통해 다음 세대가 정보를 선택하고, 생각하고, 판단하고, 또한 분석하는 능력을 키우도록 길러내는 것이다. 여기에서 한 걸음 더 나아가, 정보 과학기술 분야에서 일하는 인력들은 반드시 과학기술 전공자만이 아니며, 이들 역시 기술 혁신과 발전 분야에 종사하는 사회인, 문화인, 정치인, 과학자로서 반드시 이에 관한 사회적 책임감을 지녀야 한다. 21세기로 향해가는 오늘날 우리는 이 문제들에 대해 깊은 고민을 해볼 필요가 있다.

정보기술 혁명 이외에도, 바이오 과학기술의 발전과 유전자 연구는 반드시 21세기 이후의 인간 사회에 가시적인 충격을 가져올 것이다. 일례로 인간 복제(cloning), 유전자 이식 문제는 반드시 사회 윤리의 구조적 변화를 가져올 것이다. 예를 들어, 인류의 유전자 및 그 배열순서의 비밀을 밝히는 것과 유전자를 칩에 이식하는 일들은 향후 인간 사회의 지식 구현과 나아가 일반적인 인간관계에도 필연적으로 영향을 끼칠 것이며, 또한 직·간접적으로 근대 문명이 제창하였던 '평등'의 가치관에 대한 도전이 될 것이다. 그러므로 21세기의 정보화 및 바이오 과학기술 혁명과 이에 파생되는 인문적 충격에 대하여, 인문교육은 잘못된 점을 바로잡고 시대의 대세에 부응해야 한다.

이 장에서 논하고자 하는 바는 다음과 같다. 21세기 과학기술이 급격하게 발전하는 오늘날, 우리는 어떻게 인문교육을 재건할 것인가? 1절에서는 본 연구와 관련된 배경을 논할 것이며, 2절에서는 과학기술 혁명에 의해 나타난 '지구화' 문제 및 인문 교육적 대응과 개혁을 다루려 한다. 3절에서는 바이오 과학기술의 발전에 따른 인간의 존엄성의 재건을 논할 것이며, 4절에서는 결론을 제시하고자 한다.

2. 정보기술 혁명, '지구화'와 인문 교육의 개혁

우리는 우선 정보기술 혁명과 이에 상응되는 인문교육의 개혁을 논하고자 한다. 우선 2절에서 다음 문제에 대한 논의를 제시하고자 한다. (1) 정보기술 혁명은 '지구화'의 속도를 가속화하여 '지구촌'을 현실로 바꾸었다. 그러나 이 같은 '지구화'는 오히려 (a) 단절성과 (b) 취약성을 지니고 있다. (2) 이 같은 '지구화'라는 시대적 추세에 대응하기 위해, 21세기 인문교육은 환경보호와 같은 문제를 어떻게 가르칠 것인지에 대해 고민해야 한다. 이 같은 두 가지 견해에 관해 우리는 좀 더 깊은 논의를 해볼 필요가 있다.

(1) 정보기술 혁명과 '지구화' 추세: 정보 과학기술의 급속한 발전은 신문 등 정보와 자금을 전 지구적으로 장애 없이 유통시키며, 상당한 정도 내에서 '지구촌'(global village)이라는 새로운 시대의 도래를 가속화하였다. 일례로, 뉴욕 증시의 변화는 바로 도쿄, 타이베이 등 각 지역의 증시에 영향을 미치고 있다. 오늘날 세계 각지의 상호 영향은 피할 수 없는 시대적 대세로 자리 잡았다. 이미 1910년 영국의 경제학자인 노먼 엥겔(Sir Norman Angell, 1972~67, 1933년 노벨 평화상 수상자) 경은 그의 저서에서 20세기 이후 세계 각지의 상호 의존성은 더욱 가속화 될 것임을 강조했다.[1)] 정보 과학기술의 발달 후, 전 세계의 상호 의존성은 나날이 증가하고 있으며, 이제 '지구화'는 시대적 흐름으로 자리 잡았으며, 각계 인사들에게 주목을 받고 있다.

최근에 들어 '지구화'를 제창하는 가장 대표적인 인물로는 오마에 겐이

---

1) Norman Angell, *The Great Illusion*, London: William Heinemann, 1910.

치(大前研一)를 들 수 있다. 오마에 겐이치는 '지구화' 시대의 도래와 함께 '민족국가'는 이제 역사의 정점에 달했다고 다음과 같이 주장하고 있다.[2)]

> 20세기 말에 들어 지대한 영향력을 발휘하는 경제의 동력은 이미 민족국가의 역할에 대해 의문을 제기하기 시작했다. '민족국가'는 더 이상 세심한 사고 활동을 감당할 수 있는 개념이 아니며, 경제 활동과 민족국가 간에는 더 이상 필연관계가 존재하지 않는다. 개별적으로 독립을 유지하는 민족국가를 기초로 하는 세계 질서는 반드시 다양한 핵심 가치관에 의존하여야만 비로소 유지될 수 있다. 일례로 서구 국가들이 실현하는 민주 자유제도 또한 정치적 주권이라는 개념을 기반을 두어 이루어진 것이다. 그러나 오늘날 이 같은 가치관은 더욱이 새롭게 해석되어야 하며, 심지어 다른 관념을 통해 재해석 되어야 한다. 21세기로 빠르게 다가가면서 '4I'(산업 industry, 투자 investment, 개인 individual, 정보 information) 역시 국내·외의 경계를 더욱 자유롭게 넘나들고 있다. 과거 19세기 폐쇄적 모식의 영토 관념은 향후 더 이상 지속되기 어렵다. 특히 정보과학 기술의 발전이 가장 관건이라고 할 수 있다. 오마에 겐이치는 이어서 다음과 같이 지적한다. 오래된 경제 지도에서 지도 제작의 가장 중요한 요인은 다름 아닌 원재료의 산지, 에너지 자원, 통항 목적의 하천 및 항구의 수심, 철도 노선과 이미 설계된 도로 및 국가 간의 경계이다. 그러나 오늘날 지도에서 가장 특징적인 요인은 텔레비전 위성신호 차단지역,

2) Kenichi Ohmae, *The End of the Nation State: The Rise of Regional Economies*, Mckinsey & Company, Inc, 1995; 李宛容譯, 『民族國家的終結: 區域經濟的興起』, 台北: 立緒文化事業公司, 1990, 22쪽.

텔레비전 채널 수신지역, 신문 잡지 발행 범위 등으로, 정보는 이미 시·공간의 거리와 정치적 관계를 대체하고 있으며, 경제활동의 유통에서 가장 중요한 요인으로 자리 잡았다. 유형의 영토와 정치적 경계는 비록 여전히 그 지위를 누리고 있지만, 양자는(특히 정치적 경계) 모두 사람들의 지식과 탐구 및 가치관의 중요성보다 중요치 않다.

오마에 겐이치는 또한 다음과 같이 논하고 있다.[3)]

민족국가는 오늘날 경제 활동을 관리함에 있어서 더 이상 그 역량을 발휘하지 못하고 있다. 반면 지역 국가는 본질적으로 지구화의 논리를 우선적으로 고려하는 독특한 능력을 지니고 있으며, 만약 여기에 적절한 자주권을 더하여 새롭게 변신한다면, 시대가 필요로 하는 변혁의 촉진제가 될 것이다. 또한 지구화의 경제 질서 하에서 번영과 경제적 부유함을 낳는 환경을 조성하고 사람들의 생활수준 또한 개선될 것이다.

정보 과학기술이 나날이 변모하고 발전하는 경제 지구화 현상의 각도에서, 오마에 겐이치는 한 걸음 더 나아가 지구화 시대는 일종의 '국경 없는 세계'라고 주장하며, 다음과 같이 논하고 있다.[4)]

오늘날 세계에는 더 이상 국가의 경제적 이익과 같은 것은 존재하

3) Kenichi Ohmae, 위의 책, 231쪽.

4) Kenichi Ohmae, The Borderless World, Mckinsey & Company Inc, 1990; 黃栢棋譯, 『無國界的世界』, 台北: 聯經出版事業公司, 1993, 243~244쪽.

> 지 않는다. 예를 들자면, 미국과 일본의 이익은 이미 전 세계로 확산되었다. 세계 경제의 상황은 서로 밀접한 관계에 놓여있다. 미국의 일반 가정의 주택 구매에 필요한 대출의 경비는 어쩌면 피땀을 흘려가며 하루하루를 보내는 도쿄 지하철의 샐러리맨이 제공한 것일 수도 있다. 또 이들 미국인들은 부동산 가격 상승을 보장하는 법률과 경제제도 하에서 생활을 영위한다. 여기에는 좋은 점도 있는데, 그 근거로는 과단성 있게 법률을 개정하거나 또는 논의 고인 물을 빠르게 흘려보내는 것은 도쿄의 주식시장을 뜨겁게 달구며, 심지어 다른 선진국으로 이 흐름을 흘려보내 주식 시장과 부동산 가격에 연쇄적인 반응을 낳는다는 것이다.

오마에 겐이치가 제시하는 '지구화 논리'는 전 지구의 '상호 의존성'을 잘 설명하고 있으며, 또한 수많은 사람들의 호응을 얻었다. 일례로 프란시스 후쿠야마(Francis Fukuyama)는 다음과 같이 주장한다. "역사상 시장 구조와 자유민주국가를 대체할만한 것은 없다. 이 모델은 그다지 특별한 내용을 담고 있지는 않지만, 적어도 전지구적 관점에서는 공감대가 이뤄져 있다. 이러한 체제적 배치는 인류의 가장 뛰어난 설계라 할 수 있다. 우리는 이미 역사의 종점에 서 있다. 이는 우리가 이미 역사의 대체 방안을 소진해 버렸기 때문이다. 더 이상 군주제, 권위주의 체제, 시장민주체제 등 정치 구조의 인위적 구분은 필요가 없게 됐다. 이 같은 정치구조는 모두 노력을 통해 일정 수준의 민주를 획득해야 한다."[5] 위에서 논한 견

5) Nathan Gardels編, 林添貴譯, 『世紀之路: 改變中的全球秩序』 台北: 立緒文化事業公司, 1999, 74쪽. 독일 학자 울리히 벡은 '지구화'의 위기에 대한 수준 높은 견해를 다음 책에서 제시한 바 있다. Ulrich Beck, 孫治平譯, 『全球化危機: 全球化的形成、風險與機會』, 台北: 台灣商

해들은 비록 과도하게 낙관적인 견해이지만, 또한 '지구화'의 중요한 흐름을 잘 담고 있다.

(2) '지구화' 과정 중의 인문적 과제: 그러나 우리는 여기에서 한 걸음 더 나아가 '지구화' 현상을 분석하여 다음과 같은 점을 발견했다. 바로 '지구화'의 표상 하에서 감추어진 거대한 인문적, 사회적 문제이다. 대표적으로는 다음 두 가지 문제를 들 수 있다.

(a) '지구화'의 단절성: 국제적 맥락에서 따져 볼 때, '지구화'의 발전 증거는 경제적 측면에서 부유한 국가와 가난한 국가 간 단절에서 잘 드러난다. 경제적으로 부유한 국가는 대다수가 정치·군사 분야의 강대국이며, 에너지 소모 또한 가장 많은 국가들이다. 이 같은 국가들은 국제기구 및 금융 시스템을 장악하고 있다. 그 대표적인 기구로는 세계은행(World Bank), 국제통화기금(International Monetary Fund, IMF)을 들 수 있다. 또한 '경제 분야의 국제연합'이라 불리는 세계무역기구(World Trade Organization, WTO)를 통해 세계 금융시장을 이끄는 능력 또한 갖추고 있다. 이 국가들은 고도로 발달한 과학기술, 즉 정보 과학기술, 항공우주 기술 및 생물의학 기술 분야를 선도하고 있으며 동시에 가장 선진화된 무기 산업 발전을 주도하고 있다. 이 국가들은 종종 초국적 국가연맹을 결성하여 세계 각지의 정치, 군사, 경제 분야에 효과적으로 관여하고 있으며, 또한 문화 사상 분야에도 침투를 시도하고 있다. 상대적으로 말하면, 경제적 빈국은 '지구화'의 흐름에 의해 자본주의 시장 네트워크 속에서 빠르게 재편되고 있으며, 그 격차는 하루가 다르게 커지고 있다. 경제력의 측면에서 허약한 위치에 놓여있기 때문에, 빈국들은 첨단 과학기술 분야에서

務印書館, 1999.

매우 낙후되어 있다. 또한 정치, 경제 및 군사 분야에서도 지배당하는 위치에 놓여 있다. 국제적 측면에서 볼 때, '지구화'의 의미는 바로 '미국화'다.[6] '지구화' 담론 역시 후기 냉전 시대 미국의 신 패권주의적 전략에서 벗어나기 어렵다.

다시 국내적 측면에서 볼 때, '지구화'의 발전은 또한 각국의 과학기술 '신(新) 귀족'(nouveaux riches)과 각종 농·공업 계급 간의 '단절'을 가져왔다. 과학기술 분야의 '신 귀족'은 특히 정보통신산업의 고급 관리자들이며, 이들과 농·공업 계급 또는 일반 샐러리맨의 수입 간 격차는 나날이 증가하고 있고 그 편차는 더욱 심각해지고 있다. 이 같은 현상을 볼 때 '지구화'의 발전은 수많은 국가의 국내적 빈부 차와 계급 간 모순의 심화를 가져왔다.

(b) '지구화'의 취약성: '지구화'는 정보기술의 도움 하에서 빠르게 발전했으며, 각국의 자금, 정보, 지식, 인력 등을 거침없이 유통시키고 있다. 소위 '지구촌' 또는 '국경 없는 세계'를 만들었다. 그러나 이 같은 새로운 발전은 동시에 범죄 집단, 테러리스트 조직이 '지구화'를 통해 세계 각지를 자유롭게 넘나든다는 의미를 내포한다. 미국 뉴욕 세계무역빌딩에서 발생한 9·11 테러사건은 한 순간에 미국 경제에 1,000억 달러의 손실을 안겼고, 전 세계의 경제 손실은 3,600억 달러에 달한다. 또한 경제성장율 역시 1% 하락하여 '지구화'의 취약성을 적나라하게 보여주었다. 주윈한(朱雲漢)은 최근 9·11 테러에 대해 이 같은 성찰의 글을 남겼다.[7]

---

6) 혹자는 1991년 세계의 다국적 기업의 리더계층에서 미국 국적의 비율이 2%가 되지 않음을 지적했다. Peter Beinart, "An Illusion for our Time," *The New York Republic*, October 20, 1997, 20~24쪽.

7) 朱雲漢,「一個不確定年代的開端」,『中國時報』, 2001.9.17., 第二版.

> 만약 지구화의 의의가 유통 상의 장애를 일소함으로써 인력, 상품, 자본 및 정보의 자유로운 유통을 가능하게 하는데 있다면, 각종 다국적 조직의 네트워크를 통해서도 그 의의를 찾아볼 수 있다. 예를 들어 범죄 집단, 사이비 종교집단, 또는 테러리스트 집단 역시 과거에 존재하지 않던 운영의 공간을 얻었다고 할 수 있다. 그러므로 각기 수십 명이 훈련을 받고 자살 테러를 순교로 여기는 이슬람 급진주의자들이 미국에서 만들어진 칼로 한 순간에 미국 비행기를 미사일로 변형시켜 미국 경제의 심장을 공격하는 것은 단지 몇 분 만에 발생한 몇 백억 달러의 재산적 손실을 낳는 것에 그치지 않았고, 미국 및 주요 무역 대상국의 생산, 운수 및 금융 교역은 몇 주 동안 정상적으로 운영되지 못했다. 수많은 항공사들은 영업을 중단했고, 이로 인해 세계 주식시장 시가총액의 1/10이 한 순간에 날아가 버렸다.

주원한의 이 같은 분석은 충분히 '지구화'가 매우 허약한 존재임을 잘 설명하고 있다.

(3) '지구화'의 흐름 속에서의 인문교육 개혁: 위에서 논한 '지구화'의 추세 및 단절성과 허약성에 대응하기 위해, 21세기의 인문교육은 특히 다음 과제들을 가르치는데 중점을 두어야 한다.

(a) 생태환경 보호와 지구의 지속적 발전에 관한 교육: 위에서 논한 정보통신 과학기술의 발전과 이에 따른 '지구화'는 세계 각지의 멀리 떨어진 지역을 가까운 지역으로 만들었고, 상호 영향 또한 더욱 긴밀해졌다. 21세기 전 지구가 공통적으로 직면한 심각한 과제 중 하나는 바로 생태 보호 교육과 지구의 지속적 발전에 관한 문제다. 자원의 과도한 이용으로 인해 발생한 지구 생태환경의 파괴는 최근에 들어 이상 기후 현상과 오존

층 파괴 등 문제를 낳고, 이는 날이 갈수록 심각해지고 있으나 정치·경제 강국인 미국은 여전히 '교토 의정서'(Kyoto Accord)의 채택을 거부하고 있다. 이 같은 문제는 매우 시급하며 인류의 미래를 좌우한다. 생태 환경에 닥친 심각한 파괴 속에서 오늘날의 대만에게 환경보호 교육은 더욱 중요한 과제라 할 수 있다.[8)] 새로운 시대의 인문교육 분야에 종사하는 이는 반드시 환경보호 교육에 관한 문제에 대해 깊이 생각해야 한다.[9)]

(b) '세계 윤리' 교육과 시민교육: 정보통신 기술의 급속한 발전에 따라, '지구화'는 더욱 빠르게 움직이고 있으며, 세계 주요 강대국과 약소국 간의 단절성 역시 하루하루 눈에 띄게 나타나고 있다. 혹자는 이에 대해 다음과 같이 제시하고 있다.

> 7대 선진국(미국, 영국, 프랑스, 독일, 이탈리아, 캐나다, 일본)과 군사 강국인 러시아를 더한 G8이 세계의 부와 권력과 선진 과학기술, 무력을 집약하고 있다. 8대국 수뇌의 논의와 결정이 세계의 운명을 좌우하며, G8 정상회의는 이미 확연하게 '세계 정부'의 모습을 갖추고 있다.[10)]

1990년 12월 시애틀에서 개최된 WTO 장관급 회의와 2001년 제네바에서 개최된 G8 정상회의는 수많은 반(反) 지구화운동 시위대의 항의를 불러 일으켰다. 21세기 후반기 20년의 역사적 경험에서 볼 때, 지구

---

8) 이에 관해서는 다음을 참조. 曾華璧,『人與環境: 台灣現代環境史論』, 台北: 正中書局, 2001.
9) Joy A. Palmer, Environmental Education in the 21th Century: Theory, Practice, Progress, and Promise, London and New York: Routledge, 1998.
10) 左思,「但丁, 全球化與世界政府」,『左翼』第21號, 台北: 2001.7.31., 32~33쪽.

화는 이미 상당한 폭에서 자본주의 및 금융시스템이 과학기술 발전에 개입함으로써 지구화를 더욱 가속화하여 강대국이 약소국을 압박하는 일종의 '경로'가 되었다. 비(非)서구 국가들은 최근 20년간 맹렬한 '본토화'(Indigenization) 운동에 직면했으며, 이에 대해 새뮤얼 헌팅턴(Samuel P. Huntington)은 다음과 같은 의견을 제시했다.[11]

> 1980년대 및 1990년대에 접어들어, 비서구 세계는 본격적으로 본토화를 추진했다. 이슬람교의 부활과 "이슬람교로의 회귀"는 이슬람교 사회의 핵심 명제였다. 인도의 경우, 서구의 형식과 가치 및 정치, 사회의 '힌두교화'가 주류를 자치했다. 동아시아에서는 각국 정부가 유가 사상 제창을 위해 노력했으며, 정계 및 학계의 리더들 역시 자신들의 국가를 '아시아화'해야 하는 것에 관해 논하였다. 1980년대 중엽, 일본은 '일본과 일본인 이론'을 소리 높여 제창했다.

헌팅턴의 동아시아의 변화에 대한 관찰은 매우 정확했다. 그러나 나는 몇 가지를 더 보충하고자 한다. 바로 '지구화'와 '본토화'는 변증적 발전의 관계를 지니며, 본토 색채를 띤 지식 또는 창조가 증가할수록 지구화로 향해 갈 수 있다는 점이다. 역으로 이야기하자면, 오직 본토 문화의 특질을 보존하는 기초 위에서, 지구화는 비로소 진정한 의의를 지닌다는 것이다. 예를 들면, 두 차례의 올림픽 대회에서 채택된 주제곡은 바로 대만 아메이족(阿美族)의 노래였다. 이 같은 예는 본토 문화가 심화될수록 더

11) Samuel P. Huntington, *The Clash of Civilizations and the Remarking of the World Order*, New York: Simon and Shuster, 1996, 94쪽.

욱 세계를 지향함을 생생하게 알려주는 사례이다. 그러므로 21세기 신세계의 질서 속에서 본토 문화의 부흥과 세계 문화 간의 상호 호응을 이끌어내야 한다. 이는 또한 어떻게 본토성의 관점에서 세계성이 담긴 사고를 하는가 하는 문제이며, 그것이 바로 21세기 인류가 반드시 고민해야 하는 중요한 과제라고 할 것이다.

'지구화'와 '본토화'의 상호 호응이라는 새로운 시대적 흐름에 대응하기 위해, 인문교육은 반드시 '세계윤리'에 관한 교육을 강화해야 한다. 최근 세계 종교계와 철학계 인사들은 '세계윤리' 제정을 추진하고 있다. 전 세계의 상호 교류가 빈번해지는 새로운 세기에 서로 다른 종교와 문화적 배경 하의 사람들은 힘을 다해 각국의 태도를 바꾸어 세계 평화를 추구하려 한다. 「세계윤리선언」에 참여한 리우수시안(劉述先) 교수는 이 「선언」에 대해 다음과 같은 해석을 제시했다.

> 소위 '세계윤리'에 관하여, 우리는 반드시 하나의 세계성의 이데올로기를 제시하거나 또는 '단일하고 통일된 종교'를 통해 현존하는 여러 종교를 초월하고자 하는 것이 아니며, 더욱이 하나의 종교를 통해 다른 종교들을 지배하려는 것 또한 아니다. 우리 마음속 세계 윤리는 "예속력이 있는 가치와 취소할 수 없는 목표와 개인 태도에 기초한 공통된 인식"이다. 이 같은 세계 윤리의 기초적인 공통인식이 없다면, 각각의 사회집단은 혼란에 휩싸이거나 전제적 정치 체제에 위협을 당할 수 있고, 개인 역시 절망에 놓일 것이다.[12]

12) 劉述先, 『全球倫理與宗教對話』, 台北: 立緒文化事業有限公司, 2001, 22~23쪽.

이 같은 '세계윤리'를 중심으로 하는 교육은 바로 21세기 '지구화'와 '본토화'의 격랑 속에서 더욱 노력하여 추진해야 하는 교육이라 할 수 있다.

이 외에도, 시민 교육(civic education) 역시 새로운 시대에 힘써 추진해야 하는 인문교육이다. 시민 교육은 반드시 (1) 시장화가 증가 추세에 있는 지구화, (2) 민주정치의 지구적 보편화라는 두 가지 맥락 속에서 고민해야 한다. 또한 특히 '민주', '인권', '발전', '평화' 등 전 지구적 성격의 인류 공통 가치의 함양과 강의를 중시해야 한다.[13] 시민 교육은 목표는 반드시 "전 지구적 성격의 시민문화"(a global civic culture) 수립에 두어야 하며, 이 같은 "전 지구적 시민문화"는 국제적 비정부기구(International non-government organization, INGOs), 예를 들어 자매 도시, 보이스카우트, 걸스카우트, 국제 체육경기 등 활동을 통해 실현한다. 이 같은 "전 지구적 시민문화" 교육은 대응관계가 나날이 밀접해지는 새로운 세계의 일종의 새로운 교육이다.[14]

정리하면, 우리는 정보통신 과학기술이 빠르게 발전하는 새로운 시대 속에서 '지구화'와 '본토화'간의 상호 호응이 역사의 주류로 자리 잡았음을 알 수 있다. 이 같은 발전의 흐름에 대응하기 위해, 인문교육은 더욱이 시대적 흐름을 잘 이해해야 하고, 특히 생태환경보호 교육, '세계 윤리' 교육 및 시민 교육을 중시하는 새로운 방향을 향해 노력을 기울일 가치가 있다.

---

13) Albala Bertrand Luis, "What Education for What Citizenship?", *Educational Innovation and Information*, No.82 (May 1995).

14) Elise Boulding, Build a Global Civic Culture: Education for An Interdependent World, New York: Teachers College Press, 1988. 또한 다음을 참조.「論二十一世紀通識教育與公民養成之關係」. 본고의 초고는『通識教育季刊』第6卷 第2期(1999.6), 1~16쪽에 게재되었으며, 본서의 제10장에 다시 실렸음.

3. 바이오 과학기술, 인간 존엄과 인문 교육의 재건

우리는 이 절에서 이하의 문제들을 논하고자 한다. (1) 바이오 과학기술의 비약적 발전은 21세기 인류가 성취한 눈부신 과학기술의 결과 중 하나이다. (2) 그러나 이 또한 심각한 인간 존엄의 문제에 도전을 받고 있다. (3) 이 같은 과학기술의 새로운 발전의 흐름 속에서, 새로운 시대의 인문 교육은 생명교육과 전통 중국 사상의 교육이라는 두 가지 측면에 노력을 기울여야 한다. 이 두 가지 측면에서 대해 자세히 논하고자 한다.

(1) 바이오 과학기술의 획기적인 발전과 의문점: 세계 각지의 바이오 과학기술의 연구자들은 오랜 기간 노력을 기울여 이 분야에서 큰 획을 그었다. 인간 게놈지도 프로젝트(Human Genome Project)의 초안은 2000년 6월 26일 미국 대통령이 대표로 참여한 각국 연구조직과 민간 기업인 셀레라 팀이 공동으로 발표한 초보적인 게놈지도다. 대만의 국가과학위원회는 2001년 6월 22일 정식으로 '유전자체 의학 국가급 과학기술계획' 심의를 승인했다. 해당 프로젝트는 유전자체 의학조 등 4개 조로 구성되어 2002년부터 3년 간 추진됐다. 총 경비는 7,480,070,000 신 대만 달러 한화 284,242,660,000원: 옮긴이 에 달한다. 바이오 과학기술의 비약적 발전으로 이 분야는 21세기에 가장 각광받는 학문 영역이 되었다. 각 대학에서 줄지어 생명과학대학을 설립하고 있으며, 바이오 과학기술이 결합된 제약업 또한 21세기의 중점 산업으로 자리 잡았다. 그러나 바이오 과학기술의 비약적 발전은 또한 인류의 미래에 불확실한 그림자 또한 드리우면서 뜻 있는 사람들의 우려를 낳고 있다. 일례를 들면, 2001년 8월 1일 미국 하원은 3시간의 격렬한 토론 끝에 265대 162로 모든 복제인간 관련 행위

를 금지시키는 법안을 통과시켰다. 여기에는 의학 연구 목적으로 진행되는 복제 또한 포함된다. 이를 위반할 시에는 10년의 징역형 및 100만 달러의 벌금에 처하도록 했다. 이 같은 세포 복제 금지 법안은 배아세포 복제를 불법화 하였으며, 영아 복제 또는 의료 목적상 줄기세포 취득을 막론하고 모두 불법화하였다. 또한 인류의 배아세포 복제를 통해 의학 목적 연구 및 제품 개발 역시 수입 금지 대상이다. 미국의 부시 대통령은 하원 법안에 지지를 표명했고, 그는 백악관에서 다음과 같은 성명을 발표했다.

> 인간 복제가 야기하는 도덕적 논쟁은 매우 심오하며 오늘과 미래의 인류 세대에 영향을 미칠 것이다. 하원에서 오늘 당파를 초월하여 인간 복제행위를 강제로 금지한 것은 강력한 도덕의 표현이며, 나는 이에 깊은 찬사를 보내는 바이다. 우리는 반드시 과학의 발전과 정의를 추진해야 하지만 동시에 이는 생명에 대한 존경과 영광을 표현하는 방식으로 진행되어야 한다.[15)]

인간 복제 문제는 유럽에서도 거센 항의를 불러일으켜서 유럽의회 산하 위원회는 인간 복제를 금지시켰으며, 2001년 3월에 이미 발효되었다. 영국 총리 블레어(Blair) 역시 목소리를 높여 인간 복제 금지에 관한 입법을 지지했다. 미연의 발생을 방지하기 위해, 미국 국립보건원은 2000년 8월 25일 정식으로 「국가위생기관의 인류 다중성능 줄기세포 연구 가이드라인」(National Institute of Health Guidelines for Research Using Human Pluripotent Stem Cells)을 발표하여 줄기세포의 연구를 일정한 규범 내에

15) 『中國時報』, 2001.8.2., 第10版.

묶어두도록 노력했다.

(2) 바이오 과학기술이 낳은 인문학적 과제: 바이오 과학기술은 특히 유전자 과학기술의 진보가 낳은 광범위한 의혹의 근원이자 또한 사회, 경제, 윤리, 법률 등 다방면의 문제에 광범위하게 영향을 끼치고 있으며, 그 정도 또한 매우 심대하다. 일례로 '복제인간'의 경우, 이는 인간의 생존권과 더불어 윤리 및 법률관계 등 다양한 문제와 관련돼 있다. 또한 전 세계 주요 종교인 기독교, 천주교, 불교, 이슬람교의 교의에 직접적으로 충격을 준다. 분명 인간 세계의 다양한 분야와 연관이 되며, 그 심도와 범위 또한 엄청나다.[16] 따라서 이에 대해 다양한 분야에서 놀라움과 의혹을 자아내는 것은 매우 당연한 일이라 하겠다.

바이오 과학기술에 대한 각종 의혹은 "인간의 존엄성은 어떻게 정립되는가?"라는 근본적이고 중대한 문제와 직·간접적으로 연관돼 있다. 이미 1935년 영국의 소설가 헉슬리(Aldous L. Huxley, 1894~1963)는 그의 소설 『아름다운 신세계』(The Brave New World)의 1장에서 다음과 같이 묘사했다.

> 30~40층으로 된 한 회색 건축물이 있고, 대문 앞에는 몇몇 문구들이 붙어있다. 중앙 런던생육 통제센터. 간판에는 세계 연방의 원칙이 쓰여 있다. 공유, 획일, 안정.[17]

---

16) '복제인간' 및 이에 관한 윤리문제에 관한 토론에 관해서는 다음을 참조. Glenn McGee ed., *The Human Cloning Debate*, Berkeley, Calif: Berkeley Hills Books, 1998. 최근 양안의 학자들 역시 이 문제에 관해 논의를 시작하고 있으며 이에 대해서는 다음을 참조. 『基因科技與人類未來研討會』, 台北: 求國團社會研究院, 2000.

17) Aldous L. Huxley, 李黎等譯, 『美麗新世界』, 台北: 志文出版社, 1969, 21쪽.

이 같은 정경은 헉슬리가 근심하던 과학기술이 고도로 발달한 이후에 등장하는 '아름다운 신세계'의 모습이다. 1947년 프랑크프루트 학파의 호르크하이머(Max Horkheimer, 1895~1973)와 아도르노(Theodor W. Adorno, 1903~1969)는 자신들의 저서 『계몽의 변증법』[18]에서 계몽문명이 스스로를 파괴하는 성격을 지님을 분석했으며, 동시에 계몽문명이 이끄는 산업화의 '수량화', '표준화', '상품화'의 심각한 폐해를 맹렬하게 비판했다. 이들이 우려하던 점이 바로 바이오 과학기술이 노력해온 과제들이었으며, 그 노력이 점차 현실이 되는 것이다.

(3) 인문 교육의 강화: 21세기 바이오 과학기술의 발전에 부응하기 위해, 인문 교육은 특히 이하의 두 가지 영역에 대한 교육과 연구에 중점을 두어야 한다.

(a) 생명교육: 바이오 과학기술이 점차 발전함에 따라 생명교육을 중심으로 하는 인문 교육 또한 그 중요성이 더해지고 있다. 특히 생명윤리(Bioethics) 문제에 관한 논의를 위해, 미국은 지난 1969년 해스팅스 센터(Hastings Center)를 설립했고, 1971년 조지워싱턴 대학은 케네디 윤리학 연구소(Kennedy Institute of Ethics)를 설립했으며, 1978년에는 『생명윤리학 백과사전』(Encyclopedia of Bioethics, 총4권)을 발간했다. 생명윤리에 관한 연구와 교육은 바이오 과학기술의 발전에 따라 인문학이 반드시 다루어야 하는 중요한 의제 중 하나이다.

우리는 '생사학'(生死學), '생명윤리', '의학윤리', '바이오 과학기술과 사회윤리'와 같은 생명교육의 영역에서 출발하여 학생들을 바이오 과학기

18) Max Horkheimer & Theodor W. Adorno, *Dialectics of Enlightenment*, New York: Continuum, 1982.

술의 발전을 중요한 과제로 인식하도록 지도해야 한다. 일례로 생명의 의의와 죽음의 존엄, 복제인간의 윤리 및 법률문제, 낙태 및 자살의 도덕적 함의, 장기 이식의 도덕적 의의는 21세기 인류가 반드시 심사숙고해야 하는 문제라 할 수 있다.

(b) 전통중국 사상교육: 바이오 과학기술의 발전은 21세기의 인류가 피할 수 없는 문제를 제시했다. 바로 "생명이란 무엇인가?"라는 문제다. 이 문제는 바이오 과학기술의 측면에서 반성 할 필요가 있다.[19] 그러나 양안의 중국인사회의 교육이라는 측면에서 볼 때, 더욱 효율적인 방법은 바로 전통 중국의 사상교육을 추진하는 것이다. 중국사상의 전통은 매우 심원하며, 그 덕과 은혜가 깊고 무거우며, 유학, 불교, 도가의 사상적 전통은 "생명이란 무엇인가?", "인생의 가치는 어디에 있는가?"라는 문제에 대해 모두 각자의 독특한 견해를 지니고 있다. 이 처럼 인성론(人性論) 또는 '철학적 인류학'(philosophical anthropology)을 중심으로 하는 중국 사상의 전통은 '인문주의'(Humanism)라 칭한다.[20] 21세기 바이오 과학기술이 비약적으로 발전하는 오늘날 인성의 존엄은 나날이 심각한 도전에 직면해 있으며, 중국의 전통사상 속의 인문주의의 정신으로 돌아가는 것은 미래 인문교육이 더욱 노력을 기울여야 하는 방향이라 할 수 있다.

전통중국 사상 속에 내포된 '인문주의'는 인간의 존엄성을 강조하고 있다. 일례로 『상서 · 태서』(尙書 · 泰誓)에는 "오직 사람이 만물 중에서 영험

---

19) 다음을 참조. Michael P. Murphy, Luke A.J. O'Neil eds., *What is Life: the Next Fifty Years: Speculations on the Future of Biology*, Cambridge: Cambridge University Press, 1995.

20) 천룽지에(陳榮捷, 1901~1994)는 '인문주의'가 중국 철학의 요의를 담고 있다는 주장을 제시했다. 다음을 참조. Wing-tsit Chan, translator and compiler, *A Source Book in Chinese Philosophy*, Princeton: Princeton University Press, 1963, 3쪽.

하다"고 논했으며, 또한 인간이 신(神)보다 중요함을 강조하고 있다. 『좌전』(左轉) 환공(桓公) 6년의 기록에는 "대저 사람은 신(神)의 주인이다"라고 논하고 있다. 그러나 이 같은 '인문주의' 사상의 전통과 근대 서구의 계몽 문명의 '인간 중심주의'는 다르다고 할 수 있다. 근대 서구문화는 '파우스트 정신'(Faustian spirit)으로 가득 차 있으며, 이는 자연에 대한 인간의 지배와 이용을 강조하고 있다. 그러나 전통 중국의 사상은 인간이 자연과 하나 되고, 인간과 자연이 화합하며, 자연에 대한 인간의 경애를 매우 중시하고 있다. 인간은 비록 초자연에 대해 믿지 않지만, 경애의 마음은 가득하며, 또한 덕으로 자연의 이치를 따라야 함을 강하게 믿는다.

한 걸음 더 나아가면, 전통 중국의 '인문주의 정신'의 근간인 '연계적 사유방식'[21]은 전통 중국인이 자연과 인문, 몸과 마음, 개인과 사회 속에서 유기적인 연계성을 만들도록 하였다. 이 같은 연계적 사유방식이 만들어낸 다양한 가치관은 인간 사회의 질서와 자연 질서, 개인과 공공영역 사이를 상호 보완적이고 대립적이지 않도록 하는 사유체계라 할 것이다. 이 같은 전통이 지닌 가치 이념은 나날이 다원화되고 있는 현대 사회를 더욱 윤택하게 할 수 있을 뿐 아니라 현대 사회가 직면한 분열과 고립으로 파괴된 현대인의 영혼을 따듯하게 포용할 수 있고, 현대인의 삶의 수준을 한층 높이고, 또한 그 시야를 더욱 넓힐 수 있다.[22]

정보 기술과 바이오 기술이 나날이 발전하는 오늘날, 인간의 '탈맥락

---

21) '연계적 사유방식'에 관해서는 다음을 참조. Joseph Needham, *Science and Civilization in China, Vol.2: History of Scientific Thought*, Cambridge: Cambridge University Press, 1956, 281쪽; Benjamin I. Schwartz, *The World of Thought in Ancient China*, Cambridge, Mass.: Harvard University Press, 1985, 350쪽.

22) 다음을 참조. 「傳統中國的思維方式及其價值觀: 歷史回顧與現代啟示」, 『傳統中國思想與價值觀的動盪』(一), 台北: 喜馬拉雅研究發展基金會, 2002.

화'(de-contextualization)의 심각성은 그 정도가 나날이 악화되고 있으며, 인간이 느끼는 외로움 역시 점차 심각해지고 있다. 인간은 자연과 초자연과 함께 소통하는 맥락에서 뛰쳐나왔을 뿐 아니라, 심지어 '자아' 또한 괴리된 상태에 처하게 되었다. 우리가 제창하는 전통 중국사상 교육은 특히 유학, 불교, 도가의 3대 전통의 고전 교육을 뜻하며, 이는 21세기에 더욱 새로운 함의를 가지게 될 것이다.

정리하면, 바이오 과학기술의 진보는 특히 유전자 지도의 해석, 복제인간의 가능성의 측면에서 두드러졌으며, 이는 21세기 인류로 하여금 '생명의 의의와 가치'라는 문제를 가져왔다. 생명교육과 전통 중국사상 고전교육은 21세기 인문교육의 재건에 중요한 방향으로 자리 잡을 수 있다.

4. 맺음말

제2차 세계대전 이후 과학기술은 급속하게 발전했다. 이는 인간 사회의 여러 분야에 충격을 가져왔다. 1945년 미국은 최초로 핵실험에 성공했으며, 1946년에는 첫 컴퓨터가 발명되었고, 1950년 인류는 처음으로 신장 이식에 성공했다. 1953년 인류는 DNA 구조를 해독했으며, 1957년 소련은 인공위성 스푸트니크 1호(Sputnik I)를 성공적으로 발사했고, 1959년에는 집적회로(IC)를 발명했다. 1960년에는 레이더를 발명했고, 1969년에는 미국의 우주인 닐 암스트롱(Neil Armstrong)이 달에 도착했다. 1982년 성공적으로 인공심장 이식수술을 마쳤으며, 2001년 인류의 DNA 지도 초안이 완성되었다. 20세기 후반기에 들어 전 지구적인 과학기술의 진보의 속도는 경이롭고 찬탄을 금치 못하는 성취를 이루어냈다.

그러나 과학기술의 발전은 또한 수많은 사람들로 하여금 과학기술 시대 속에 내포된 인문사회 과학의 의제를 고민하게 했을 뿐 아니라 이에 대한 다양한 의견 또한 가져왔다. 일례로 1987년 전 세계 24개 국가가 몬트리올 의정서(Montreal Protocol)에 서명하여 지구상의 오존층을 파괴하는 이산화탄소의 배출량을 제한하였다. '지구의 지속적 발전'은 점차 세계 각국의 인식과 지지를 이끌어 내기 시작했다. 1992년 리오 데 자네이루에서 세계 각국의 지도자가 모여 '생물 다양성'(biodiversity)보호에 관한 협약을 체결하였다. 2001년 미국 상원은 복제 인간에 관한 연구를 금지시키는 법안을 통과시켰다. 이 같은 변화는 우리에게 다음과 같은 교훈을 남겨주었다. 과학기술이 점차 발전할수록 인문학적 사고 더욱이 중요성을 더하고 있다.

21세기는 도전과 위기가 가득한 새로운 시대이며, 인류는 반드시 다음의 문제를 고민해야 한다. 어떻게 나날이 하나 되는 세계 속에서 효과적으로 과학 기술과 인간을 이끌어 갈 것인가?[23] 우리는 반드시 이 질문에 대해 효과적으로 고민해야 하며, 반드시 인문 교육의 재건으로부터 그 첫 발을 내딛어야 한다.

이 장에서 논한 '과학기술 시대의 인문교육의 재건'이라는 문제는 정보과학 기술 혁명과 바이오 과학기술의 혁명과 이로 인해 야기되거나 또는 가속화된 '지구화'로 인해 인성의 존엄이 도전 받는 등 중요한 인문학적 현상을 분석했다. 21세기 인문 교육의 재건은 (1) 생태 환경보호와 지구

23) 다음을 참조. Harold A. Linstone and Ian I. Mitroff, *The Challenge of the 21st Century: Managing Technology and Ourselves in Shrinking World*, New York: State University of New York Press, 1994.

의 지속적 발전에 관한 교육, (2) '세계윤리' 교육과 시민교육, (3) 생명교육, (4) 전통 중국사상 고전 교육을 중심으로 이루어져야 한다. 확실한 것은 21세기가 불확실성의 시대라는 점이다. 2001년 9월 11일 뉴욕의 세계무역빌딩에서 발생한 테러사건은 생생하게 이 같은 불확실성을 보여준 사례라 하겠다. 인류의 미래는 비록 다양한 요인의 교차 작용에 의해 결정되겠지만, 인문 교육의 재건은 의심할 여지없이 중요한 결정적인 요인이다.

옮긴이의 말

이 책은 황쥔지에(黃俊傑)의 『대학 교양교육의 탐색: 대만의 경험과 영감』(大學通識教育探索: 台灣經驗與啟示)이라는 책을 옮긴 것이다. 지은이 황쥔지에는 국립대만대학 교수로서 원래는 유가를 중심으로 한 동아시아 사상을 전문적으로 연구해 왔다. 그러나 자신이 속해 있는 대만 사회의 대학 교육에 대한 애정어린 관심으로 1980년대부터 대학 교육에 관한 활동도 매우 적극적으로 주도해 왔다. 그 중에서도 특히 교양교육 개혁에 지대한 노력을 기울여 왔는데, 해마다 고등교육을 비롯한 교양교육과 관련한 학술대회를 주최하는가 하면, 관련된 저서들도 다수 집필하여 대만 교육계에 공헌해 왔다. 원저의 제목은 '교양교육'을 강조하고 있지만, 실제 전체적인 내용은 대학 교육 전반에 관한 논의라 해도 무방하기에 번역서의 제목은 지금처럼 붙여 보았다.

지은이가 머리말에서 이야기한 대로, 이 책은 대만의 대학교육에 관해 크게 세 가지 측면에서 논의를 수행하고 있다. 대학 교양교육의 이념과 시각(제1부), 경험과 참조(제2부), 전망(제3부)이 그것이다. 위험을 무릅쓰고 지은이의 주장을 한 마디로 요약하자면 '교육의 본질'로 돌아가자는 것이라 할 수 있다. 오늘날 대학을 둘러싼 수많은 문제들이 터져나오고 있지만, 그러한 문제들은 모두 대학이 '교육의 본질'을 상실한 데서 비롯됐기 때문이라는 문제의식이 이 책의 근저에 깔려 있다. 지은이가 말하는 '교육의 본질'이란 학생을 전인격적으로 길러내는 '전인교육'이자, 대학이 학문적 독립성을 수호할 수 있는 '지식 공동체'의 회복을 의미한다. 이를 위해서는 학생(인간)과 대학이 자기 소외의 함정에서 빠져나와 '마음의 각성'을 통해 진리 추구라는 목표를 향해 정진해야 한다고 말한다. 앞서 말한대로 지은이가 원래 사상 연구자인만큼 원론적인 내용들이 다소 강조되고 있는 것은 사실이지만, 그렇다고 해서 이러한 주장을 쉽게 비현실적이라고 치부할 수만은 없다. 왜냐하면 거기에는 우리가 추구해야 할 대학교육의 이념적 방향이 제시돼 있기 때문이다. 지은이는 나아가 그러한 이념의 문제만이 아니라 대학 내 매우 중요하고 구체적인 현안들까지도 대안을 제시하고 있어서 주장의 상호 보완을 이루고 있다. 예컨대 교양교육을 위한 새로운 교과과정을 제시한다든지, 해외 사례를 통해 제도적 개혁 방안을 제시한다든지, 대학 예산의 효율적 분배에 대한 의견을 제시한다든지 하는 점들은 모두 대만 내 대학 교육을 위한 구체적이고 충심어린 의견으로 보인다.

오늘날 한국의 대학 상황도 대만과 크게 다르지 않다. 이 책이 대만에서 출판된 지 짧다고만 할 수는 없는 시간이 지났음에도 불구하고 옮긴이들이 번역을 결심하게 된 가장 큰 이유가 바로 거기에 있다. 한국과 대만은 모두 근대 이후 일본의 식민지를 겪었고, 해방 이후에는 국내 전쟁을 치르면서 냉전의 시기를 공유해 왔다. 비록 한·중 수교의 대전제로 인해 오랜 우방 관계가 훼손되는 상처를 겪었지만, 역사적 경험의 공유로 인해 남겨진 유산도 비슷하지 않을 수 없다. 근대식 학교 교육이 모두 일제 강점기에 정착됐고, 해방 이후에도 그것이 남겨놓은 유산으로부터 자유로울 수는 없었다. 거기에 미국식 대학 교육의 모델이 금과옥조처럼 여겨지던 시대를 관통하여 오늘에 이르고 있다. 그렇기 때문에 대만의 경험은 곧 우리의 경험으로 전치(轉置)될 수 있다. 그런 이유 때문에 이 책이 우리에게 시사하는 바가 적지 않으리라고 생각한다.

한국의 대학은 안팎으로 호된 시련을 맞이하고 있다. 학령 인구의 절대적 감소에 따른 인적 자원의 결핍이 눈앞에 닥친 현실이 되었다. 언론사를 비롯한 국내·외 유수 기관의 각종 대학 평가 제도는 대학 간 순위 경쟁을 촉발하면서 대학이 외형적 지표의 상승을 주요 목표로 설정하도록 유도했다. 산업계는 대학에 기능을 완비한 인력의 양성을 직·간접적으로 요구했고, 이에 따라 학생들은 저마다 '기능인'을 자신의 목표로 설정하고 대학은 '좋은 기업'으로의 취업에 도움을 주는 통과의례적 기구 쯤으로 여기게 됐다. 운영 예산 부족이라는 고질적인 문제를 해결하지 못하는 대학은 산업계의 이러한 요구에 암묵적으로 동의할 뿐 아니라, 한편으로는 정부 당국의 재정 지원에도 사력을 다하고 있는 상황이다. 그 결과 산업계와 국가 이데올로기가 요구하는 기능형 인력 배출이라는 큰 프레임을 벗어나지 못하고 있다. 오늘날 대학은 '철학'도 '영혼'도 잃어버린 채, 아무도 그 끝을 알지 못하는 목표를 향해 질주하고 있다. 이러한 문제들은 각각 고립돼 있는 것이 아니라 모두 연쇄적으로 뒤얽혀 있다. 따라서 이런 문제들을 해결하기 위해서는 우리의 전향적인 사고의 전환이 없으면 불가능하다.

그렇다면 우리는 이제 이 책의 지은이가 주장하는 바 대로, 대학의 근본적인 '본질'이 무엇인가에 대해 심각하게 고민해 보지 않을 수 없다. 대학은 역시 근대화와 산업화라는 사회적, 역사적 필요에 의해 태어났지만, 본연의 역할과 임무는 인류 공동체를 위한 지식의 전승과 인격의 도야, 건강한 신체를 길러내는 세계의 축소판이라 할 수 있다. 대학의 활동이 산업계와 같아지고, 국가 이데올로기만을 주입해야 한다면, 스스로 그 존재 의의를 훼손하는 결과를 초래할 수 밖에 없을 것이다. 조금 과장해서 말한다면, 결국 대학은 머지 않은 미래에 기업의 예속물로 전락하지 않을 수 없을 것이다. 그러므로 대학은 이러한 비판에 직면하여 본연의 존립 이유가 무엇인지에 대해 성찰하고 그것을 어떻게 구체적인 현실 속에서 대학 내 제도로 뒷받침할 수 있는지를 고민해야 할 것이다. 그런 일들은 '철학'과 '영혼'을 회복하는 과정을 통해서만 이뤄질 것이다. 그 과정에서 대만의 경험을 일정한 참조 체계로 삼을 수 있으리라 기대한다.

번역은 세 사람의 공동 작업으로 이뤄졌다. 제1장부터 제4장까지는 임대근, 제5장부터 제8장까지는 공유식, 제9장부터 제11장까지는 박성림이 각각 번역을 맡았고, 임대근이 다시 전체 윤문을 담당했다. 윤문 과정에서 세 사람이 각자 사용한 용어나 문체를 가능한 한 통일하려고 노력했으나, 아무래도 공동 작업의 특성 상 완벽하게 이를 정리할 수는 없었다. 책을 내기 직전까지도 고치고 또 고쳤지만, 오역은 물론이고 어색한 번역이나 통일성이 미비한 부분들이 적지 않을 것이다. 독자들의 질정을 바란다.

소중한 저서를 한국어로 번역할 수 있는 기회를 선뜻 수락해 주신 지은이 황쥔지에 교수에게 감사드린다. 원래 약속했던 번역 일정이 다소 늦어졌음에도 불구하고 묵묵히 기다려 주신데 대해서는 죄송한 마음이 앞

선다. 이런 기회를 통해서 한국과 대만의 지식계가 서로 더 많이, 그리고 더 자주 소통할 수 있기를 바란다. 난삽한 원고를 잘 다듬어서 출판해 주신 한국외국어대학교 출판부의 안상덕 팀장님과 신선호 과장님께도 감사드린다. 그리고 무엇보다 이 책을 읽고 함께 고민을 시작해 주실 독자 여러분께 진심으로 감사드린다.

2014년 1월

옮긴이를 대표하여 임대근

찾아보기

ㄱ

ㄴ

ㄷ

ㄹ

ㅁ

ㅂ

ㅅ

ㅈ

ㅊ

ㅋ

ㅌ

ㅍ

ㅎ

0~9

A~Z

지은이

황쥔지에(黃俊傑)

국립대만대학 강좌교수(講座教授) 겸 인문사회고등연구원(人文社會高等研究院) 원장. 대만 중앙연구원(中央研究院) 중국 문학철학연구소(文哲研究所) 초빙연구원. 국립대만대학 역사학과를 졸업하고 같은 대학원에서 역사학석사를, 미국 워싱턴대학에서 역사학박사를 받았다. 대학 교양교육과 동아시아 유학, 전후 대만역사 등에 관심을 가지고 연구를 수행하고 있다. 주요 저서로 『孟學思想史論』, 『東亞儒學史的新視野』, 『德川日本論語詮釋史論』, 『東亞儒學: 經典與詮釋的辯證』, 『東亞儒學視域中的徐復觀及其思想』, 『東亞文化交流中的儒家經典與理念: 互動、轉化與融合』, 『轉變中的大學通識教育: 理念、現況與展望』, 『全球化時代大學通識教育的新挑戰』, 『大學通識教育的理念與實踐』 등이 있고 이 중 다수가 한국어, 영어, 일본어 등으로 번역된 바 있다.

옮긴이

임대근

한국외국어대학교 대학원 글로벌문화콘텐츠학과 및 중국어통번역학과 교수. 한국외대 중국어과를 졸업하고 같은 대학원에서 문학석사와 문학박사를 받았다. 중국영화와 대중문화, 문화콘텐츠연구 등을 문화연구의 관점에서 수행하고 있으며, 최근에는 새롭게 대만연구의 중요성을 인식하고 있다. 주요 저서로 『중국영화 이야기』, 『중국영화의 이해』(공저), 『영화로 읽는 중국』(공저) 등이 있고 역서로는 『격동의 백년 중국』, 『거울 속에 있는 듯』(공역), 『중국 문화코드를 보다』 등이 있다.

공유식

한국외국어대학교 대만연구센터 책임연구원. 한국외대 중국어과를 졸업하고 대만국립정치대학에서 정치학석사 및 박사학위를 받았다. 중국정치와 양안관계, 대만정치에 관한 연구를 수행하고 있다. 역서로 『우화로 배우는 중국경제』(공역)이 있다.

박성림

한림대학교 중국학과와 대만 국립정치대학 정치학연구소에서 정치학석사를 받았다. 한국인터넷진흥원에서 중화권 국제협력업무(2008~2010)를 담당했으며, 중국대외정책과 근·현대 홍콩, 대만, 마카오의 지식인 문화에 관심을 갖고 연구를 수행하고 있다.

오늘의 대만 총서 I

대만의 대학교육
이념과 개혁

초판 인쇄 2014년 3월 4일
초판 발행 2014년 3월 10일

지은이 황권지에
옮긴이 임대근, 공유식, 박성림
발행인 김인철
발행처 한국외국어대학교 출판부
130-791 서울특별시 동대문구 이문로 107
전화 02)2173-2495~7
팩스 02)2173-3363
홈페이지 http://press.hufs.ac.kr
전자우편 press@hufs.ac.kr
출판등록 제6-6호(1969. 4. 30)
디자인 · 편집 (주)이환디앤비 02)2254-4301
인쇄 · 제본 네오프린텍(주) 02)718-3111

ISBN 978-89-7464-907-4 93370 정가 14,000원
ISBN 978-89-7464-906-7 (세트)

※ 잘못된 책은 교환하여 드립니다.

HUINE은 한국외국어대학교출판부의 어학 및 사회과학도서 Sub Brand이다. 한국외대의 영문명인 HUFS, 현명한 국제전문가 양성의(International+Intelligent)의 의미를 담고 있으며, 휴인(携引)의 뜻인 '이끌다, 끌고 나가다'라는 의미처럼 출판계를 이끄는 리더로서, 혁신의 이미지를 담고 있다.